本书受教育部人文社科重点基地四川大学中国俗文化研究所出版项目资助

中国多民族文化研究文库

徐新建◎主编

多民族国家的人类学

徐新建◎著

中国社会科学出版社

图书在版编目（CIP）数据

多民族国家的人类学／徐新建著. —北京：中国社会科学出版社，2021.5

（中国多民族文化研究文库）

ISBN 978-7-5203-7969-4

Ⅰ.①多… Ⅱ.①徐… Ⅲ.①多民族国家—民族人类学—研究 Ⅳ.①C912.4

中国版本图书馆CIP数据核字（2021）第033002号

出 版 人	赵剑英
责任编辑	郭晓鸿
特约编辑	张金涛
责任校对	刘　娟
责任印制	戴　宽

出　　版	中国社会科学出版社
社　　址	北京鼓楼西大街甲158号
邮　　编	100720
网　　址	http://www.csspw.cn
发 行 部	010-84083685
门 市 部	010-84029450
经　　销	新华书店及其他书店
印　　刷	北京明恒达印务有限公司
装　　订	廊坊市广阳区广增装订厂
版　　次	2021年5月第1版
印　　次	2021年5月第1次印刷
开　　本	710×1000　1/16
印　　张	21.75
插　　页	2
字　　数	344千字
定　　价	118.00元

凡购买中国社会科学出版社图书，如有质量问题请与本社营销中心联系调换

电话：010-84083683

版权所有　侵权必究

总　序

重建中国的多元共识

徐新建

历史悠久的多民族中国是具有丰富内涵的政治、文化和族群共同体。近代以降，也就是自清廷解体后便经由不同路径转向了现代社会的多元建构。这过程的开始可以从辛亥之年亦即清末的宣统三年算起，到如今已过百年。

百年中国值得回顾反思的内容不少，其中最需推进的议题在于对多元中国的共识重建，通过直面多民族共同体的内部构成及其古今演变，重新认识传统中国由天朝帝国向现代国家的转型；分析并评价在这样的转型中以往"一点四方"① 的华夷关系如何变成了包含"区域自治"的共存格局，以及"五族共和"与"多元一体"间的关联差异。然而，正如笔者此前指出过的那样，由于帝国王朝时期残留的"中原中心"观、"大汉族主义"以及族群"孤立主义"等影响，尤其是十年"文革"对新中国基本国策的严重破坏，致使政府和国民期待创建的"民族团结"目标严重受阻，有关中国的多元共识也未能达成。以文学为例，"现今流行的数千种中国文学史，大多还停留在过度突出中原汉民族的汉语文学叙述上，文学教育——无论学校还是社会、

---

① 有关"一点四方"的论述可参见徐新建《西南研究论》，云南教育出版社，1992年出版。

也无论书面印刷的精英文学还是民间流传的口头传统、抑或是现代出现的电子游戏和网络书写,均没有完整体现与多民族国家之总体文学面貌相符合的深度和效果。"①

如今的形势迫使我们把重建中国的多元共识提上议程,其主旨在于强调在现代观念的基础上、以多线并置的眼光看待古今中国的形成和演变,从而与过去流行的一元史观或单线进化论相区别。后者倾向于把古今中国的多重演变简化为"中心—边缘"式的历时循环,忽略和遮蔽了多元人群与文化间的重叠与交叉。以多元互动的视野改变这种认知,能使我们将由古至今的中国历程看作从石器时代的"星斗满天"以及依托生态分解而形成的"牧耕交映"直至如今以政治平等为前提的"民族团结"等纵横类型。②

这样的重建关联史学,同时也离不开民族学、人类学、文学、语言学乃至经济学和政治学等学科的携手并进。2013年,由四川大学牵头立项组建了名为"中国多民族文化凝聚与国家认同"的协同创新中心。其后即组织了围绕"多民族中国学术史观"而展开的系列研讨,展现了多学科携手重建中国多元共识的宗旨和意义。参加的作者包括牵头单位四川大学及协同单位北京大学、中国社科院、中央民族大学、内蒙古大学、西北民族大学和西南民族大学的多民族专家,内容包括对多民族中国的宏观论述、专题研讨和个案考察。与此同时,理解到多元与共识不相矛盾,相辅相成且一体两面,故而在不同学科和学者间进行的对话也不求一律,而是交互展开,既可发表专题论述,亦可推出系统专著;在关于夷夏互动的看法上也各抒己见,鼓励争鸣。作为议题召集者,作此设计的目的在于倡导不同而和,因为说到底"多元"也当是多元的。这便是达成共识的前提条件。

2014年9月,在北京举行的中央民族工作会议对中国的多民族国情做了进一步肯定,明确指出多民族是中国的"一大特色"和国家发展的"有利因素",强调中国多民族的关系是"一个大家庭和家庭成员的关系",全社会成员理解并处理好这一关系,避免大汉族主义和狭隘民族主义的危害,关涉到

---

① 徐新建:《"不同而和"与共同发展》,《中外文化与文论》,总第23期,巴蜀书社2013年5月,页22-25。
② "满天星斗"的提法可参阅苏秉琦的论著《中国文明起源新探》,辽宁人民出版社,2009年。"牧耕交映"的论述可参阅徐新建:《牧耕交映:从文明的视野看夷夏》,《思想战线》,2010年第2期。

祖国统一、民族繁荣及国家的长治久安。①

在笔者看来，这样的表述已概括了中国多元共识的目标和内涵。期待本文库的出版能为此项共识的达成贡献微薄之力。

(2015年5月4日记于四川大学，2020年11月7日改)

---

① 参见《人民日报》2014年9月30日第1版：《中央民族工作会议暨国务院第六次全国民族团结进步表彰大会在北京举行》；央视网2015年9月29日新闻：《中央民族工作会议：增强文化认同反对大汉族主义》。

目　录

总　论

以开放的眼光看世界
　　——人类学的大视野 ······ 3
回向"整体人类学"
　　——以中国情景而论的简纲 ······ 26
多民族国家的人类学
　　——一门现代学科的中国选择 ······ 35

第一编　人类学表述

人类学写作：科学与文学的兼容和并置 ······ 49
族群身体的社会表述
　　——从人类学看全国少数民族传统体育运动会 ······ 56
历史就是再表述
　　——兼论民族、历史与国家叙事 ······ 60
表述中国：帝国和民国的历史叙事 ······ 70
封贡与誓盟
　　——简论"夷夏交往"的诸种类型 ······ 77

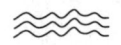

第二编 族群、地域与遗产

历史之维和生命之维:"原生态文化"的双重视野
　　——以"侗族大歌"的入世为例 ·············· 99
重叠的边界:彝族食俗与族群关系 ·············· 107
当代中国的遗产问题
　　——从"革命"到"守成"的世纪转变 ·············· 131
多难兴邦与灾难记忆
　　——地震展馆中的文化重建 ·············· 146
古城的生命在文化 ·············· 164

第三编 跨文明的人类学

异邦的田野:剑桥札记 ·············· 175
理解他者的文明:族群间的跨文化对话 ·············· 188
人类学与博物馆
　　——华盛顿"国立美洲印第安人博物馆"考察报告 ·············· 196
英国不是"不列颠"
　　——多民族国家的身份认同比较研究 ·············· 233
俄罗斯变奏:多民族共同体的历史镜像 ·············· 251

第四编 人类学批评与对话

李绍明和民族学的"苏维埃学派" ·············· 269
帝国轮替中的认同演变 ·············· 280
苗疆再造与改土归流 ·············· 284
传统的保存:更近还是更远?
　　——关于侗歌"入世"的答问 ·············· 294
多元"夹居者"的第三条道路 ·············· 301

附　录（受访记）

走向人类学
　　——学术经历访谈录 ·················· 311
用生命感受一切
　　——访黔籍人类学者徐新建 ·················· 326

后　记 ·················· 335

总 论

以开放的眼光看世界
——人类学的大视野

引言　相关问题的学术背景

以开放的眼光看世界，或者说人类学需要大视野，这可以从任何一个角度来加以讨论。笔者的方式是从读书传统出发，从人类学学科史的重要文献出发来进行讨论。所以从某种意义上来说，本文的内容也相当于一个系列的读书报告：笔者把几本书放到一个问题领域里面去做阐释或者说发挥。在本文中被列为主要讨论的学术话题的，有下面一些书或者文献。

第一本书是神学人类学著作，中文译本已经由上海三联书店在1997年出版。书名为《人是什么?》，其副标题很重要，叫作"从神学看当代人类学"。作者名字翻译成中文叫潘能伯格（Wolfhart Pannenberg）。[①] 然而这本很重要的书在国内人类学界并没有引起足够的重视。该书的重要意义在于把人类学放在一个非常特殊的位置上，从神学的角度来讨论人的问题和人类学的意义、局限，以及怎样超越人类学。

第二本书是华勒斯坦（也译作沃勒斯坦，Immanuel Wallerstein）主编的文集，书中讨论当代以西方现代知识体系为主要代表的人类的学科问题。这本书在国内的出版时间也是1997年，由北京生活·读书·新知三联书店翻译出

[①] ［德］潘能伯格：《人是什么?——从神学看当代人类学》，李秋零、田薇译，上海三联书店1997年版。

版。这本书的中文名字叫《开放社会科学》①，其也有一个很重要的副标题叫作"重建社会科学报告书"。它真的是一个报告，而这个报告书相当于其他领域的白皮书或者年鉴。这本书的类型在某种意义上也体现了作者的预期目标。这本书和上面那本书的风格或者方式不太一样。这本书很薄，也没有废话，没有太多的那种文献、语录，而是直接阐述问题。它不仅提出问题、分析问题，然后总结这些问题出现的原因，而且还提出解决问题的办法。所以在某种意义上来说它是一个科学、实践的报告，也就是有对策性的，它的作者们是有学术担当的。

第三个不是一本书，而是一次发言，但也可以看成一本书，就是费孝通先生在相当长一段时间对自己的学术成果进行的一些根本性的升华与总结，叫《"美美与共"和人类文明》，被收录在费先生的《费孝通九十新语》②文集当中。这个笔者也把它看成一部书或者一种话语。

第四本书是作为人类学在中国之起点的《天演论》，译者是严复，出版于1898年，至今已有一个多世纪。这部隔了一个多世纪的《天演论》，在笔者看来也是重新讨论中国人类学问题所依据的重要经典。③

第五本书是一部文集，由中央民族大学出版，叫《学科重建以来的中国人类学》④。在这部文集中有很多学者围绕"人类学在中国"的问题发言、争论、阐释、探讨。其中也有笔者的一篇文章，名叫《回向"整体人类学"》⑤。

以上所提及的这些文本或者说人类学的理论呈现，便是笔者要讨论的对象、背景、起点，或者说是基本话题。

"我们生活在一个人类学时代"：神学与人类学的对话

下面我们从第一本书开始，先简单地分析一下这本书，书中所讨论的问

---

① 沃勒斯坦：《开放社会科学：重建社会科学报告书》，生活·读书·新知三联书店1997年版。
② 费孝通：《费孝通九十新语》，重庆出版社2005年版。
③ ［英］赫胥黎：《天演论》，严复译，商务印书馆1905年版。
④ 王建民等：《学科重建以来的中国人类学》，中央民族大学出版社2008年版。
⑤ 拙文《回向"整体人类学"》，《思想战线》2008年第2期。

题也就是书的标题——"人是什么?"对此,我们或许觉得重要,亦或觉得太空,因为已有太多的人在讨论人是什么,所以会觉得这样的书多半没有什么必要读。但是再看这个副标题——"从神学看当代人类学",这样一种气势让我们搞人类学研究的学者不得不留意。当然,你也可以说我不管,因为你是神学,你不是人类学;但如果你留意,就会思考作者为什么把人类学和神学放在一起,而且把两者糅到一个问题,也就是人的问题里面。这是我们需要注意的。笔者在这里不会去讲整本书讨论了什么问题,有些什么样的论据,那没有必要,我们做读书报告也不是去复述一个人写了什么的观点。笔者的方法是要从这本书开始往下讲,要讲自己的心得和体会。这本书笔者看了很多遍,为了准备这个报告,今天笔者又把它拿来重温、回顾、反思以及再次消化。这本书最值得拿出来给大家讨论的就是它开宗明义的第一句话(此书面对的是两种读者:神学读者和人类学读者),"我们生活在一个人类学时代!"这种话人类学家都没有讲,人类学家在现在很多的学科里都够牛够狂,以至于让很多学者讨厌、反感和警惕,比如说历史学、社会学、哲学还有其他学科都觉得受到了人类学的挑战。人类学家要站上去跟历史学家讲:我们今天生活在一个人类学的时代。那肯定要打架,历史学家要说,你胡说八道,我们什么时候离开过历史学时代?但现在,这句话不是由人类学家讲的,而是由一个神学家讲的,他上来第一句话就说"我们生活在一个人类学时代",这就值得重视了。

接下来笔者稍微把书里的一些观点分析一下,然后把部分背景糅糅进来给大家提供一个讨论的平台。首先,我们来看看潘能伯格,他是一个神学家,而且被称为20世纪最伟大的基督教神学家之一,这样的称号是不容易获得的。只不过我们在座的人对这个名字比较陌生,潘能伯格很少被人提及。这是因为我们把自己的事业流放到了当下世俗的现代性牢笼里面,所以对这些很伟大、很重要、也可以称为经典的作品感到陌生。当然笔者这样去介绍他,也不是说笔者就认同或者赞赏他就是一个最伟大的什么什么样的人,而是说既然有人称他为最伟大的什么什么样的人,就证明他在另外某一个视野下很重要。笔者希望我们把这种关于"重要性"的看法当成我们同时代的,或者说跟我们生活在一个同构世界当中的另外一些眼光引进来,来与我们的人类

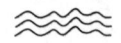

学做对照。

潘能伯格在20世纪60年代就被称为最重要的基督教新教哲学家。20世纪60年代他在欧洲应邀做了一个系列演讲。演讲内容后来被整理出版成一本薄薄的册子。这个演讲当中有这样一些观点，笔者大致说一下——也是引到我们要分析的话题当中——即刚才提到的"我们生活在一个人类学时代"。他指出，这样的时代有一些特征：一个关于人的广泛的学科，已经成为或者正在成为当代思想所追求的主要目标。这句话是很重要的，这样一个目标产生以后，接下来的社会反应是一大批科学研究部门为此联合起来。他列举了很多学科，基本上囊括了当代西方科学的三块——自然科学、社会科学、思维科学里面的重要内容。他认为主要是两类学科的联合：生物学家和神学家在关于人的问题上达到了相近的认识，找到了某种共同语言。一个神学家这样去看人类学是很有意思的，笔者提前说一下，人类学在后期其实逐渐放弃了神圣性的思考和观照。所以如今大多的人类学是不知道我们在研究世界的时候，世界也在研究我们——只不过那个世界是以另外一种方式把人类学在内的各种世俗性的学科囊括到神圣性的知识传统和框架当中，来重新去回应，重新去分析，重新去阐释——这是一个不对称的现代知识格局。

下面我们再稍微转一下，从另外一些学者的角度看，潘能伯格的文本意义在哪里。笔者要讲的是一个中国学者，也就是这本书的主要引进者——刘小枫。刘小枫博士为这本书写了一篇中译本的序，在这篇简短的序言当中提到一个很重要的观点：在某种意义上说，人类学是带有现代人文—社会科学综合性质的学科（刘小枫的这种表述方式是将人文—社会科学置于一个整体语境当中的）。然后他指出将人类学作为基督教神学的对话者，这样的做法可以使神学与现代人文社会科学进行全面对话。① 刘小枫的评价是很敏感的，也是很尖锐的。他的意思是说，潘能伯格不是随便把书的副标题定为"从神学看当代人类学"的，他为什么不从神学看医学，或从神学看政治学以及从神学看经济学呢？其实，潘能伯格认为人类学是所有现代人文—社会科学的基点。换句话说，现代人文—社会科学的基本范式的体现就是人类学。所以潘

---

① 参见刘小枫为潘能伯格《人是什么？——从神学看当代人类学》写的中译本序（李秋零、田薇译，上海三联书店1997年版，第1—3页）。

能伯格才认为，我们现在"生活在一个人类学时代"，而神学若要跟这个时代对话也只有选择人类学。所以，刘小枫很清楚这本书的价值以及它的针对性，他本人也受这个观点的影响很深。刘小枫很少跟人类学正面交锋，一般情况下也很少引用人类学，但是他对人类学的态度基本是否定和批判的。很多年前，刘小枫在我们川大做过一个讲座，当时笔者也在场。他说现代整个的世俗社会——而不仅仅是学术界——有一股偏向，有一股歪风邪气，就是所有的东西强调实证主义，实证主义的思维、实证主义的工作、实证主义的论述，乃至实证主义的生活。此偏向严重地阻碍了人向神圣性接近，使人背离了生命的意义和终极关怀，而造成这样一个潮流的罪魁祸首就是人类学。刘小枫当时并没有直接与人类学者对话，可以说当时人类学是缺席的，他只是在讲阐释学的一个话题时找到了这个罪魁祸首，就是人类学，他说不论在西方还是在中国，"人类学放个屁都是香的！"他感到很生气，所以要出来应对，要做这种清洗。后来笔者也开玩笑说，他已经闻到人类学的屁了，所以知道很臭。但是当时笔者没有完全领会他的话的意义，只是觉得他是不是在表达个人情绪化的对人类学的不满？直到笔者看到他为潘能伯格书写的序言以后，才知道他是非常理性的，而且是很深刻、很准确地把握到人类学在当代西方学科谱系当中的核心地位和基本的学术作用。这就是刘小枫对这样一本书的回应。

如果把这个问题只放在西方，放在基督教的文化传统或者新教的传统里面来看，感觉和中国还是很远，或者和世界其他一些场域也很远，其似乎并不能被证明是一个普世性的问题。但我们若稍微展开一下，就这个问题进行搜索和深入跟踪，便会发现事情并非如此。这个问题绝非孤立，而是由来已久的学术现象。潘能伯格早在20世纪60年代就将其系列演讲的内容结集出版，对此做了警示性宣告。笔者在这里再举一个东正教领域的例子。在白俄罗斯，有一篇跟人类学有关文章也很有启发性。这篇文章也翻译成中文了，叫作《神学与20世纪人类学概念》。其作者的身份引起了笔者的注意，他是白俄罗斯的一位神学博士，叫菲拉列特。他用的方法、眼光几乎跟潘能伯格一模一样，都是将人类学置于一端，神学置于另一端，进而展开这两个很重要的可以并置的思维方式和学科范式间的对话。在这篇文章当中提出了很多

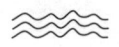

精彩的话题，我这里只能大概说一下其中的主要观点。

菲拉列特认为，神学在本质上就是独特的人类学，也就是说，人类学已经成为神学一个形容词或一个比喻对照物；在有了人类学之后已不能单说神学了。这篇文章的重要性也跟潘能伯格的一样。那么菲拉列特为什么说神学本质上是独特的人类学？他有一个很奇怪的理由——这句话很微妙，翻译成中文是这样讲的——"因为它（即神学）的收件人是人"。因为神学的收件人是人，所以神学是本质上独特的人类学。猛然听到这样的话会让我们感到陌生。在人类学的教材里我们能看得到吗？很难看到。再往下，菲拉列特又进而提出：所有的人类学学说都面向人，归根到底其目标是让人更清楚地认识自己。（这是他对人类学的判断，至于人类学是否已经达到这个目标是另一个问题。我们不是一直认为人类学的目标归根结底是让人更清楚地认识自己吗？笔者后面就要讲这个问题。）在菲拉列特看来，如果有一个叫作宗教人类学或者神学人类学的学科存在的话，那么这个叫宗教人类学或者神学人类学学科的独特之处，就在于其对于"人"的理解跟一般意义上的人类学理解是不一样的。宗教人类学里面的"人"是需要被拯救的，需要恢复"人"跟神的关系，这也就是神学的观点。接下来他就直接从宗教人类学过渡到了神学人类学，提出神学人类学的使命是给人类指出，在这样一个世界上，面向神的精神之路，它必须研究人是什么样的，研究人的现实和当前的状况，当然可能也包括未来的状况。笔者在这里举一个例子——关于人类未来的状况人类学很少研究，但是有很多准人类学，也就是世俗性人类学的文艺作品却在接近或阐释、担当这样一个认识人的责任与目标——比如说《阿凡达》、《2012》这些好莱坞模式的电影。如果用人类学的方式分析这些准人类学的文本，我们会发现，它经在探讨人的未来状况是什么，并且认为这个未来的状况取决于我们现在的行为，而我们现在的行为也必然来源于我们的过去。所以人类学有一套叙述模式，而这个模式现在已经不完整地存在于人类学的世俗学科领域里面了。我们已把很多本应讨论的问题放逐出了人类学的整体格局，所以神学人类学才会出来挑战。神学人类学指出，对于人类学有关人的定义，神学人类学或者宗教人类学有另外的界定。二者的不同即引发了神学跟人类学对话的必要和可能。

很有意思的是，菲拉列特还有一个整体性的判断，即把人类学作为整体放到时代里面来进行界定。他指出，自19世纪以来，从人类学的兴起来看，也就是近现代以来的这个时段，被很多哲学家称为"人类学的复兴时代和人类学的灾难时代"。如果脱离了这句话的上下文，脱离了它的问题意识，就很难理解，但是如果回到笔者刚才提的刘小枫论述的问题，就会感觉到这其中的某些判断是能够自圆其说的：为什么叫作人类学的灾难时代？在刘小枫的论述里讲得很清楚，人类学把我们引入了一个实证主义的、远离了神圣性的模式之中。所以，在某种意义上，人类学泛滥成灾正是神学家大为担忧的。也正因如此，这些神学家才会单单挑选人类学作为他们并置、分析和解构的基本对象。这是笔者要给大家特别强调的。这是一个类型，可以叫作神学与人类学的对话。

《开放社会科学》引出的思考

下一个类型是华勒斯坦（《开放社会科学》中译为沃勒斯坦）和他的《开放社会科学》。在他的一系列论述中比较重要的是这样一个话语——"开放社会科学"。华勒斯坦的《开放社会科学》在20世纪90年代就译成了中文，很好找。

华勒斯坦是很有名的社会科学家（我们姑且这样称他）。他的地位、作用也不用在这里多讲，如果我们不知道他是很可惜的，因为他的确产生了很大的影响。如今只要上网去搜，用中文就能很快地搜到华勒斯坦在美国或者在整个当代西方社会科学领域的地位：他曾经在2000年被评为美国最伟大的社会科学家，他的世界体系理论对后人影响深远。但是我们在这里并不是要全面分析或者阐释华勒斯坦的理论体系，而是继续围绕人类学以及当代社会来看华勒斯坦的理论对我们有什么启发。

笔者想引用华勒斯坦在《开放社会科学》里面讨论的问题来做阐发。他的这本书是一个报告，写得很漂亮。书中首先回顾了我们今天习以为常的制度化学科体系，比如人类学、历史学、民族学等。这种学科体系是谁建立的？

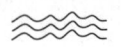

为什么？合理吗？有没有问题？如果有，是什么？怎么办？他非常清楚地把我们视为习惯了的、无处不在且不加质疑地认为是合理的科学体系，表述为一个像蜘蛛网一样的网络，把我们每一个人困在了里面。华勒斯坦概括了这个蜘蛛网的由来——当然得出这个结论是基于他组织的一个由第一流的社会科学家组成的小组所做的多年的分析研究。他将研究的成果压缩成了几段话，这几段话非常重要。

第一段话，是说以20世纪的现状为起点回溯16世纪。华勒斯坦指出以西方时间为标志来鉴别和衡量自16世纪以来的知识体系，体现出这样一个特征，就是人们试图针对以某种方式获得的经验确证的现实而发展出一种系统的世俗知识。这句话不是一个随意的论断，值得慢慢体味，或者分析。这里需要强调的是其中所说的16世纪是现今系统和世俗知识的一个界定点。

第二段话，便进入19世纪。19世纪以后思想史中的首要标志就在于知识的学科化和专业化，也就是创立了以生产新知识和培养知识创造者为宗旨的永久性制度结构。这是一个很重要的判断，大家有时间可以慢慢分析，而且我们也被包含在这个过程当中。思想史本是可以超越学科的，而19世纪以后，思想史的标志是专业化和学科化，并且出现了生产知识和培养知识创造者这样两个重要的现象，同时形成了以这样两个现象为宗旨的永久性制度结构。我们今天的学位制度：从本科生、硕士生到博士生，整个社会的学历化都在这样一个结构当中。华勒斯坦在这里的论断是中性的，不带有价值判断，只是提醒我们这是19世纪以后出现的一个现象。

那么，接下来一段，便触及需要我们深入反思的问题。华勒斯坦指出，"科学"——之前的论述里都不涉及分类，而这个地方单独把科学提出来——经常甚至被唯一地等同于自然科学，而其他，比如说社会科学很可怜，社会科学后面要加一个科学，而其前面则自我形容词化——让社会科学自己承认：我们是科学里面的一部分，我们叫社会"科学"。也就是说，以"科学"为核心的自然和社会的二分法，其实已先验地决定了社会科学从属于自然科学。相应地，在大学与科研机构的培养制度上，也必然使后者听从于前者。在如今的中国，现在的流行语是"项目""工程""课题""团队"等，这全部是工程师的工作内容或模式。需要问的是，凭什么一个社会的思想史要用一种类型去框定、去限制、去扼杀？不幸的是，照华勒斯坦的分析，这个现象不仅存在于中国，全世界都如此，而且是从西方开始的，西方已经让科学超越和凌驾于其他。在这样的框架中，人类所有的学问都要向自然科学看齐。因此，哲学以及人文学科只得无可奈何地被那些自然科学家视为神学的替代物，不但可有可无，甚至有时被说成是迷信的替代物。大家注意，如今好些科学院的院士可以在大讲堂上公开说要废除中医。他有毛病吗？不是，他是非常理性的。他的根据是，如同另外一种超上帝的代言人宣布说：中医"不科学"。于是他代表真理，要拯救我们大家。所以要注意，这不是偶然的现象。这背后有一个很复杂、很厉害、很普遍的结构，这个结构是思想史转化为一种制度性的生产学术的方式。这样一个现象产生以后，才派生出我们刚刚讲的这些问题。

再往后走，到了20世纪60年代，人们开始致力于填平不同学科之间的鸿沟。不同的大类，自然科学、社会科学、人文学科之间开始努力地、艰难地进行对话，但是已经来不及了。进行这种努力的代表中最典型的一个文本是斯诺（C. P. Snow）的《两种文化与科学革命》①。这本书出版50年了。1959年的时候，斯诺在剑桥大学有一个讲座，题目就是"两种文化"（the Two Cultures）。在那个讲座里，他通过对西方的观察，认为在自然科学与非自然科学间出现了一个难以逾越的鸿沟，这导致了人类精神世界的分裂。对此该怎么办呢？这个问题一下就轰动了学界，并被不断地讨论和延伸，直到2009年英国皇家学会还为此举行了一个大型的公开讨论和对话。那时我正好在剑桥访问，对这个问题十分关心。但看了相关的讨论视频后，我觉得没有办法解决，因为两者已经成为敌人，几乎不能重新统一到一起了。

回到华勒斯坦，他在书里也把这个问题提了出来，指出科学与人文的对立导致了人类精神的分裂。人类在思想史领域出现分裂，而这个分裂又制度化地变成我们每一个人都逃不出去的社会法网。怎么办？《开放社会科学》提到了一些对策，但是其效用却未见得好。这本书前面的分析都很有力量，但是当我们看到它的对策的时候，却感到相当弱。面对现实社会的真实处境，

---

① 该书有几个汉译本，可参见［英］C. P. 斯诺《两种文化》，纪树立译，生活·读书·新知三联书店1994年版；陈克坚、秦小虎译，上海科学技术出版社2003年版。

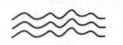

经验告诉我们这些对策实现和产生作用的机会很渺茫。

尽管如此，我们还是要看一看华勒斯坦的主张是什么。笔者选择其中一段和大家一块重温。他说我们的出发点是基于这样一个坚定的信念，即某种形式的普遍主义，这是话语共同体的必要目标；但同时我们也要承认，任何形式的普遍主义都带有历史的偶然性。这两段话把刚才讲的问题全部概括了：第一个是有一个必要性的目标即普遍主义，我们必须坚守，没有也要创造出来。为什么？因为普遍主义是话语共同体的存在前提。但问题是他后面的话就留有余地了，谁来制定普遍主义。谁的普遍主义？凭什么去证明这是普遍主义？其实我们现在并非没有普遍主义。我们曾经有神学的普遍主义，现在则有科学的普遍主义。所有的人在今天可以说，你这个东西不对，他根本不跟你讲道理，只要说一句话：你这个东西不科学。这句话就相当于在中世纪时说，你这个东西不上帝。使用这种语句的人是很蛮横的，因为上帝没有说过，所以就要否定，或者因为你被认为不科学，所以就没有存在的理由。这样的普遍主义我们是有的，所以当华勒斯坦再说"任何时期的普遍主义都带有历史的偶然性"，这句话就很精彩，也就是一方面，我们必须有普遍主义，那样才能成为话语共同体的基本成绩和目标；另一方面，我们怎么样选择、形成和看待什么样的普遍主义，这又同样是需要讨论的。

以上几本书、几个人、几个问题、几个场域，就是"以开放的眼光看世界，人类学需要的大视野"的第一个前提或者背景，也可算是我们共同讨论的西方层面。

本土情境中的学科纠葛

下面回过头来讨论我们也身处其中的本土情况，就是中国现状。所谓中国现状，其实就是大家都很熟悉的关于三个学科的纠缠，即民族学、社会学和人类学的区分和并列。今天无论在学理上，还是在现实的教学、研究、机构的建设、课题的设置乃至于学术史的重述等各个方面，都让我们感觉这个问题没有解决。它的原因是什么？如果要解决，出路又在哪里？笔者想就此稍微说一下个人的看法。

首先，笔者觉得如果讨论在中国本土出现的这三个相关学科的纠葛和缠绕，得把其放在中外互动的学术史和社会交往史的语境中来检讨。这样一来，我们要看到民族学、社会学和人类学并不是问题的全部，而只是在中外交往的思想史或者叫知识史、学科史的过程中的一个部分，与之关联的整体性问题从20世纪80年代以来有很多人在反思。这是很必要的，包括前文提到的《学科重建以来的中国人类学》，只不过这本书的时间设置晚了一点。它的重建是从"新时期"开始回顾；而事实上应该再往前推，推到1949年。因为从那时起取消了人类学，既然被取消就说明曾经有过。这还不够，再往前，从源头上看，这个问题怎么来的，需要深究。所以，要真正认识民族学、社会学、人类学三个学科在中国的纠葛和缠绕，需要从历史的深度，将其置于学科发生之初的境遇中来讨论，也就是讨论人类学话语里的中西交往。这是其一。

其次，讨论这个问题又不能停留在中国本土，要回到其原话语的、母语的西学谱系之中。在那里，民族学、社会学和人类学，在某种意义上说或许有相通之处，但在更大的意义上说是不等同的。它们之所以自成一体，就在于作为一种知识范式各自拥有不同的来源和功用。那么问题便在于这样的西学经过中外力量的推和拉而被引进中国汉语世界时发生了变形，被转译或者误读，或者再创造了。这个问题绝不是说用一个名词概括了三者就能够说，你们三个学科不要吵啦，你们就是一个，民族学、人类学、社会学都叫"cultural anthropology"，这不行。这其中有着相当复杂的问题，而且跟原苏联有关系。这一点笔者后面要讲，这里只提一下——因为"冷战"格局和中苏关系的原因，1949年后的中国保留了民族学地位。这个问题很复杂，还牵涉到共产国际的运动和理想。所以，我觉得《学科重建以来的中国人类学》倡导的回顾是很重要的。这个工作刚刚开始，横向还需扩展，纵向还需延伸。重新去厘清彼此间的联系，区别它们各自的场域，这是笔者提出来让大家关注的问题。

接下来的问题是，我们现在不是要做学科建设，很多时候我们只是想把学科当作一个工具来实践，去解释世界、研究世界而已。大部分人类学者并

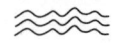

不都要做学术史。所以也不必在学科的名号上花太多的时间。笔者所要强调的是,从实践意义层面,这三个不同称谓的学科对应了什么样的社会现实,这是值得关注的。

先从中国出发,从当下来讲。在今天,这三个学科之所以都成立,笔者认为是因为它们分别对应着三个重要的场域或者现实场景。

首先看民族学。民族学之所以在中国社会最活跃,是因为中国有民族问题(我说这个"问题"是中性的),而民族问题对于中国而言就是民族资源、民族关系、民族身份以及文化多样性和多元一体等"国情"。在这样的国情里,民族学当然有用武之地。如果在单一民族国家,或者民族身份、民族记忆、民族立场强势的地方,民族学很快就会被其他学科所取代。

其次看社会学。笔者觉得中国的社会学也值得深入讨论,因为很奇怪,很多中国老一辈学者在国外获得人类学的博士学位或者定为人类学家,可一返回本土,却很快转变为社会学家,而且还不仅是一位社会学家,更是一位社会工作者,也就是说,变成了一个公共知识分子、社会活动家,乃至革命者。你们看蔡元培,之后还有吴文藻、费孝通……很难界定其学科所属。至于晏阳初、梁漱溟这类人,他们也不以学科、专业来作为自我标榜的身份、标尺。他们面对乡土,研究乡民,发动乡村建设。你说乡村建设是什么学?有一个乡村学吗?难说。勉强要归类的话,可以归入社会学。这也就意味着中国的社会问题成了社会学赖以生存、发展的动力。而在中国的现实境遇中,这个学科很危险,因为它直接挑战主流意识形态,从学理性、从元话语的角度来提什么是社会、什么是社会制度、什么是公民身份等。所以这个学科和人类学一样,在1949年以后即被取消,直到20世纪80年代改革开放时期重新复出。可见社会学在中国不仅是一个学术的、学理的话语学科体系,更是被社会利用的一种工具,是社会场域中的一种知识力量、思想力量、政治力量。这些力量借社会学的学科外衣把自己形塑成一个学术话语。这种现象为什么出现?那是因为如果没有学术话语、没有制度化的知识生产,你就是一个边缘的人、社会体制中的流浪汉。所以说,在近代中国,社会学拯救了零散的、分立的思想者,使他们在现代社会可以合法地表达自己的见解。此种合法的依据是现代性的,那就是"科学"。西方传入的"科学"以及建立在其基础上的学科谱系为现代中国的社会实践者（改革者）提供了合法性。不合法的人会很麻烦。像梁漱溟这样的人，天生大才，天性自在，可还是领取了北大教授的学衔，从而获得更大的实践自由和社会空间。只不过他了不起的地方在于不受学科和身份限制，一心投入传统再造和乡村建设。在笔者看来，梁漱溟跟晏阳初是近代中国最牛的、最伟大的两位社会学家和乡村建设的思想家、实践者，尽管后来在很长的历史时期里人们把他们遗忘了。

在社会学这个学科里所承载的案例中，有关乡土中国的最后一个人物就是费孝通。这还因为费孝通是社会学家。其实，当年费孝通的声音远远不及梁漱溟和晏阳初。晏阳初可以直接跟蒋介石讨论，跟阎锡山论辩，他太厉害了，他率领一群追随者在定县做了一个试验，成果影响至今。晏阳初本人成为中国社会里少有的几位一度在国际舞台上与爱因斯坦并置的伟大人物之一。梁漱溟则是可以跟毛泽东在延安讨论中国农民问题的近代思想者。可在后来的学科体系和学术史书写中，他们到哪里去了？消逝了。因为在当下，一种思想若没有降落或依附在如今制度化的学科里面就难以存在，于是不得不把思想家弄成无着落的流民，抑或是精神的流浪者。

在这个意义上，我们不难理解为什么很多人包括现在的学者会成群结队地去申报社科基金或各种项目，因为那个是可以被承认和统计的。你要写一篇时评或散文，没有谁认同，即便是有学术思想的散文，如果没有某个学科的人来评价，那也是不被肯定的。你的思考和研究如果与社会有关，就必须纳入社会学这类的学科体系当中。所以说，民族学、社会学之所以在中国可以复兴、重建，在某种程度上说，是因为有强大的社会期待与应用价值乃至学科体系作为支撑。今日中国的学术格局已经西学化了，如果再有像韩愈、杜甫这样的人，他们的声音再强大，放到今天，也可能要从预科班做起，重新来学什么叫社会学、民族学，讨论一下城镇的问题，讨论一下农民工的问题，要向各级老师学西方学。这些古典文人生活在今天，命运将是被放逐出当代社会。这是另外一个问题。

很奇怪的是，在现代中国民族学和社会学都可以找到这种强大的社会动力，那人类学的动力在哪里？没有，或极少！所以在笔者看来，人类学不能成为一级学科就是因为没有原动力，从国家到地方都不需要人类学。费老先生在人类学重建的时候，不称自己是搞人类学的，不是他不懂。大家仔细想想，很多人类学家都中途改做民族学、社会学研究了，原因在于人类学离中国太遥远了。中国人现在需要人类学吗？不。我们只需要我们自己，十几亿人已够多了，别的管不过来，也想不过来。如果真是需要学术治国的话，能有民族学和社会学就不错了，要人类学做什么？面对近代以来的"救亡图存"和"国族崛起"，人类学离我们还很遥远。

所以在这个意义上，这三个学科不是可以用一个词简单合并或取代的。不论在学理层面上、西学和中学的这种关系上、历史发展的进程上，还是从社会实践层面的需求、结构性的差异上来讲，这三个学科都不能相提并论，它们的纠葛、缠绕将会继续下去。

不过我觉得，再往后人类学会挑战民族学和社会学，原因是民族学和社会学的繁荣强势是虚假的，它们都过于现实化，过于追随实践的动力，过于追求实践层面的集团利益——包括学术利益集团。人类学的视野和目标需要超越这样的社会结构和集团利益，要求内在地生长于普世共存的人类当中。所以它早晚会从根基上决定民族学和社会学的品格和走向。由于民族学和社会学缺少这种根基，它们跟人类学的基本话语相脱离，使得这两个学科在中国差不多只是在做民族问题和社会问题的对策研究，而不能称为民族学和社会学。在现在的许多社科基金指南里，"民族学"没有被含在其中，而只是以"民族问题"出现。再看看人类学，基本上也是没有的。这暴露了一个很重要的问题，这个问题跟我要说的人类学需要的大视野密切相关。下面再把这个问题转向历史的层面，引出被笔者称为"严复模式"的问题。

"严复模式"：过度本土化导致的
国族本位心结与狭隘的民族志

从"严复模式"引出的话题，笔者在这里要讲的有两点：过度本土化导致的国族本位心结，以及狭隘的民族志书写。

这里笔者要先解释一下什么叫"过度本土化"。这个词前面的修饰语是必要的,因为要明确的是本土化是必要的,也是你摆脱不了的。最简单的现象是你用汉语去言说人类学、社会学、民族学这些学科,而不是讲如"anthropology"之类的西语概念时,就已经移位了。所以本土化是必要的,也是必然的,我们不要简单地否定或者去排斥本土化。这一点是毫不含糊的。但是我这里要讲的是,在本土化前面用一个"过度"来修饰时,其就有问题了。

过度本土化问题的第一个表象就是国族本位的心结。当然"心结"这个词语是沿用或者改造心理学的概念,既源于"俄狄浦斯情结",也延伸到后来使用的"集体无意识"。但是情结可能是情绪化的东西,"心结"则可能是内在的一种无意识,或群体的历史记忆。所以用"心结"这个词来讲国族本位,目的是想阐释其与人类学在中国"过度本土化"的表现和原因。第二个表象则是狭隘民族志的出现。民族志当然是人类学的一个重要产物,或者说是其标志性成果。那么民族志怎么成了狭隘的了呢?我们不妨来看一下,在中国以汉语呈现的人类学成果,其狭隘性的表现是什么:一方面,它的基本对象和归属是国族,也就是本国;然后在本国以内,再有汉民族和非汉民族二元对分,即使中国内部的文化多样性被表述为汉民族史和少数民族志,或者说对等的民族文化样态被书写成汉族化与少数民族化作品了。另一方面,在"汉族"与"非汉族"二元对分所构成的国家层面,则表述为本土的中华民族志。这样一个过分强调族群边界的书写方式,其根源与表现都远离了人类学的基本预设和学术目标。就是笔者上文所提过的那样,是从民族学和社会学的既有方式窜入人类学,摇身一变成了过度本土化的人类学而已。这种转变只完成了表象的替换,其实质并不是人类学。这将导致我们自己的混乱,比如说,上课时今天讲民族学,明天讲社会学,后天再讲人类学,学生听来听去找不到区别,以为不过是语言或术语游戏。问题何在呢?就在于因为缺少一个基本的人类学的范式和体系化的结构,致使真正的人类学一直没有在本土生长起来,只有表象而无内涵,故而一不小心就变相了,又从人类学的起点落到了民族学和社会学——也就是民族问题与社会对策的构架之中。这样民族志写的就是一个社区、一个村落或一个人群,就事论事,缺乏对人类整体的关怀、照应。但是真正的人类学只是写一个国家,一个民族吗?显然不是!在西方学术史里,人类学也有大有小,大的有达尔文的《物种起源》

及《人类的由来》，中的有本尼迪克特的《菊花与刀》，小的有马林诺夫斯基的《西太平洋的航海者》和米德的《萨摩亚的青春期》等，虽然这些大、中、小只是人类的一种呈现和可能，但在人类学民族志的写作里，却不论大小都体现出共同的观照，即人类学的大视野，也就是对全体人而不是部分人、自己人的关怀。有此关怀的作品，才是人类学的民族志。由此来看，正是由于过度本土化，才导致了狭隘民族志文本在中国的泛滥，人类学大视野中的民族志书写则极度缺乏。

好的转机也有，进入21世纪后，出现了一些新的趋向，比如北京大学高丙中等学者开始倡导书写"海外民族志"。这是转型时期出现的重要信号，希望大家注意。因为面对这些转型，你不得不做出新的选择，否则即会落伍。当然中国现在出现的"海外民族志"也还只是一个开端，后面还有很多问题。为什么？海外民族志在今天所呈现出来的样式，我认为还仅仅是一个仿像式的西方人类学。或者说是对西学的倒置：你过去不是以我为他者过吗？那么好，现在我强大了，可以倒过来做了，做什么？以你为他者；若暂时不能直接做西方，就先从周边做起，做东南亚的海外民族志。笔者认为这是突破"过度本土化"的一种努力，却不是最佳的选择。因为这仍是同构性的错位，并没有往深处推。民族志对象的简单移位还不是本义上的人类学。而且西方对非西方世界的民族志书写，其背后依然是一套普世性的元话语，像摩尔根、泰勒、马林诺夫斯基、拉德克里夫－布朗都是，尤其是弗雷泽、列维－施特劳斯和格尔兹，他们是以共时的普世结构来表述人、揭示人、阐释人类整体性的文化逻辑。所以在他们的研究里，任何一个地方，任何一种神话、仪式或文本，都要进入这样的结构，并且都服务于揭示人类的问题。

一百多年来的中国始终没有这个可能，原因之一就在于人类学进入之初受到了"严复模式"的影响。"严复模式"的特点就是人类学的强国梦。它的问题在于，第一，这个模式改写了西方人类学，把西方普适性的人类学改写为一个物竞天择和改朝换代的旧王朝思想的中国式文本。这个"物竞天择"是达尔文的话。达尔文的"物竞天择"是全地球的人跟万物之间构成一个生物链，在进化的过程中从过去走到现在，从而演化出了蒙昧时代、野蛮时代、文明时代，推演出了马克思所谓的原始社会、奴隶社会、资本主义社会和共产主义社会，由此构成了整个的世界图示。严复依据本土"国情"将其为己所用，压缩成进化论的中国版本：西方入侵，"物竞天择"；我们的对策是"以夷制夷"，以保"适者生存"。他把《物种起源》里的人类学原理拿过来改造成保种保国的新口号和新话语。他在写于"光绪丙申重九"的序里，把达尔文、斯宾塞和赫胥黎等的进化论归结为"自强保种"的学说，并以按语方式在译文中发挥说"天演之事，将使群者存，不群者灭"①。在这样的强调和发挥后面，其实就是对弱肉强食的担忧以及对国族复兴的期盼。在与列强遭遇的诸多冲突中，这样的心理本属自然，但发展成狭隘的国族心结后则问题不少。因为过度国族本位式的心结使我们背离和扭曲了一种可能性，即人类学本可使中国真正告别轴心时代的区域性地方性知识的局限，进入人类各大文明间的对话，从而整合出人类共通的话语和新知。"严复模式"切断了这个连接。严复以后，梁启超、蔡元培、李大钊、胡适以及之前提及的梁漱溟和晏阳初差不多都是一个路子，就是"以夷制夷"，把洋人的坚兵利器和思想制度复制过来赶超英美。梁启超怎么说的呢？梁启超一方面把严复誉为近代中国译介西学的第一人，另一方面将其引进的进化论称作与本土数千年传统"若别有天地"的"绝大变迁"者，其所谓"优胜劣败"之理普行于一切邦国种族之中，"不优则劣，不存则亡"。② 把自己的名字索性改为"适之"的胡洪骍（胡适）则说："读《天演论》、做'物竞天择'文章"，可以"代表那个时代的风气"。③ 由此可见"严复模式"在当时的影响。

第二，"严复模式"的另一个重点在于古今之变。这也极大地切断了我们的传统。严复以前的华夏社会，在其世界图式——我们先不要说多元一体的多民族的世界图式——我们就说本土的古代社会的世界图式里，儒、释、道三家都有的既有范式全部被打破了。严复中断了两个思想可能性：一个可能性就是以大文明的方式融进一个普适性的对话和再造；另一个可能性是断送了东亚大陆本有的超越于民族国家、超越有边界的国族思想的古代传统。这

---

① 参见［英］赫胥黎《天演论》，严复译，商务印书馆1981年版，第 iix—x、32 页。
② 参见梁启超《天演学初祖达尔文之学说及其略传》，《新民丛报》第三号，光绪二十八年（1902）二月一日，收入沈永宝等编《进化论的影响力——达尔文在中国》一书，江西高校出版社2009年版，第5—8 页。
③ 胡适：《四十自述》，安徽教育出版社1999年版。

个古代传统,当然有它的虚假性,比如说"天下"是想象的,但这个传统中的世界观是实存的。严复以后的人类学断送了这个传统,所以最后不得不变为民族学和社会学,也就是汉人学、少数民族学和中国社会问题学。

所以"严复模式"是中国境遇的转折点,其既开启了新的方向,也切断了旧的可能。如今,以人类学为前沿的许多跨国家、跨文明尝试涌现出来。可以看到,"过度本土化"的范式会被越来越多的学者警觉和反思,同时我族本位的心结及狭隘民族志的叙事亦将被越来越多的学者所扬弃、排斥和改变。

第三,从方法论实践的层面来谈。人类学的基本方法就是做田野调查,就是在实践中和对象打成一片。我们仔细检讨一下,从我们的本科生到硕士生再到博士生,我们的田野是什么?不客气地讲,我们的田野有问题,它受制于上文所讲的那两个问题:一个是学科分类的纠缠;另外一个是严复以来本土心结的束缚。这两个因素严重妨碍了我们的人类学所应有的品位和视野,从而使我们在田野里越来越见物不见人、见木不见林,收集、描述了各种各样的物象,却不能揭示其中包含的恒常事理。

这里所讲的"恒常"既是时间的恒常,也是普遍的恒常。回到中国本土的语境,在严复以前传统的知识分类体系中,以及一个学者面对世界的时候,都是带有一个结构去进行分类梳理的。你们去看本土的地方志结构。它怎么讲一个区域和地方?它不讲则已,要讲就要讲天文、地理,还要讲风水、沿革,而且还要联系天道与人文……这不光是文体和结构上的丰富,而且是在其后面体现出的一个内在的知识体系。这个知识体系很重要,大家要注意。即便在儒家当道的世俗化的科举官吏制度里面,所生产出来的经典也体现出严复以后的人所缺乏的东西。这个话题我们现在不用多讲,因为有很多人谈过。与之关联的第一是政统(或治统)。有的人如余英时先生更多会用治理的治、政治的治,笔者是用政。这个政统后面的书写者是什么人?是学者。学者有一个解释的话语或权利来描述和分析、评判这个政统。那学者凭什么有这个权利?秘密在于他们掌握着比政统更高的法宝:道统。在古代中国的汉学体系里,道统才是最重要的。所以一个地方志、一个奏本,它后面都有这么一个精神资源。严复以后,人类学引进来了,社会学、民族学也引进来了,科举被打破了,经史子集的分类系统都被打破了;新式学堂办了起来,洋人请了进来,西方经典也都搬了过来,但这给本土留下了什么呢?不中不西、不古不今。这个现象一直持续到现在。所以说我们现在勉强做的田野调查存在狭隘性。我们有很多学者很可惜,到了这个村庄里面,就真是像格尔茨批评的,是"在村庄研究村庄"(to study the village),而不是如其所说"在村庄研究"(to study in the village)。什么意思?就是说我们是应在村庄做研究,而不是仅仅研究村庄,延伸而论,亦即:我们在中国研究,却并非仅仅研究中国。

复出的费孝通与今日社会科学

下面再看费孝通。因为在不断演变的近代中国进程里,费孝通"留下来"了,梁漱溟、晏阳初等出局了,社会学的从业者在改革开放以后再次以社会精英和学者、专家的身份复出。费孝通则是其中一个超学科的人物。而一旦超学科后,他也即成了新时代的社会科学总代言。费孝通在复出后提出的一些观点很值得注意,比如说可谓跨学科和跨文化的十六字方针:"各美其美,美人之美,美美与共,天下大同。"这十六个字里笔者觉得深藏着期盼。连其所采用的接近古汉语的表述方式,都体现着某种新的认同与回归。如今已有不少对这十六字的分析。"各美其美",不用讲,这就是说要平等嘛,或者是人类自私的基因嘛,当然是各美其美了——笔者不说自己美,谁说我美啊?但与之相关,后面这个"美美与共"值得分析。什么叫"美美与共",是平面地放在一起,一人一样,这不就是"多元一体"的另一种表述吗?什么叫"与共",为什么、怎么样去"与"和"共"?答案是"美",不是美自己和妖魔化别人,而是把不同的美、所有的美都关联在一起,那样才是真正的共;也只有那样,才能使各方的美平等自愿地走向"与"。这些观点在费孝通的文章《美美与共与人类文明》中都讲了,笔者这里只做了一点回应和发挥。笔者觉得费孝通先生其实是在讲另外一句话,在讲中华"多元一体"格局之外的东西,他把中华多元放到了世界格局、人类文明当中。这是一个展望式的论断,但这个工作没有完成。尤其是在把"十六字方针"里的最后一句"天下大同"改为"和而不同"以后,更体现了费孝通在强调以国家为单位的"文化自觉"基础上,对本土主体的凸显以及对国际多元的肯定。①

笔者觉得,从学理层面上来讲,费孝通是中国的社会学、民族学、人类学这三个学科的代表。他当然是人类学家,师从马林诺夫斯基,在学历根基上有着人类普世的关怀。但或许出于"志在富民"的本土动力,他自我中国本土化,使自己转化成了社会学家和民族学家。当他集三者于一身来做总体代言之时,他的想法是非常有代表性的。这一点需要我们大家在更深、更严谨的意义上进行阐释。反过来,费孝通跟严复什么关系,费孝通的思想走出"严复模式"没有?这需要再分析。

以开放的眼光看世界

"以开放的眼光看世界",既是一个呼吁又是一个判断,或者是一个总结。它的来由是基于以上讲的两点:人类学学科谱系和人类学的中国现状。下面要讲的内容也顺此而来。正因为人类学在神学家、哲学家看来,可以代表整个西方世俗性思想和学科体系的基本模式,也正因为它有这样的分量和品位,中国的人类学当然也应该能对这些根本性问题做出相关回应。可是若从这样的要求来看,中国一百多年的人类学可以说还没到位,或者说还在路上。

如果中国人类学没有到位,我们要做的工作就真的是重建。重建的含义有两层:第一是恢复学科;第二是超越既有(模式)。中国的人类学从严复以来,还不是严格意义上的人类学,而更多的是救亡图存的民族工具。因此,要重建就必须超越"严复模式"。如何超越?笔者认为,关键就在于要以开放的眼光看世界。

在此,"开放"的含义也有两层:第一,是向世界的开放。这个世界是空间的、人群的、文化的、区域的,也包括纵向的时间和时代;第二,是向个体的开放,就是向生命自我的开放。为什么讲向世界开放和向生命自我开放,

---

① 参见费孝通《创建一个"和而不同"的全球社会》。该文是作者在国际人类学与民族学联合会中期会议上的主旨发言,后刊于费先生的《九十新语》一书,重庆出版社 2005 年版。

才能够重建中国人类学？是因为中国的人类学在引进以后过度本土化导致了国族心结，使之长期停留在一种中间叙事状态里，即仅呈现为国别性的、地方性知识。一旦往前看，没世界；往下走，又没有个人。这种"民族国家"话语叙事的人类学是浮在中间的。为什么这样说？因为民族国家本身就只是人类群体的一种类型，同时也只是历史性的一种范畴，如果仅以此为起点和归宿的话，人类学是建立不起来的，只能建立"国族学"或"地方志"。所以中国人类学要有国族叙事、国族视野，也可以从这种中间的方向延展出去，但同时又应向世界和向个体/生命/自我开放。只有实现这两个"开放"以后，再以民族国家为一个过渡性的环节，或者叫以"国族叙事"为过渡性文本，才有可能重建包含世界和个体的整体人类学。那样的话，宏观、中观和微观这三个层面合在一起，就构成了人类学所关心的完整世界。也就是说，三个层面构成的叙事：自我/个体生命的叙事、民族国家的叙事，乃至人类总体性的叙事加在一起，连融成一个有机的完整结构，才可能构成我们所谓的人类学。但是以宏观和微观两头来衡量，中国的人类学还在起步中——笔者这个话有点重。笔者的意思是若从制度性的、整体性的、观念性的指标来衡量，中国人类学还需要超越既有框架，也就是要超越从严复以来的过度本土化、过度世俗化、过度应用性以及过度实证性所导致的既有基点和格局。

再回到笔者介绍背景时提出的两个问题来看：首先是神学人类学向世俗人类学的挑战。它追问道：人类学是什么？为什么你如此重要？继而它要人类学再次回答：如果你研究的对象是人，那人是什么？所以，如果说西方的学问从希腊、希伯来往下走，走到达尔文后，就以世俗和实证的人类学为代表，开始走上了另外一条路。如今，神学人类学力图通过对人类学的直面，把路引回来。

相对而言，在这种以西方为中心的学术谱系里，中国人类学是横插进来的新手和他者。他是在面对八国联军打进来时"救国图存"的工具之一，是应用性和时效性知识话语。所以从一开始就不具备与之对应的任务和目标，也就是不觉得需要在民族国家之外，对世界和生命进行双向思考。

这样的开端便影响到本土人类学的狭隘民族志书写，比如说，学者去凉山考察少数民族的"火把节"——一百年来类似的考察比比皆是。可大家普遍关注的议题是什么呢？迄今为止，无外乎是以往的"奇风异俗"、后来的"地方传统"和"民族关系"以及当下的"文化遗产"乃至"经济唱戏"。有多少人认真深入地关心、观照过其中蕴含的与天人交感以及生命节律等密切相关的深层结构与普世原则？在笔者的初步研究和思考中，被我们用汉语称为"火把节"的事象（当地语称为"Di-ni-huo"等），就是包含在一个完整的文化体系中，既是对世界的认知，亦是生活的方式，其所承载的世界观、宇宙观和生命观完全可以跟《西太平洋的航海者》《萨摩亚的成年》《菊花与刀》那样的经典民族志文本相对应和相比较，从而为人类学的世界图示演绎出更完整的案例和话语。但是正因为我们的人类学缺乏这样一些根本性的观照、视野和元话语，所以被我们看见和阐释出来的成果，就大都是零散的族群与地方场景。

这不是个小问题，在这种知识生产的类型后面是有深刻原因的。比如，西方学者在中国进行的人类学研究里，有不少关注西南的人及其民族的作品。然而若仔细辨析，其中除了部分以"中国问题"为重心者外，大多不仅研究中国的西南，还以此为例，讨论演变中的人类学基本话题，如仪式、身份、信仰、象征……在这样的方式中，西方人类学者进入中国，如同进入地球任意一处的工作站。他们进来、出去，带着各自预设的问题来观察、分析，而后回到各自的学术大本营去，从讨论的议题到出版的成果，其实都与本地没太大关系。中国西南的本土只是一个多元观照中的文化他者，做什么用呢？作为总结人类普世原则的地方案例。这样的传统从葛维汉、拉铁摩尔、施坚雅等以来持续延伸着，直到后面的郝瑞、路易莎、王富文（Nicholas Tapp）……他/她们表面都是在研究中国西南，而在其后面，却站立着人类学自西方诞生以来的那些泰斗：达尔文、摩尔根、泰勒、博厄斯……

通过这样的对比，我们便不难见出人类学目前在中西方之间的差异。

所以当我们也开始试图从人类学角度关注西南的时候，当我们考察火把节、三月三或百苗图、刘三姐的时候，很可惜，如果我们只注重对奇风异俗的描写，亦或是仅限于行政区划内的本地自夸，乃至生产出本土演艺界那种把民族传统转变为商业资本而炮制成的"印象刘三姐"一类产品的话，那就非但成不了人类学研究，连跟西方汉学家对话的可能性都丧失了。对此，关注西南彝族文化的郝瑞（Stevan Harrell）说过，即便强调人类学理论的本土化，中国学者，也包括小部分外国的学者，所要做的工作是"承担一种很大的责任"，那就是在西方理论不足以解释的地方，做出"理论上的创新"。①

在这点上，还可拿同为导演的张艺谋与卡梅隆比一下。后者也使用了族群传统的"文化因子"，但其作品《阿凡达》却凸显的是星系视野，探讨"后科技时代"的人类前途，让观众通过与潘多拉星球人"维纳族"的对照，反思自己的问题和危机。在这样的比较中，作为人类整体成员之一，中国的知识生产者不能不再次反问自己，我们是否需要超越国族心结，关注并拥有人类大视野？

笔者想，对于这样的反问，最有效的起点是从人类学做起。

---

① 参见郝瑞、彭文斌《田野、同行与中国西南人类学研究》，《西南民族大学学报》2007年第10期。

回向"整体人类学"
——以中国情景而论的简纲

一 问题与讨论

  人类学是关于人的学问。作为一门主要在欧洲产生并向全球传播的知识范式,人类学有着自身的学理根基和演变历程,并且至今仍处在界定纷争和不断扩展之中。不过究其根本,人类学所关注和解答的核心,可以概括为一点,即人的存在及其在世界(自然—社会)的位置和演变。这里的"人",包含两层意义:既是具体的也是普遍的,换句话说,既是社会和历史的,又是恒常和统一的。而人类学关注和依据的"世界",由于其自身的世俗理性取向,便主要关涉三个方面:(1)自然—生态;(2)文化—社会;(3)民族—国家。

  顺此框架便不难见出在现代人类学同时与西方知识谱系三大分支的关联。哪三大分支?那就是自然科学、社会科学和人文学科,与之对应的是人类学范式的三层面向:生物的、文化的和哲学的。如果一定要用"学科"门类体现的话,这三层面向则可以表述为生物人类学、文化人类学和哲学人类学。

  现在的问题是,近代以来,由于工业化社会与殖民主义实践的负面影响,人类学越来越在各地具体的应用中显现出自我离散的趋势。其中,生物人类学中的"科学主义"和文化人类学领域的"国族主义"(nationalism)日益膨胀,而作为其学理基础的哲学人类学受到忽略。于是,对"人"之存在的追问与解答逐渐从形而上意义的终极思考,跌滑到现实对策的功利性应变和价值游离的相对主义阐发,从而致使自古希腊时代以来此学科长期积累的整体性学术资源和实证材料不断跌入被实用主义者任意肢解的陷阱。这一点,在中国——这一人类学在非西方世界的重要传播和演进地之一的国度亦有表现。

有鉴于此,才顺势提出回向"整体人类学"。之所以是"回向",乃因为这个"整体"并非新创,而是原有。不小心被后世丢弃的东西,再努力拣拾回来。尝试一下,不行再说。

值得回顾并强调的是,1994年秋,乔健教授在香港中文大学人类学系发表就职演讲,指出中国人类学发展面临"三大困境"。其中首位便是对人类学学科认知的界定不清①。2000年夏季,曾任美国人类学学会会长的W.高斯密来到北京,为中国人筹办的"国际人类学与民族学联合会中期会议"做了专题讲演,内容关涉人类学的整体性。但他所谈的还只限于呼吁将人类学中生物与文化的层面予以整合,对于更为深入和扩展的哲学面向未能重视,体现出自博厄斯以来的"美国学派"(如果有的话)的特点和局限②。

二 背景和反思

在中国,作为从自然科学、社会科学与人文学科三个层面对人的存在及其多重关系问题进行思考和研究的整体范式,人类学是舶来品。其主要在近代由外部输送者和内部引进者的"推""拉"合力造成。但是在这内外之间,不仅路径有别,而且目的各异。外部输送者所依托的在表面上是现代西方,其内在的脉络则是"两希传统",即古代希腊和希伯来。此二者既

---

① 该演讲是乔健先生为就任"人类学讲座教授"而作,经删节后以"中国人类学发展的困境与前景"为题刊发于《广西民族学院学报》1995年第1期。相关讨论可参见李建东《〈中国人类学发展的困境与前景〉及其在大陆的回应综述》,《西北民族研究》1995年第2期。

② 参见W.高斯密《论人类学诸学科的整体性》,张海洋译,《中央民族大学学报》2000年第6期。在讲演中,高斯密把人类学的作用表述为实用性的参与,即其"可以,而且也必须为解决现代生活中不断增加的各种难题做出贡献"。因此,他对其"整体性"的要求便是"把生物和文化两个半偶族维持成一体",这样便"能既看到人们行为中的生物学动机又看到其文化动机"。

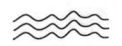

相互关联又彼此区分。因此就整体和来源而论，舶来的人类学之根底与其说叫"西学"，不如称为"希学"。其与本土的"汉学"形成对照并产生冲撞和竞争。

这"希学"里面，相对来说，古希腊一脉秉承的是强调人之自我的理性认知，也就是由苏格拉底、柏拉图和亚里士多德等开启的以人为起点、目的和中心的人本主义宇宙观及其所关联的世界图式。希伯来一脉，则贯穿着犹太教—基督教等《圣经》体系所共同信奉的上帝创世论及其推演的人类赎罪说。由于二者均带有整体和根本的普世主义逻辑与动力，其向非西方地区的播化是迟早的事，在近代传入东亚与中国等地则不过是"殖民扩张"与"世界归主"的地缘拓展而已。并且相比较来看，这时候通过西方向外扩展的"希学"，在结构上其实同时包含可称为神学、物学和人学的三个方面。

启蒙运动后，同时兼容上述两大传统的"希学"越过中世纪的积淀，以自然科学、社会科学和人文学科的分工合作方式在世俗化社会日益彰显，并借科技和教育的力量深入民众，成为影响人们日常生活的新型话语方式和形塑市民行为的公共基准。这时，人类学自有的整体谱系中，生物与文化的面向逐渐因各种现实需求而朝着更加科技化和政治化的趋势推演，成为用以进一步改造自然和殖民扩张的利器。与此同时，其哲学面向则退守于较为深层隐蔽的思辨之中，延续着自古相传的"认识你自己"这样的对人类之谜的自我解译。可见，"希学"传统的人类学诸面向并未中断，彼此间的互渗补充内在连接，此起彼伏。也就是说，其对人类存在和世界问题的关注、解答仍旧是在整体中推进着。这一点，倘若只凭观察人类学在当代各分支形形色色、好像杂乱无章的表象，或许感受不到；但如果能更为完整深入地来看，则可以从无论是康德还是卡西尔和萨林斯乃至舍勒、福柯等的相关著述里皆一一见出。

但是，在西方自近代向世界的扩张过程中，由于彼此类型和力量方面的悬殊，导致西方不把非西方的"他者"视为可以平等对话的伙伴或世界共同体成员，而是看作进化论阶梯上的落后社会甚至"野蛮"人种以及科学考察的田野领地，因此在其主动向中国这样的东亚国家输送人类学时，就更多注重的是实证材料与实用方法，以及社会进化理论和以西方为中心的世界体系。

于是，哲学层面的人类学关怀就难以对等地包容其中或彰显出来。①

相比之下，中国的问题是，自近代将人类学"舶来"之初，其范式和谱系便不完整。推、拉双方各取所需，分离了人类学的三层面向。而更为现实的政治境遇，又使得对人类学的输入、引进在中国均朝"社会发展""民族再造"与"国家抗争"贴近。这样，对"人"之存在的整体思考被局限于现实和历史的层面，对人类世界的阐发也被突出为对民族国家合法性的论证、对国际冲突的现实回应和对一国地位与利益的最大谋求。于是乎可称为"哲学人类学"的一大面向自然受到冷落，致使人类学在中国的演进长期缺乏基础性和终极性依托，如同悬浮在半空中的楼阁，虽不断应用，但摇晃不已。于是仅就翻译转引的层面而言，对中国本土社会来说，"西方"已被分裂了②。

三 面向与整合

晚清之际，在东亚牢固统治数百年的多民族帝国频频动荡。此间，西学东渐，"引进"和"变革"成为本土朝野的主题。这时，舶来的人类学不仅被列入国家教育的"大学堂课程"③之中，并成为革命党发动社会改造的重要依据。何以如此？乃因为引进者选中了该学科所能提供的一个有用体系："进化论的人类史观。"这个体系一方面能为"天朝"固有的世界图式为何受到威胁加以解释并警醒，另一方面又能为实践的"救亡图存"大业输送激发斗志的精神武器。故梁启超在将达尔文列入"以学术左右世界"的十贤后说：

---

① 自19世纪晚期以来，从西洋各国乃至东洋日本到中国输送或运用人类学的人物可谓络绎不绝，从传教士、探险家到外交官和学者、教员……无所不有。他们把中国视为达尔文进化论的验证地和观察落后民族的试验田，在教会学校讲授人类学课程并有大量的"田野报告"问世，如明恩博（A. H. Smith, 1845—1932）的《中国人的特质》、柏格里（Samuel Pollard）的《苗族纪实》和鸟居龙藏的《中国西南部人类学问题》等。由于"不屑于"对话，这些著述大多在中国之外发表，对象也主要是非中国的西方（东洋）成员。参见东人达《在未知的中国》，云南民族出版社2002年版；黄才贵《印在老照片上的文化——鸟居龙藏博士的贵州人类学研究》，贵州民族出版社2000年版；等等。相关介绍可参见胡鸿保主编《中国人类学史》，中国人民大学出版社2006年版，第40—42页。

② 关于近代中国在其对外译介中如何将"西方"分裂之现象，可参阅罗志田《西方的分裂：国际风云与五四前后中国思想的演变》，《中国社会科学》1999年第3期。

③ 王国维：《奏定经学科大学文科大学章程书后》，1906年。转引自王建民《中国民族学史》上卷，云南教育出版社1997年版，第84—85页。

自其进化论一出,世界为之分野,"于是人人不敢不自勉为强者、为优者,然后可以立于此物竞天择之界"①。20 世纪 20 年代,第一位获取哈佛人类学博士学位的中国留学生李济,也在陈述自我历程时说,他的志向,"是想把中国人的脑袋量清楚,来与世界人类的脑袋比较一下,寻出他所属的人种在天演路上的阶级出来"②。

结合后来的发展看,可以说自其引入之初,人类学在现代中国的生长基本是以达尔文主义为根基。其特点是围绕"国族存亡"之核心,强化出"民族学"与"社会学"两个门类。与此同时,作为整体的人类学非但难以成形,而且还因缺失了哲学面向的根本反思与自问而限于实用。

百年过去,时局变化,知识添长,经验增多。现在该掉转头来,损有余,补不足,调整结构,重新梳理人类学诸面向,在还其整体构成基础上,解答人之存在及其与世界关联的问题了。其中举措可以很多,笔者以为最为紧要的有一条:召回哲学人类学。

所谓"哲学人类学",其实就是人类学的哲学面向。它原本已内在地包含在(西方)人类学的整体脉络之中,侧重于从终极层面思考并解答人的存在、地位与价值问题。与生物和文化的面向有别,哲学的人类学关注的"人"并不限于具体、经验和历史、族群的层面,而更注重普遍、抽象或整体与形而上层面。也正因如此,其便还能够为前一层面的研究提供范式起点与内在根基。

例如,以恩斯特·卡西尔(Ernst Cassirer,1874—1945)的论述来看,人类心智的漫长历史,以"自知"为分野,呈现为外向与内向两个阶段;而也恰恰是从拥有生命的内向观点开始,就出现了与原始宇宙论平行的"原始人类学"。这个起点,在西方,经过古希腊时期苏格拉底的发展,演变为人类学的哲学。其从"什么是人"的追问开始,延伸出对"人的宇宙"的解答。③如果承认这一点的话,人类学的"希学"传统,原初便是以形而上思考为根

---

① 梁启超:《论学术之势力左右世界》,1902 年 2 月 8 日。
② 参见张光直《人类学派的古史学家——李济先生》,李济《中国民族的形成》,江苏教育出版社 2005 年版,第 1—9 页。
③ [德]卡西尔:《论人:人类文化的哲学导论》,刘述先译,广西师范大学出版社 2006 年版,第 1—33 页。

基的。后来，马歇尔·萨林斯（1930—　）把现代意义上已蔚为大观的"西方人类学"置于全球众多"地方性知识"之一的角度加以考察，阐明"犹太教—基督教上帝至善及人之至恶如何经由圣奥古斯丁和亚当·斯密斯而转变成现代的'神创秩序的人类学'"①。萨林斯的概述一方面对"西方人类学"进行了结构和原理上的综述，同时提供了古往今来世界上其他"地方性知识"系统参与到类似讨论之中的可能。

《哲学人类学》一书的作者，德国人 M. 兰德曼（Michael Landmann, 1913—　）也从整体上看待延续至今的西方人类学，将其分为"科学的""文化的"和"哲学的"三类。他指出：前两类都可归为科学，特点是以有关人类学本质的认识为先决条件，并且仅仅考察人类外在的特征或文化成就。与此不同，哲学的人类学却"恰恰要探究这些科学认为理所当然的认识，并且要研究构成人类与其他一切现存生物相对照的基本本体论结构"②。顺此思路，"人"这一在过去的学科阐述里被假定和"理所当然"地视为无须争议的基本"偶像"就倒塌了，变为最不确定和最需要从头思考的起点。因为离开了这样的起点，那些所谓的科学认识就失去了基础。换句话说，没有对人的基本自知，就没有人类学。

四　意义与展望

"Anthropology"的希腊辞源中，"Anthropos"（人类）与"Logia"（学）的组合，既表示"关于人的学问"，更指涉作为整体物种的"人的自知"。在由自己整理的最后一部的著作里，康德（Kant, 1724—1804）以"人类学"为之命名，并指出人是自己的终极目标——人创造自己，人就是人的历史。在此意义上，唯有以哲学为基础、以"世界公民"而不是任何"地方人群"为

---

① 参见［美］马歇尔·萨林斯《甜蜜的悲哀》，王铭铭、胡宗泽译，生活·读书·新知三联书店2000年版。萨林斯的原文于1995年用于演讲并于次年发表，副标题是"西方宇宙观的本土人类学探讨"。此处引文为该文的评论者之一德国学者托马斯·巴加采的概述。引自该书中译本，第73—76页。

② 依照兰德曼的用法，"科学的"人类学包含了"生物人类学"和"体质人类学"，或者彼此可以等同。参见［德］M. 兰德曼《哲学人类学》，贵州人民出版社2006年版，第3—9页。

对象的研究才不是零碎的知识而配称为科学。①

卡西尔则把自古希腊名言"认识你自己"以来的西方理路进行梳理,指出"人对自己的认识"是此脉络中一切思想的"阿基米德点",并认为千百年来人的自知非但没有完成,而且还反倒在近代以后出现了深刻的危机。为此,他转述了舍勒以人类学为核心的评价:"在人类知识的其他时期中,没有哪个时代比得上我们今日,人变得对他自己更成为问题。"问题在哪里呢?舍勒(Max Scheler,1874—1928)指出:

> 我们有一个科学的、一个哲学的和一个神学的人类学,却彼此之间互无知晓。因此我们不再有任何清楚一贯的人的观念了,从事于人的研究的各特殊科学的日益增进的繁多复杂情形,只有更混淆模糊了我们的人的概念,而甚于阐明了它。②

对此,卡西尔发挥说,现代各门科学的发展的确积累了大量的"事实材料",然而由于找不到能控制和组织这些材料的有效方法,我们比过去更贫穷。所以无论如何,要走出事实材料的迷宫,重续人类在终极意义的自知传统。③

这样的问题,对作为人类学源起地的西方意义重大,对中国更为深远。在中国,过去介绍的人类学有三个突出问题,一是将人类学与民族学混淆,使得人类学在这里缩减为对某一族群的关注;二是把生物人类学与文化人类学分开,导致文化研究流于表面;三是基本排除了哲学人类学,从而致使对人的回答偏于经验和实证,而缺少形而上的高度。扩展来看,这类问题的发生其实还与在同西方"同行"交流时的某些偏颇有关。据作为局外者的美国人类学家顾定国(Gregory E. Guldin)观察,中国人类学领域里派系林立的现象可以被看作"困扰了中国人几乎一个世纪的问题的一种反映"。即在如何对待西方学说和本土传统时的态度分裂。对于顾氏而言,即便这个问题得到解

---

① [德]康德:《实用人类学》,邓晓芒译,上海人民出版社2002年版,第1—4页。
② [德]M.舍勒:《人在宇宙中的地位》,贵州人民出版社1989年版;《舍勒选集》下卷,上海三联书店1999年版。
③ 参见[德]卡西尔《论人:人类文化的哲学导论》,刘述先译,广西师范大学出版社2006年版,第29页。

决,所谓的"中国人类学",其优势也顶多是用自己的田野经验去"丰富全球人类学的知识库"① 而已。

总体来说,由于受到初期引进以来的社会潮流影响,人类学在中国的"学科"体系里,至今仍强调着注重实用的科学与文化层面,突出所谓考古、语言、体质与文化之类的"四大区分"②,对人类学的哲学面向则缺乏整体和根本的认同,从而使本土的人类学研究更多趋向于民族、社会与国家话语——用一些学者的话说,即成了"国家的社会容器"③。结果是:要么关心"本国"而不关心"人类",要么研究"异邦"却不内省"自我",以至于使"汉学"和"少数民族学"的取向掩盖或代替了人类学整体。

在中国,人类学多以达尔文为起点,亦即从达尔文的进化论出发,讨论"人与文化"④。然而在舍勒看来,正是由于达尔文及其代表的科学主义观点,才导致了迄今人类在自我认知上的最大困惑:人之所以为人的界定被挤缩到脊椎动物的一个角落,生命丧失了本质和终极意义。⑤换句话说,这种偏向自然系统的人类学使人类丧失了精神反思和现实超越的可能。而从哲学的层面看,人是待完成的生命,是经由特定实践而展开的 X⑥。其特点正在于通过自我认知不断发现自己、认识自己并且实现或改变自己。由此可见,舍勒等

---

① 顾定国:《中国人类学逸史》,胡鸿保等译,社会科学文献出版社2000年版,第310、334页。
② 这种人类学学科"四分法"的事例如今常见于我国人类学专业的教科书编写之中。比如黄淑娉、龚佩华《文化人类学理论方法研究》(广东高等教育出版社1998年版),庄孔韶(主编)《人类学通论》(山西教育出版社2002年版)等。事实上,所谓人类学的四分法,即便在西方学界也不能代表全体。例如,据威廉·亚当斯看来,这样的划分只反映英美领域的人类学倾向,其体现的是"研究性学科";与之不同,欧洲大陆的人类学更偏向于"学术性和理论性学科",从而不认同所谓的四分法,将其视为四个"亚学科"。参见[美]威廉·亚当斯《人类学的哲学之根》,黄剑波、李文建译,广西师范大学出版社2006年版,第367—369页。不过威廉·亚当斯在该著中虽然主要从哲学角度讨论人类学、提到德国的影响甚至认为人类学可以被看作一门哲学,但他的讨论却并没有把哲学看作人类学的一个基本面向和构成,并且在介绍德国影响时几乎排除了舍勒以来的哲学人类学主脉,使得他的论述失去了将哲学与人类学连接起来成为一个有机整体的契机。
③ 参见王铭铭《学术国家化——反思中国人类学》,《西学"中国化"的历史困境》,广西师范大学出版社2005年版,第32—71页。
④ 黄淑娉等编写的教材强调说:"人类学是达尔文的孩子,达尔文使人类学成为可能。"见黄淑娉、龚佩华《文化人类学理论方法研究》,广东高等教育出版社1998年版,第17页。
⑤ 参见舍勒《人在宇宙中的地位》前言和导论("人"的观念的问题),贵州人民出版社1989年版。其他文献及讨论可参见《舍勒选集》下卷,上海三联书店1999年版;刘小枫《人是祈祷的X》,《走向十字架上的真》,上海三联书店1994年版;吴伯凡《从价值现象学到文化生态学:哲学人类学及其当代转向》,《国外文化人类学新论》,社会科学文献出版社1996年版,第49—66页;等。
⑥ 参见刘小枫《人是祈祷的X》,《走向十字架上的真》,上海三联书店1994年版。

人所倡导的"哲学人类学"既代表着人这一物种在欧洲社会背景里的一种自知,也可以视为通过此种认知影响和改造人之行进定位和方向的努力。

如今,在汉语社会,本文提到的康德、舍勒、卡西尔及兰德曼等的哲学人类学著述已被引进。如果认真整合,不但源自"希学传统"的人类学范式可望恢复其整体面貌;通过此范式对世界的了解可以克除"本土中心论"的偏狭,把一切人群——无论是"我族"还是"他者"——皆放置到人之为"人"的完整并且动态的构架里看待;并且,更为重要的是,对于"中国的"人类学者来说,或许还能由此跳出"汉学"或"少数民族学"的局限,激发从自身传统和经验参与对整体和终极之"人"的讨论,思考作为整体的人类如何走向受制于当今学说影响的未来。因此这里的"整体"既意味着人类学在学理上诸面向的统摄,也包含了其在"地方性知识"上的世界交汇。如若那样,其意义便不可谓不大。

据张光直教授回忆,20世纪60年代,李济先生给他们这一辈讲人类学,开宗明义的第一段话并非西学,而是《荀子·非相》。其曰:

> 人之所以为人者,非特以二足而无毛也,以其有辨也。①

在笔者看来,李济先生这样的选择,便已暗示了后人需要努力的诸多面向。顺此路径,我们便能看到更多相关的资源和对话空间,例如:"人者,天地之心也……"(《礼记·礼运》)

对照:

> (人)既是它的否定又是它的使者;神之死乃是在人之死中完成。②

或许这还需要对话:神圣与世俗、东方和西方。

---

① 参见张光直《人类学派的古史学家——李济先生》,李济《中国民族的形成》,江苏教育出版社2005年版,第1—9页。荀子的人论还有:"水火有气而无生,草木有生而无知,禽兽有知而无义,人有气、有生、有知,亦且有义,故最为天下贵也。"(《荀子·王制篇第九》)

② [法]福柯:《康德〈实用人类学〉导论》,该著未正式出版。此处表述转引自林志明为福柯译本所写的导言。参见 [法]福柯《古典时代疯狂史》,林志明译,生活·读书·新知三联书店2005年版,第37—44页。译者认为该文有助于了解福柯与哲学人类学的对话。

多民族国家的人类学
——一门现代学科的中国选择

引 言①

第十届中国人类学高级论坛的主要研讨对象是中国的客家。在当代中国由政府认定的 56 个民族成员中,并无"客家"这一单位。为了体现与汉族和其他少数民族的区别,有学者将其命名为"民系"。② 对描述一个历史悠久、分合交错的大国族群及文化构成而言,应当说,这样的区分和命名是具有深刻意义的。但若要从理论上对这样的构成予以深入阐释,则还需要借助于多民族国家的人类学。

多民族国家的人类学是多民族共同体人类学的一种体现或组成部分,或者反过来,也可说是人类学对多民族共同体的一种关注和阐释。面对人类社会在时空上呈现的多元格局及其历史演变,多民族共同体人类学担当着解释人类同源性与多样性矛盾统一的学术重任。如今在宏观上,这样的研究正获益于对现代人起源和迁移的总体图景做出以基因编码为基础的若干全球性解

---

① 本文于 2011 年 11 月在第十人类学高级论坛宣读,期间与王明珂、徐杰舜、赵旭东等学者交换意见并得到指正,特此致谢。
② 参见黄淑聘《广东族群与区域文化研究》,广东高等教育出版社 1999 年版。

释，比如"人类源于非洲说"① 等；在微观层面，则交融于对突破民族—国家体系的"原住民群体"② 以及个体层面之"多族群性""文化间性"③ 乃至"自我的他性"④ 等现象的诸多阐述。在这样的背景下，可以把对多民族国家的考察分析及种种评述视为其中的中观类型。因此，由于现今的人类主要生存并受限于民族—国家体系，位于中观层面的多民族国家人类学便表现出较突出的学术和现实意义。

对现代中国来说，结合近代"西学东渐"后的现实情境看，如何理解并把握"多民族国家人类学"，是一个同时关涉理论和实践的问题。

一

1994年，乔健在就任香港中文大学人类学讲座教授的演讲里，提到中国人类学的四个前景。其中第三个即关涉人类学在多民族国家的未来发展。乔健指出："世界上多民族的国家很多，但像中国这样有这么多民族聚在一起，共同经历了千年岁月，最后终能共存共荣以大团结为结局的却绝无仅有。"有鉴于此，他提出了如何在这样一个多民族大国进一步开展人类学研究的设想，核心是希望能从人类学角度对"多元一体"之格局做出有效解释。其中包括三个层次或三大议题，即：

> 第一，解释中华文化的多元性以及其中又有共性又有个性的特点；
> 第二，解释族群之间错综复杂的经贸、政治与文化的关系；
> 第三，分析形成这种共存共荣大团结格局的基本原因，而且作出

---

① 这方面的研究成果有：Vigilant L, Stoneking M, Harpending H, et al. African Populations and the Evolution of Human Mitochondrial DNA, *Science*, 1997（253）: pp. 1503 – 1507；柯越海、卢大儒等《Y染色体遗传学证据支持现代中国人起源于非洲》，《科学通报》2001年第5期。

② 参见拙作《文明对话中的"原住民转向"》，《中外文化与文论》2008年总第16期。

③ 关于"文化间性"的讨论可参阅［德］哈贝马斯《交往行为理论：行为合理性与社会合理化》，《哈贝马斯文集》第1卷，曹卫东译，上海人民出版社2004年版。

④ 参见［美］流心《自我的他性》，常姝译，上海人民出版社2005年版；岳永逸《我们是谁：时空位移中民族性的迷失——〈自我的他性〉读后》，《二十一世纪》（网络版）2006年八月号；彭兆荣《我者的他者性：人类学"写文化"的方法问题》，《百色学院学报》2009年第5期，第19—22页。

结论。

结合以往人类学界的相关论说来看，乔健的设想应当说是既满怀激情同时又体现学理深思的。更为重要的是，他的理想还不只限于解释中国，而是要面向人类社会。他希望，要使解释中国"多元一体"格局的结论具有普适价值和意义，从而"向全世界提供中国的经验"①。

如今二十多年过去了，此种期待的现实境遇如何呢？回答是喜忧参半。一方面，乔健先生设想的上述三个层面（问题）都已有人做了论述，在一些关键问题上还可说涌现了引人注目的成果。但另一方面，其中的论述大多还未能在真正的文化多元意义上深入展开，而且以汉文化主导的"中原主义""华夏主义"及"农本主义"等论述仍层出不穷。为便于问题的集中，本文主要讨论其中具有代表性的两类观点，即"华夏边缘论"和"汉夷三圈说"。

1997年王明珂出版的《华夏边缘》一书，以华夏为起点讨论"什么是中国人"的问题。作者本意是以民族史边缘研究的方法，为在文献与社会记忆中不断变动的"华夏之圆"做出解释，从而论证一个重要的理论前提，即"脱离主观认同（便）没有所谓客观存在的民族。"这对长期以来把"中国人"（华人）视为天然形成且一成不变的（"根基论"）观点产生很大冲击，在学界乃至社会各层造成的影响不可谓不深远。相对来说，对长期受限于单一进化式民族理论的国内知识圈而言，其产生的激发和推动效果更为明显。但值得指出的是，虽然作者的论述一直围绕"华夏"与"非华夏"展开，但立场仍是华夏本位，而非多元对等。这样，"边缘"虽同时指涉两端，却因这一立场而使其所画之圆在向心上偏朝了华夏。结果是，无论彼此的界限怎样演变、推移，"华夏"始终是圆满的，边缘之外却呈现为散漫无边，直至虚幻，一如汉文典籍中"五服"以外的荒和野。

《华夏边缘》写道：

> 关于边缘研究，最简单的理解方式就是：当我们在一张白纸上画一个圆时，最方便而有效的方法，便是画出一个圆的边缘线条。在这圆圈

---

① 参见乔健《中国人类学发展的困境与前景》，《广西民族学院学报》1995年第1期。

之内，无论怎样涂鸦，都不会改变这是一个圆圈的事实。①

这段话体现了作者的世界观和方法论。其中的关键在于强调以华夏为本位的内外之别，也可称为华夏自我的"圈内观"。这种划分的结果使得圈内圈外成为不可并论的二元和等级的两个世界：圈内明确可辨，圈外模糊不清；圈内有确定的华夏身份，圈外则只有因华夏而对应的外在表征——"非华夏"，或华夏之外、华夏边缘。这样的图示在学统上关联着古代儒家"内华夏而外夷狄"的思想，也就是《禹贡》《礼记》等汉语经典不断表述的"一点四方"模式，在现实里则不利于客观理解和阐释多民族国家的多元关联。② 更重要的是，王明珂建立在"华夏边缘论"基础上的夷夏族群观，由于过度强调作为文本叙事的建构之维，忽略乃至遮蔽了作为历史本文，亦即族群之维的实际发生和关联，从而导致其讨论更多地停留在话语和学术修辞表面，影响对古往今来发生在夷夏之间众多重大事件的深入剖析。这些事件包括秦汉王朝以武力朝向四夷的开疆拓土、中期所谓的"五胡乱华"、后期蒙古人与满人的"入主中原"，直至近代华兴会与同盟会等发起以"驱除鞑虏、恢复中华"为初衷的"辛亥革命"。

在不以多元和平等眼光看待夷夏"多民族共同体"的问题上，与"华夏边缘论"相似的是"汉夷三圈说"。王铭铭是此说的主要提出者。他先是主张"要先对中国人类学进行空间想象"，然后提出这个空间是由三圈构成的，即"第一圈研究核心地区的汉人问题，第二圈研究少数民族及少数民族与中央政权的政治文化关系问题，第三圈研究海外以及我们跟海外的关系。"

王铭铭一方面把"三圈说"与现代人类学的空间想象联系起来，另一方

---

① 王明珂：《华夏边缘：历史记忆与族群认同》，社会科学出版社 2006 年版。笔者所引王著皆来自其惠赠。自 2001 年来笔者受邀参加明珂兄主持的"英雄祖先与族群认同"等合作课题。他的选题立意高远，给人启发良多。在合作研讨的过程中诸友聚会，跨越海峡，率性切磋，十分畅快，借此再表谢意。从某种意义上说，本书也算是对合作研究的一种延伸。

② 《公羊传·成公十五年》载曰："《春秋》内其国而外诸夏，内诸夏而外夷狄。"此观点对后世影响甚广，在近代才逐渐出现对其的质疑和反思。李学勤在《上古史研究的一点新见》一文中指出："现在业已判明，长期被称为中国文化摇篮的黄河流域（严格说是黄河中下游），固然是虞、夏、商、周的建都之地，对于文明的形成、发展有特殊意义，但其他地区，特别是辽阔的长江流域，在文明历史进程中的作用也决不可低估，而这恰是所谓'内华夏而外夷狄'的传统观念所排斥的。"（《文史知识》2007 年第 4 期）关于"一点四方"模式的论述，可参见拙著《西南研究论》总序及第一章，云南教育出版社 1992 年版。

面又将其与古代本土的帝制"天下观"相提并论,阐述说:

> 对于这三圈,古代的天下观里有一套理论,帝王在处理这三圈之间的关系时,策略不同,处理核心圈采取的政策,接近于近代国家的税收制度、地方行政制度和意识形态,处理跟少数民族之间的关系时,政策是常变的,但核心是"间接统治"。①

显而易见,作者这里的"三圈说"既凸显了汉族和汉文化的核心地位,同时秉承了汉民族帝制王朝的治夷遗产,也就是期待(强迫)四夷来朝的"封贡制度"。该遗产一方面在政治体制上强调儒家经典的"夷夏之辨",另一方面则从文化记忆上固化了所有非汉民族的"外圈"等级。如果把此"汉夷三圈说"用图形表示出来,其呈现的便是一个以汉族为中心的多层同心圆。事实上,如同古代汉语表述的"天下"更多只有字面意义一样,这样的同心圆并不足以解释古往今来的夷夏历史,因为即便完全站在汉族立场审视夷夏关系的古今演变,其与长时段的历史场景也无法吻合。且不论在时间和周期上几乎与"统一"相当的那些"分治"时段②,对于所谓异族入主的"元"和"清"等"非汉民族朝代"也难以印证。

从表面看,不同的论点仅代表不同的认知,而若仔细辨析则与论者自身的文化认同有关。王明珂在 2006 年出版的《英雄祖先与弟兄民族》序言里,自认为是"炎黄子孙"和"汉系的中国人"。③ 而在王铭铭的论述中,其认同的倾向表现为二,一是"帝制天下",二是"汉族中心",所以他才会一面说"帝王在处理这三圈之间的关系时,策略不同",一面又补充"到了唐宋以后,我们发明了'土司制度',十分灵便"。④ 这个"我们"看似无意,含义乃深,传递着大多数华夏中心论者的集体无意识。这样的无意识不仅难以面对清代后期倡导的"五族共和",也无法担当新中国所肯定的"多元一体"。

这样的情况说明,人类学传入现代中国一百多年来一直存在的一个误区

---

① 王铭铭:《范式与超越:人类学中国社会研究》,《广西民族学院学报》2006 年第 4 期。
② 参见葛剑雄《统一与分裂:中国历史的启示》,中华书局 2008 年版。
③ 王明珂:《英雄祖先与弟兄民族》,(台北)允晨文化实业股份有限公司 2006 年版,第 5 页。
④ 王铭铭:《范式与超越:人类学中国社会研究》,《广西民族学院学报》2006 年第 4 期。

至今尚未消除。这个误区就是在对象上把中国等同于汉民族国家，在学科上把自己局限于"汉学人类学"。

二

回顾人类学从西方传入的历史，可以说伴随着现代中国从帝制王朝转向多民族国家的演变历程。1916年，在被认为第一次将西文"anthropology"译成汉语"人类学"的论文里，孙学悟把该学科界定为"专为研究人之为类之科学"，强调的是"考察人类，不分古今，不分区域"的普世原理。① 然早在此之前严复改写的《天演论》里，西方科学的人类学话语却已被转变成为我所用、"以夷制夷"的救国工具了。② 这样的改写和转变，一方面为摇摇欲坠的天朝体制敲响"物竞天择"的生物学警钟；另一方面也给后来革命党（同盟会等）叫响"驱除鞑虏、恢复中华"的口号纲领，提供了西方式的理性前提。正如笔者在另一篇文章所讲的那样，在"严复模式"③影响下，人类学被引进中国之初便卷入了两个重要议题（议程），一是夷夏之辨，二是建构国族。前者偏重陈旧的华夏本位或汉族中心，后者则转向现代民族国家的创建。

到了抗日战争时期，上述议题演变成两派对立的观点。费孝通的老师吴文藻指出，"建立一个多民族国家，是我们现阶段的理想"，强调抗战是整个中华民族而不是国族内某一民族单位的解放战争。解放的目标，是"共同组织成为一个自由统一的（各民族自由联合的）中华民族"④。

与此相反，对立派的代表者之一顾颉刚否认和反对现代中国有多民族存在。他撰写专文，"郑重对全国同胞"宣称："中国之内绝没有五大民族和许多小民族，中国人也没有分为若干种族的必要。"顾颉刚的观点异常偏激，甚

---

① 参见王建民等编《中国人类学民族学百年纪事》，知识产权出版社2009年版，第41—42页；孙学悟《人类学之概略》，《科学》1916年第2卷第4期。
② 参见严复《天演论》，商务印书馆1981年版。
③ 徐新建：《以开放的眼光看世界：人类学的新视野》，《思想战线》2011年第2期。
④ 吴文藻：《边政学发凡》，《边政公论》1942年第1卷第5、6合期。

至提出从今以后在中国停用"民族"一词。①

如果说吴文藻和顾颉刚的论说都因抗战危机和边政需要而使对民族问题的关注溢出人类学边界,扩散到史学、民族学与社会学等多个领域的交错之中,马长寿的论文则借着对学科脉络的梳理及中西背景的辨析,再次凸显了人类学在多民族国家的特征和立场。

马长寿的文章以"人类学在我国边政上的应用"为题,呼吁依照本土的特点和需要及早"建立中国的人类学"。该文内容丰富,论证深入,以笔者关注的问题出发,可概括为以下几个重点。

(1) 在民族上:必须承认中国民族属于一个种族,然而仍有汉族、满族、蒙古族、回族、藏族、苗族之分。

(2) 在学理上:在西方殖民主义(资本帝国主义)影响下,以人为对象的学术研究被分成了关注(非西方)"野蛮民族"的人类学和阐释(西方)"文明人"的政治学、社会学。当今的人类学必须打破这种区分,"应当开拓到人类全体及其文化的整个领域之上"。

(3) 在观念上:要从美国人类学家 F. Bois 提出的"人类唯一,文明则疏"观念出发,正确理解中国民族虽属同种却又有多民族并存的原因,"仍由于文化模式不能尽同之故"。

(4) 在政治上:在边疆反映出来的汉夷关系问题是内政问题,不是民族问题。"我们的政治不健全,内部不修明,自然会引起边民方的反感和叛变。"

对于最后一点,马长寿的文章总结说:"一部二十四史告诉我们,中央政治有办法的时候,边疆人民一定是向心的、内附的;反之,边疆人民一定要离心的外倾。"② 从学术史意义上说,马长寿的这篇文章十分重要。其不但从学理上提出了建立中国的人类学之必要和特征,而且以其对建设多民族国家的理想情怀和严谨成果,为实现这样的学科目标呈献了完整深入的示范。

---

① 顾颉刚:《中华民族是一个》,(昆明)《益世报·边疆周刊》1939 年 2 月 13 日第 9 期。
② 马长寿:《人类学在我国边政上的应用》,《边政公论》1947 年第 3 期。

三

回到开篇引述的乔健问题：中国的人类学该如何对"中华文化的多样性"做出解释？对此，路径应当是多样的。不过从学界既有的趋向来看，目前大多数论者倾向于采用的分析构架，主要是由费孝通阐释的"多元一体"论。

乔健在谈到"中华文化的多样性"时阐释说：历史上，"汉族曾经征服过其他民族，其他民族也征服过汉族，但最后却是一个共存共荣大团结的结局"。怎样表述这一结局呢？"这就是费孝通先生所称的中华民族的多元一体格局。"①

费孝通自己解释说，他强调的"多元一体"，重点不在于说明中华民族形成的经过，而在于提出如何理解这一特定"人们共同体"之所以形成的"整体观点"。② 以我的理解，此"整体观点"的重点有两个方面，一是用人类学打通社会学和民族学；二是以多元和统一的互补眼光审视由古至今的中华多民族整体。通过相关学科的整合，费孝通强调要关注的对象是"community"，用汉语翻译过来也就是"社区"。"社区"的所指，既包括乡村也包括城镇，还包括民族与国家。在具体的研究方法上，费孝通认可的是人类学的功能学派，即把在特定共同体内人们的集体生活"作为一个整体来看待"。费孝通指出，西方的人类学和社会学主要区别在于前者考察异民族的不发达社区，后者研究本民族的发达社区。因强调打通二者及整体地看待中华民族，费孝通主张并践行的做法是："对国内的少数民族、农村、小城镇以及城市里工厂的研究都采取同一的观点和方法，把它们看成不同层次的社区，进行亲自的观察和分析。"所以，在他的研究中，"社会学研究和民族学研究是一脉相通的"③。

正是以这种"整体观点"为基础，费孝通阐述了他的"中华民族多元一

---

① 乔健：《中国人类学发展的困境与前景》，《广西民族学院学报》1995 年第 1 期。
② 费孝通等：《中华民族多元一体格局》，中央民族学院出版社 1988 年版。
③ 费孝通等：《中华民族多元一体格局》，中央民族学院出版社 1988 年版。

体"学说。如今，由这个学说引出的讨论还有几点值得关注。

第一，作为名词，"中华民族"用以指代的是现在中国疆域里"具有民族认同的十多亿人民"。也就是说，费先生使用的"中华民族"概念是与特定时空语境相联系的，并非不受限制的古今泛指。

第二，作为可供考察和论述的民族实体。这个"中华民族"具有"自在"和"自觉"两重属性，前者是在几千年的历史过程中形成，后者则是在近百年与西方列强的对抗中产生。这一区分很重要，但要论述却很难，特别是如何历史地说清这个"自在"同"自觉"的关联及其在当代的转化，以及回答转化是否完成。

第三，在"中华民族"内，民族的含义是多层次的，一方面包括现今国家承认的五十多个不同而又平等的民族，甚至还指各民族内部的"民族集团"（如汉族里的"客家"），即其"多元性"的多层构成；另一方面又指这些民族的总和，即其"一体性"之体现。不过这里出现了民族称谓上的矛盾，也可说引出了多民族国家对民族共同体"自名"与"共名"上的"表述危机"。对此，目前可供选择的方案是将三个层次分别对待，即由小到大，依次称为"族群""民族"和"国族"。这样的方案是否可行，还在争论之中。

第四，尽管同为由古到今的共同体成员，费孝通"多元一体"学说却强调了其中"华夏—汉民族"农业为本的凝聚核心，甚至以历史上的农牧交往为例，认为"任何一个游牧民族只要进入平原，落入精耕细作的农业社会里，迟早就会服服帖帖地、主动地融入汉族之中"[①]。与此相似，王明珂提出"中华民族"是现代中国以"华夏及其边缘"结为一体的国族体系[②]，更是单向地凸显了华夏（"汉系中国人"）的主体地位，把其他如满、蒙古、回、藏、苗等民族的正式名分统统消隐在"华夏边缘"的指代之中。这样的表述是值得商榷的。因为如若在多元一体格局中过度突出华夏、汉民族或农本，便消解了此格局赖以支撑的公平基础——无论这个基础以文化相对主义、民族平等主义亦或是共产主义为前提，结果都会影响到对中华民族之"多元性"的

---

① 费孝通等：《中华民族多元一体格局》，中央民族学院出版社1988年版，第35页。
② 参见王明珂《羌在汉藏之间》结语的最后部分"中国民族在思考"，（台北）联经出版事业股份有限公司2003年版，第386—390页。

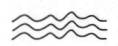

对等理解和客观阐释。值得注意的是，对于中国多元一体的"凝聚核心"问题，目前已有学者提出了不同的解读，认为这样的核心即便存在，也并非一成不变，而是在"汉"与"非汉"民族之间历史地、动态移动的。①

笔者于 2000 年发表的文章也已对此做过专门的回应，认为就"多元一体"格局的历史演变来说，在费孝通所说的东亚地理单位里，华夏并不总是中心。在元朝和清朝，不但"一体"易主，"多元"也呈现出结构性改变。笔者想强调的是，"认识这一点，亦即把握这种超越'以我划界'的换位思维，对客观审视各民族的彼此依存和相互尊重非常重要"。由此出发，笔者提出的认识前提是，把中国这个文化多元、历史漫长的大国，视为空间辽阔、成分复杂，并经常通过中央集权方式进行治理的政治文化单位。它的特点在于：

> 当统一的时候，其在人口数量和族群文化上的超大规模及多元结构，实与帝国相当。因此认识和分析中国的传统与现实，最好既联系一般的"国家"范畴，又参考特殊的"帝国"模式，同时亦不能忘掉其内部纵向延续的"王朝"前提以及分、合交替的演变周期。②

如今看来，面对时起时伏的种种"华夏中心""大汉族主义"及"民族本位主义"等思潮的抬头，多民族国家的人类学创建工作仍然任重道远。

依我之见，就中国境况来说，创建多民族国家的人类学不但必须，而且紧迫。结合学理与社会之需求而论，多民族国家人类学最需要研讨的内容至少包含三个层面：（1）不同民族的文化传统；（2）各民族的关系演变；（3）多民族的整体格局。对于最后一点，用费孝通的话来说，其"绝不是一件轻而易举的事"，但值得努力为之，因为"我们回顾过去的目的是在为创造未来做准备"③。2000 年，在厦门召开的"21 世纪人类生存与发展国际学术会议"上，费先生又对此做了发挥，指出要通过发扬中华民族"和而不同"的古老

---

① 参见马戎《正确认识"中华民族"的凝聚核心与共同历史》，《共识》2009 年第 1 期。
② 徐新建：《从边疆到腹地：中国多元民族的不同类型——兼论"多元一体"格局》，《广西民族学院学报》2001 年第 6 期。
③ 费孝通等：《中华民族多元一体格局》，中央民族学院出版社 1988 年版，第 42—43 页。

传统，为未来的世界体系提供参考价值，亦即为人类社会做出多民族大国的应有贡献。具体而言，这贡献的目标就是"世界范围内文化关系的多元一体格局的建立"以及"在全球范围内实行和确立'和而不同'的文化关系"。①

回顾现代中国一百多年来的学术进程，对于如何使古老中国在世界民族之林中自立并做出贡献，从政治学、经济学到民族学、社会学和史学，都有学者发表过各自不同的观点和看法。民族史家吕思勉说：

> 在世界史上，可以和我们比较的大国，只有一个罗马。然而罗马早就灭亡了。这是为什么？因其只造成国家，而未造成民族。

他分析道："为什么罗马不会造成民族呢？即由于罗马人的政策，近于朘削四方，以庄严罗马；这就是朘削异民族以自肥。"与此不同，中国的成功在于"惟不歧视他人者，人亦不能与之立异"。结论是，"这就是我国民族可以为世界民族模范之处；亦即从前的所以成功。从前也已成功了，今后还宜照此进行"②。

可见，从20世纪到21世纪，不少中国学者通过对多民族国家"多元一体"之历程的"文化自觉"，传承了对可称为"和而不同"模式的认同和期待。那么从人类学的学理加以分析，这种认同的理论基础是否牢固，依据是否充分呢？李亦园教授提出的阐释值得关注。在2000年与费孝通共同出席的一次人类学大会上，李亦园以"21世纪的人类学责任：人文关怀"为题做了演讲。其中，他借社会学家吉登斯的理论强调了"普适性的多元主义"之价值和意义。李亦园从人类学的最基本原理出发，阐明生物演化和文化演进的理念是相通的。"当代社会思潮强调多元性意识，实在有其深层的理论基础。"他进而指出：

> 和生物体一样，文化也必须讲求内容的多样性与发展的多元性，使

---

① 费孝通：《在"21世纪人类生存与发展国际学术会议"的讲话》，邓晓华、林美治编《中国人类学的理论与实践》，华星出版社2002年版，第1—12页。
② 吕思勉：《中国民族演进史》，《中国民族史两种》，上海古籍出版社2008年版，第352—353页。

文化的内容不断能更新且保持活力。这样整个人类的种族才有前途。①

笔者想，以上这些表述既体现了人类学的中国选择，也传达出其在一个多民族大国所要担当的使命。人类学是研究人类及其文化的学科，它的根本要义在于从理性角度提供"我们是谁"的解答。在这个意义上，多民族国家的人类学肩负着双重任务，一是要通过普遍的法则解释人类的多民族性，二是经由多民族性完善对普遍人性的理解。就中国而言，局限于我族中心的古老偏见和停留于本国边界的现代立场，都无益于对此任务的完成。

结　语

凡人皆有三性：个性、群性和人类性。对此，人类学所做的工作便是既对此三性分别研究，又将它们视之若一。

由此出发，本文认为，所谓"多民族国家的人类学"重点关注的是人类的"群性"。它的意义包括几个层面："在多民族国家研究""研究多民族国家"和"从多民族国家出发而研究"。研究的角度不同，对象却是一样的，即都是"在特定群体中存在的人"，并且虽聚焦于中间的"群性"，却不能不关涉大小两边的个性和人类性。

有鉴于此，在现代中国研究"客家"这样的"族系"及其历史迁徙，在人类学的整体视野观照下，其意义都不再限于本土的一族一地，而在于以小见大、举一反三，从中发现能与世界中类似的"他国"（如美、加、俄）和"异族"（如苗族和犹太族）并置相通且具有普遍解释力的事象和规律。

---

① 李亦园：《21世纪的人类学责任：人文关怀》，邓晓华、林美治编《中国人类学的理论与实践》，华星出版社2002年版，第13—25页。

第一编　人类学表述

人类学写作：科学与文学的兼容和并置

本文的题目是《人类学写作：科学与文学的兼容和并置》。笔者酝酿这个话题已有很长时间了，目的是想对中国文学人类学做一点学理上的推进。在十几年来的学会历程中，我们连续选择了比较重大的系列话题作为学会关注的议题。在最早时，我们讨论过"原始寻根与文化认同"；接下来讨论过"多文本问题"，2008 年则因汶川大地震的发生而讨论"灾难与人文关怀"及"人类学的救灾"问题……这些都是试图从文学人类学的角度提出的议题。本次会议选择"人类学写作"算是一个既新也旧的思考。不过，正如有的学者站出来质疑的那样，这同时又是个有争议的话题。在本文有限的篇幅里，笔者将此分为三层来谈，希望为大家的进一步讨论提供一个起点。

一 何谓"人类学写作"？

这是首先必须回答的问题，不然就无法继续展开相关的讨论。在笔者看来，在众多乃至可以说是无限的可能话题里，选择什么样的问题来思考，本身就有着学术和实践的重要意义。每一个问题的提出，其实就包含了提问者特定的原因、意图和目标，余下的则要看学界和社会是否对此认可和参与。

什么是人类学写作？这是一个仁者见仁、智者见智的问题。笔者想先从人类学的角度进入。有学者认为不存在人类学写作，其是在用既定的文学分类和标准来做的界定。笔者认为这体现了一种明显的学科偏见。在此笔者要强调双向的视野和认同，即一方面面对文学写作的人类学性，同时关注人类学的文学性，而使二者得以关联的媒介、桥梁或平台是什么呢？正是写作。在这个意义上，可以说，人类学写作就是具有人类学性的书写或表达。

阐释这个问题需要回到写作的人类学性，这是更广泛的问题。从古往今来的普遍特性看，写作或表达是人类生命的一种基本现象。因此，这个问题又可反过来讲，即人类的写作性。需要说明的是，在这里借用汉语的"写作"这个词，其实是可以替换的。其可以是一种言说、表达或一种呈现。所以我们所关注的并不一定只是书面的东西，也不受成品形式的约束。也就是说，人类的写作性所呈现出来的可以是岩画、雕塑、建筑、服饰，也可以是歌唱、仪式或节日、祭典等。左右这些表现出来的成果，都有一个内在的统一特征，我们叫它人类的写作性。所以，"写作"一词想表达的内容并非仅是字面上的书写之意，而是指涉了更为广泛的层面和类型，指涉着更为深层的人类本性。笔者想，在此意义上，可以说不了解人类所具有的写作性，也就不了解人。人是什么？人是有写作欲望和能力的动物。

由此，我们就回到了问题的最基本起点。这个起点，在彭兆荣教授的阐述里已经讲到了。他指出，从人类学的观点看，要理解人类生活和文化，就要有对比，比如说跟自然界和动物对比。当然，这样的对比也需要关联和区分。放眼世界，具有写作性的物种非常少。所以，在某种意义上，我们可以说，写作性是人类具有的基本特征。人类有表达自己、呈现自己并且通过写作认知和改变自身的本性。因此，笔者认为写作的人类性和人类的写作性是一个话题的两个方面。

从写作的人类性过渡到人类的写作性，这里面还要有很多内容需要辨析。笔者想这里就简洁一点，直接以"人类学写作"为题来解答。人类学写作可以有很多定义，也可以有很多描述。简单地讲，人类学写作可以被看作"人类的自画像"。

人类具有的写作能力是十分独特的。其可以自己投射自己，自己照见自己，而且通过这种照见和投射来"使人成人"。这一点，笔者在北京召开的比较文学会上专门讲过。笔者的观点是：文学就是使人成为人的文化方式。这个问题，笔者就不在这里展开了。今天，笔者再将其进一步延伸，试图从理论层面加以解释和说明，人类学写作就是人类自我认知的一种文本呈现。这就是笔者界定的人类学写作。有了这个界定，我们便可以把它的特征做若干的描述和概括。为此，笔者的方式是把它分成两级：科学的和文学的，然后再从中找出一系列的过渡性形态。借用刘俐俐教授的"过渡性文本"说法，笔者认为，人类学最为看家的本领——"民族志文本"就是介于文学和科学之间的过渡性文本，在它的两头则分别呈现着另外两类，即"科学"和"文学"的文本。

二 为何研究"人类学写作"？

我们为什么要研究人类学写作？这里有很多讨论的可能性。从较宽的角度来看，我们现在面对的是 20 世纪以来人类知识的危机，以及面对危机的各种挣扎、反抗和寻找。方克强教授所讲的"原始主义复归"就是对此危机的一种回应。其他的回应还有很多，在福柯那里，则是从根本上彻底解构人类知识的可能性。为什么呢？因为知识后面是社会分层了的权力和暴力，将其揭穿的话可能只能剩下虚幻。在这样一个对人类知识具有根本颠覆性的时代里，被激发出来的反思和讨论日益增多，"人类学写作"可视为其中之一。在这样的背景下，笔者认为，我们这里的讨论其实是回到了原点，通过人类写作性及写作的人类性来反思与人类学相关的一系列问题。由此出发，才可理解讨论人类学写作的目的和意义是什么。

进一步说，从学科的构成和表现来看，人类学本身也具有写作性。这个问题在人类学学科的反思里没有出现。虽然从 20 世纪后半期开始，有过对"表述危机"的论争，也有过《写文化》这样的文集出现，但那仅涉及表面现象，没有揭示问题的根本，也就是"作为写作的人类学"。笔者的另一个推论是：不了解人类学的写作性，就不了解人类学。当然，这个问题可能提得比较大。笔者的意图是想提请注意：到今天为止的人类学还没有反思到这种程度，今天的人类学还不是一个自觉的人类学，还存在很大发展的可能性。

接下来，除了学科性的反思之外，还有一个问题要问：什么是人类学的写作性？对此，笔者的理解是，作为一门具有系统话语的学科，人类学也有

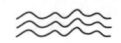

自己的写作性。究其根本，那就是关于人的故事。换句话说，在最根本的意义上，人类学的初衷也是讲述一个故事：人是什么。这才是"人类学写作"的关键所在。以笔者之见，所有人类学的文本，无论是科学式的、民族志式的，还是文学式的，说穿了，最本质的内容无外乎就是一个关于人的故事。这个故事是相对的，因为在人类学之前，已经有了《圣经》。其中的"创世说"已把人的故事讲了一遍。人类学同《圣经》唱反调，要用"进化说"的观点重新说一遍。因此，进化论的人类学其实是《圣经》的倒影，目的在于告诉大家：人并非上帝所造，我们不是来自伊甸园……当然结合后来的学科传播和演变，人类学故事又有了突破和扩展。除了其与哲学乃至神学结合，产生出哲学人类学及神学人类学，并对此进行了再度改写外，还在非西方的地区如汉语世界里，接触到诸如"盘古造人""女娲补天"以及"阴阳和合"与"六道轮回"等与之不同的故事，于是呈现出广义的人类学写作的多元交融和对话。

进入 21 世纪后的局面是，"人究竟是什么"、人类"身在哪里""去向何方"等，再次成为人类学写作的核心和难题。为了面对和回答这样的追问，出现了两个方向的努力，一是叶舒宪提出的回到前人类学叙事，也就是回到前文字时代，去看看那时的境况和答案是什么；二是提前观照未来，预见一下人类将要步入的时代。电影《阿凡达》就是后一种努力的体现之一。其通过银幕展演的形式，很人类学地写作了预言式的人类新故事，结论是人类是地球的破坏者和不被接收的宇宙难民。

由此可见，今天我们在这里讨论的人类学写作，不仅仅是方法问题，也不是文化或文本的问题，而已关涉人类自我追问及整体前途的核心和根本。

三 如何研究人类学写作？

这个问题同样会见仁见智。笔者在此做三个方面的讨论。

第一，研究人类学写作需要一个比较性的视角。这个比较的视角要求我们直面并摆脱汉语世界的困境。20 世纪以来，汉语世界几乎所有的人文学科都必然地要做中外比较。为此，你不得不把人类学写作化约为两个问题。第一是它的西方性，也就是说，这个问题原本不是中国问题。从来源上讲，包括文学人类学在本土的植入，都具有西方性。本来要谈的话题并非仅限于中国或西方，而已关涉人类整体；可一旦以人类学方式来谈，在它的学科话语笼罩下，问题就表现得很西方了，于是就让人觉得这是一个西学的问题。这是一个悖论：现代中国人只能用受西学影响后的现代汉语来陈述关于人类的普遍问题及其相关回答。所以，必须从语词的表面跳出来，直面问题的原本。我们必须清醒地认识到，研讨人类学写作问题，不是在争论中西方学问或话语的高低对错，而是以其中任何一种可能的方式进入对人类整体历程与处境的思考和回答。

回到本土，讨论这个问题如何因汉语的承载而表现为"中国问题"。简单地讲，人类学写作的中国问题，就是要讨论如今从观念到实践无处不在的"进化主义"。而问题的由来又关涉近代以来的西学东渐，因此若要深入讨论，还得把视野返回到中西方之间在有关"人类故事"上的百年遭遇。如前所述，人类学写作的西方问题是什么呢？就是我上面说过的，其在早期是以科学的"进化说"挑战《圣经》的前叙事，重新讲述"猴子变人"。如若再深入分析，其可以视为西学当中对"希腊传统"的延伸。二者合在一起，也就是加上以《圣经》为代表的希伯来传统，才构成西学整体。在此意义上，进化说故事的出现，才使西学既合二为一，又一分为二。其中的合，表现为都在讲人的故事；分，则体现在把这个故事说成不同的版本。结合历史，人类学的版本是在文艺复兴之后，被无神论者将源自希腊传统的这一支整合为"启蒙叙事"的产物。其中最突出的"故事讲述人"（storyteller）就是达尔文和他的同道及追随者。他们的成果在学科上即表现为人类学叙事。这样的叙事演变到后来，就派生出影响世界的人类社会五形态说及延续至今的"进化主义"。人类学故事告诉我们人怎样从低级的动物形态，不断演变到高级的文明形态，直至指向一个在今天看来前途未卜、充满危机、自我毁灭的人类图像。这是西方的故事和话题，也是影响近代中国叙事的原型。

人类学写作在中国也有两种，一个是古，另一个是今。今天的现代类型，是在近代西学东渐之后，汉语世界模仿和复制了西方的人类学写作，就是科

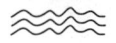

学的民族志和观念上的进化主义,开始用汉语讲华夏的祖先并非炎黄,而是生活在山顶洞里的北京猿人。"北京猿人"进入现代中国的整体故事,使得国人把对自己来源和身份的认知与想象放置到远离《史记》与《山海经》叙事之外的新场域之中,从而开始接受"蒙古人种""东亚"以及"封建社会""发展中国家"一类的界定与对比。

这是近代中国最根本和最主要的人类学写作。作为一个影响各个方面的故事,它在向汉语世界的成员宣告:什么是中国人呢?中国人就是从原始社会迈向共产主义途中的人类分支。从近代以来,可以说所有的相关叙事都围绕着这个故事展开,其已成为中国最重要的文化意识形态,其他的所有话语,无论是政治的、经济的,还是文学的、艺术的,都不过是此故事的延续或改编。同时,究其根本,这个近代中国的人类故事,实际上不过是其西学原版的引进和植入。这是问题的一方面。

另一方面,如今的中国还存在流传至今的另外一个类型,那就是关于人类故事的本土类型。该类型可分为两种:一种是汉语世界中的主流经典,包括老庄、儒家和佛学;另一种是非汉族群的多样传统。其中便包括了各种各样关于天,关于地,关于人、自然、社会……的完整表述。这便构成了人类学故事不同的对比。因此笔者才强调要用比较的视野来看待人类学写作的西方问题和中国问题。

第二,需要关注人类学写作的双向维度,也就是关注:做为符号的文本和作为实践的表述。作为符号的文本是指,其可以是描写的、解释的、教科书式的人类学写作;而作为实践的表述,则可以成为人类写作的社会文本。在中国,其不仅是关于人的描写,更是关于人的运动。历史唯物主义等意识形态就是人类性写作的实践性文本,它直接影响人类的社会行为。另外,即便从实践文本的角度来看,非进化论的表述也在华夏的周边影响着非汉族群的生活和传统,使之在与自然长期的相处中爱护自然、敬畏神灵,呈现出广义人类学实践文本的多样形态。因此要由两个系统去看待人类学写作在中国的多样呈现。

第三,讨论人类学写作,还将涉及对学科的整体还原问题。笔者曾经写过一篇文章,不赞同人类学的四分法,即体质人类学、考古人类学、文化人类学和语言人类学；提出回向其三分式的整体，即生物人类学、文化人类学和哲学人类学。由此出发再来思考人类学写作的话，问题就能得到较明晰的解答。也就是可以看出三者的特点都是讲述"人的故事"，只不过因各自强调的角度和重点不同，从而形成了有机的互补。

由此，我们还可以有另外的收获：为文学人类学寻找恰当的位置。是什么呢？首先，从狭义讲，其包含在文化的人类学之中，关注和处理的是民族志表述问题。其次，从写作的人类性和人类的写作性来看，文学人类学的位置在哪里？应该在整体人类学的三分结构之间或之外。它要讨论和思考的是"人类故事"的由来与功能，也就是从根本上反思并参与"人类自画像"。

族群身体的社会表述
——从人类学看全国少数民族传统体育运动会

学术研究在一定程度上是对生活世界的剥离和超越。但与此同时,研究更为重要的意义是要回到生活、参与社会。

文学人类学作为一种发展和探究中的知识范式,理应具有这样的学术自觉,即用已有的理论进入当代社会、解释生活。一种行之有效的方法就是关注和进入学术前沿。

什么是学术前沿?前沿有两重含义。第一是学术界根据学术史的推演将学术问题积累到一个突破口,犹如体育赛事的世界标杆和创新纪录。但学术前沿不是单纯的理论问题,不能只做单向界定,否则就会成为一种套路化的概念生产。第二层含义是现实生活的学理表达,与当下的社会演变相关联,因而要求学术参与到现实之中,思考和解答生活世界的新问题、新挑战。由此,学术前沿才能获得连接历史与社会的品格和意义。

由此出发,从文学和人类学角度关注全国少数民族传统体育运动会,尤其是其中的开闭幕式展演,即可视为对学术前沿的一种介入。作为发生在现实中国并和民族文化、现代媒体、公众生活以及国家与地方、个人与群体等现象相关联的事件,2011 年 9 月在贵阳举办的第九届全国少数民族传统体育运动会理应成为学术分析的重要对象才是。若不如此,反倒显得学界的缺席和失职。

随着人类相互交往的加深和自我认知的演变,对身体及其社会意义的探究日益成为跨学科对话的议题。人类学家特纳甚至提出世界已进入"身体社会"的崛起时代。他认为这个社会的特征是,"我们所有重要的政治和精神事宜都要通过身体的渠道来阐述"①。对于自一百多年前开始缓慢转型的中国社会而言,身体的问题亦可作如是观。从早期被西方列国强加的"东亚病夫"到鲁迅笔下的"狂人"或"吃人"自述,中国的国民无论是肢体还是心灵都被一再表述为病患形象。至于奠定着"乡土中国"之传统根脉的亿万农民兄弟,则被社会学家晏阳初诊断为患了急需救治的"愚、贫、弱、私"②四大病。于是在后来演变为国歌的《义勇军进行曲》里,革命艺术家对亿万民众最紧要的期望也在于对国民身体的象征性呼唤:"把我们的血肉筑成我们新的长城!"只有结合这样的历史线索,才能理解中国代表队获得各项奥运金牌时观众席上爆发的那种万众狂欢,以及后来球迷对国足连连失利后所宣泄出的那种强烈愤怒和失落:一切都关联着身体,关联着身体的政治和艺术,或者说关乎全社会对族群身体的认知和评价。只不过在这些特定的情景中,所谓身体已不再是个人的生理属有,而已维系着万众一体的国族:在国际赛事中呈现的身体,通过体育,一如巨人的表征,一举一动都代表着全民生活的举国进退。到了"央视春晚"中被反复颂唱和传播的歌曲《龙的传人》里,"黑眼睛、黑头发、黄皮肤……"更是一再成为凝聚海内外"华夏儿女"的身体表征。

由此延伸到自1953年以来专为少数民族设立的全国少数民族传统体育运动会,其中的身体含义就值得认真看待和深入探求。在这个直接以身体为表征和对象的场域里,在以族群和地域为界限的赛事中,无论是竞技还是表演,被冠以"少数民族传统"名号的赛马、叼羊、射弩、抢花炮、秋千等项目,无不渲染和展示着身体的族别区分及其对传统边界的承继。需要深入思考的是:身体可以是族群的吗?换种说法,"身体有没有族群性?"或者反过来问,"族群有没有身体性?"若有,其中的意涵何在?作为族群的身体——或与族群关联的身体,它们的文化功能是什么?彼此有无异同?在由古代注重"夷夏之辨"到如今强调"多元一体"的中国,族群身体如何在"文艺"和"体育"这些社会生活中表述和被表述出来?

---

① 参见[英]肖恩·斯威龙等编《身体》(*The Body*),贾俐译,华夏出版社2006年版,第4页。
② 参见晏阳初、赛珍珠、宋恩荣《告语人民》,广西师范大学出版社2003年版。

回顾历史，在《礼记》《山海经》等汉语文献呈现的古代，中原之外的四方蛮夷，不是"被发文身"便是"交趾""衣皮"，都被以身体特征为标记加以族群分类，以区别于中原正统的华夏族人。① 到了近代，受列强欺辱的中国不断抗争、崛起，在"把我们的血肉筑成我们新的长城"和"大刀向鬼子们的头上砍去"的高唱中，其作为世界大国的形象一方面有了与古代不同的根本转变，同时又仍继续在以身体为象征的政治话语中不断形塑。从《国际歌》及《国歌》对"起来——"的呼唤、红色娘子军军歌"向前进、向前进"对受苦妇女的动员，到毛泽东在1949年以中国人民"站起来了！"向世界的宣告，以及新中国建立后主流传媒反复强调的各族人民"大团结"和"心连心"，无不表征着现代国家构架中，身体的民族（国族、族群）意义和社会内聚力。

至于在多民族中国历史演变中对族群身体的表述转变，亦有许多方面值得比较和展开。比如，同样作为对异族身体的刻画，为何在清代官府和文人刻印的《百苗图》等作品里，边疆"蛮夷"多被渲染为手持刀枪、难施教化的裸身男子，而在新中国的民族团结宣传画（报刊、展览和影视作品）里，少数民族的身体形象则多半被柔美多姿的青春少女所取代？与此相关的议题是，为什么无论是央视主办的"春晚"还是民委主办的少数民族运动会，都要以音乐伴奏的各族歌舞展示开场？是否唯有在欢快整齐的身体舞动下，才能体现各族人民的"团结一心"、步调一致？在这些被改写的表述中，草地牧民赖以谋生的传统马术、射箭以及南方民族本为男欢女爱的扔绣球、射背牌等习俗活动，是不是在被过于舞台化和歌舞化后丢失了自身的特性和功能？又为什么，在张艺谋主导的奥运会开、闭幕式上，众多的国民身体会被规训和累叠成失去姓名的傀儡，如机器人或蚁群般表演唯有在远景中方可观出震撼效果的巨型团体操？而在闭幕式上，来自伦敦主办方的简短展示却将国民身体呈现为个性彰显且彼此不同的市民场景？

这些都值得思考、对照和辨析。

为此，笔者组织了有关"第九届中国少数民族传统体育运动会"的专题

---

① 参见郑玄注《礼记正义》（"王制"篇），上海古籍出版社2008年版。其中"交趾"的含义，一说为"足相向"。参见郑注："雕文，谓刻其肌，以丹青涅之。交趾，足相向然。"

调研。约请文学人类学专业的学者针对运动会的身体展示进行观察和讨论，从不同的角度、层面切入和阐述，以期实现学术研究的前沿性和理论联系现实的应用性的融合。

在学理上，此尝试的背景首先关系到人类学的实践性，涉及西方理论与中国社会的结合问题。其次还涉及人类学的整体话语与类似于"少数民族运动会"这种特定案例间的对应和对话。再次则还关涉如何从学术前沿向社会前沿的过渡与提升。

在笔者看来，文学人类学的特点在于将世界看成文本和文本的互动，同时把文化视为表述及被表述的关联。以这样的认识为基础，便能使研究者将"少数民族运动会""春晚"及"世博"等现象纳入研究范围，用跨学科的方式进行考察、处理和阐释。

这组系列文章将同一话题放入不同的语境中进行讨论，立场和思路见仁见智，共同点是将中国少数民族运动会看作一种表述现象和社会文本，由此分析多民族国家的文化叙事问题。其中讨论的表述包括两类：一是作为民族文化主体的"自表述"，二是被各类仪式或媒体展演的"他表述"。[①] 但相对而言，已成形的文章对后者讨论较多，对前者的分析不够，故在对比上有点失重。失重的原因，在于对被作为少数民族体育的文化本身缺乏实际考察，也就是缺失了人类学意义上的主位参与。

尽管如此，这样的研究仍可看作文学人类学对"表述中国"这一话题的积极尝试，希望由此引出对多民族国家中与族群、身体和仪式等诸多事象相关的现实话题的深入讨论。

2011年，媒体公布的第九届少数民族运动会宗旨是"平等团结、拼搏奋进"，入选的主题歌叫《手牵着心连着》[②]，如果可将这些与身体相关的表述视为国家权力对中国族群的官方形塑及社会传播的话，学术的讨论便是理论层面的一种"接着说"或"跳出来说"。说得如何，大家评论。

---

① 关于族群文化的表述问题，可参阅拙文《表述问题：文学人类学的起点和核心》，《西南民族大学学报》2011年第1期。
② 消息源自中华人民共和国国家民族事务委员会官网报道：《第九届全国少数民族传统体育运动会会徽、主题歌、吉祥物和宣传画揭晓》，http://www.seac.gov.cn/gjmw/xwzx/2010-03-02/1267497650339533.htm.

历史就是再表述
——兼论民族、历史与国家叙事

历史与文学的关联源远流长。在汉语世界，自古便有司马迁"文史不分"式的书写传统，近代以后虽受到西学东渐引起的学科划分缠绕，学界对文、史、哲相通的强调始终未断。在笔者看来，促使文史关联的核心乃在叙事和表述。①

作为人类文化的普遍现象，表述问题几乎关涉所有学科，意义和范围不仅限于通常认为的想象性领域，如文学和艺术；对于所谓纪实性的史学而言，也非例外。② 20世纪后期西方史学界在关注历史之叙事性特征的同时将时间空间化（异域化、他者化），提出"历史就是外国"（the past is a foreign country）③。在表述意义上，笔者想说："历史也是文学"，由此强调历史的性质是故事（story）及通过讲述再现以往的事实。简言之：历史就是被表述。所以，就像人类学以民族志方式所做的地域性和族群性描写一样，历史（history）既然可视为对人类社会的历时性表述，其本身便已成了文学研究对象。这样的观点在西方当代文论的"新历史主义"思潮中已有论述。斯图尔特·霍尔（Stuart Hall）强调，表述就是通过语言产生意义，因此经由语言的表述对意

---

① 2007年2月7日北京大学中国古代史研究中心主办"民族历史学的理论与方法"研讨会，集中讨论王明珂的几部相关论著。笔者应邀出席并在会上做了以《"历史"是历史自身的延续》发言，本文即在此基础上修改而成。感谢罗新、王明珂等友人的邀请和指正。

② 拙文《表述问题：文学人类学的起点和核心》，《西南民族大学学报》2011年第1期。安琪：《史学、文学与人类学：跨学科的叙事与写作》，《文艺理论研究》2010年第1期。

③ David Lowenthal, *The Past is a Foreign Country*, Cambridge University Press, 1985.

义的产生至为重要。① 海登·怀特（Hayden White）则指出：后人找不到历史本身，只能找到关于历史的叙述；这些叙述充满想象和加工，深层结构是诗性的，为此需要使文学文本和历史文本在原历史的理论构架中回归叙述。②

这就是说，我们阅读历史，关注的不仅是故事转述的人物和事件，更包括被讲述者（史学家）所做的舍弃和改编，也即关注过去的事实如何在"历史"中被凸显或被遗弃。

结合中国的历史叙事领域，值得讨论的话题很多。目前最需要研究的，是被称为"中国历史"的故事如何在不同时代被不同学者表述出来，并通过不同渠道在社会传播和被接受。因此，笔者所关心的话题，便是汉语书写的历史如何"表述中国"。

本文结合王明珂先生几部有关华夏边缘的著作展开讨论。议题包括"历史""中国"和"表述"，合起来就是"被表述的历史中国"，或"表述的中国历史"。

一 "历史表述"的功用和类型

对于该如何表述"历史中国"，前人已说得不少。王明珂的著作再次提起，突出了史实、史学和心性的区分，从而在根本处引出对"史学学"和"史学史"的重新讨论。③ 在2001年发表的《历史事实、历史记忆与历史心性》一文里，王明珂强调在将文献与口述史视为"历史记忆"的前提下，人们所要了解的是留下这记忆的"社会情境"及"历史心性"。后者的意思是

---

① ［英］斯图尔特·霍尔：《表征：文化表象与意指实践》，徐亮等译，商务印书馆2003年版，第1617页。在该书里，"representation"被译为"表征"，笔者认为从其包含了从语词、言说符号到实践等更为广泛的意指来看，译为"表述"更恰当。

② 参见［英］海登·怀特《作为文学虚构的历史文本》，《新历史主义与文学批评》，张京媛译，北京大学出版社1993年版，第160—179页；相关论述可参阅朱立元主编《当代西方文艺理论》第16章"新历史主义"，华东师范大学出版社1997年版，第393—413页。

③ 王明珂的著作最初多在台北出版，其中一些在2000年后陆续被引进到大陆，主要有《华夏边缘：历史记忆与族群认同》，社会科学文献出版社2006年版；《羌在汉藏之间》，中华书局2008年版；《英雄祖先与弟兄民族：根基历史的文本与情景》，中华书局2009年版。

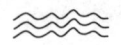

指该记忆"所循的选材与叙事模式"①。以近代以来学界对羌族历史的多种表述为例,王明珂认为应解构其中的某些类型,如"羌族被打败、西迁,然后一部分变成汉族,一部分变成藏族,一部分变成西南民族"那样的历史;同时提出自己的另外建构,即羌人如何"作为中国人心目中的一个西方异族"而"随着华夏的扩张慢慢往西方飘移……"王明珂由此得出的结论是"在中国'国族建构'里,很明显的,历史学是走在前面的。先建立一个国族历史,然后再去找民族学、体质学、语言学等证据来支持它"②。

这就是说,无论何种主张和类型,有关中国的历史都是因不同需要而被人为建构起来的。王明珂的目标是结合"历史民族志"和现实关怀的学术书写来对中国的历史表述重新建构。对此,沈松侨评价说,其作用是"对中文学界的历史学者跟人类学者,在共同思考怎么样突破双方的学科界线、怎么样彼此借镜这样的工作上,竖立了良好的典范"③。在笔者看来,此种跨界所涉及的学科,不仅限于史学和人类学,而且已跨入了广义的文学。在对族群文化的表述上,三者以各自的标志性作品形成可相互解读的彼此关联,那就是民族志、民族史和民族文学。举例来说,在同样表述西南地区藏、羌和汉民族相互关联的作品中,无论是冉光荣和李绍明等著的《羌族史》、王明珂的《羌在汉藏之间》,还是阿来的《尘埃落定》及汉藏文版的《墨尔多神山志》,都可视为不同文体和文类的历史叙事。④ 在对过去事实的重新表述上,它们的性质一样,区别只在于作者自认或被认为分别选择了史学、民族志或小说的方式,以及各自偏重的问题和立场不同而已。

不过,若要深入讨论不同文类在重塑历史时的联系和区别的话,还需回到更为基本的问题起点,重新解答对"历史表述"及其不同类型的认识和

---

① 参见王明珂《历史事实、历史记忆与历史心性》,《历史研究》2001年第5期。
② 引自王明珂2004年2月25日在台湾清大人类学研究所与中研院民族所合办的"历史、记忆与文化建构"座谈会发言。参见顾坤惠《"历史人类学工作坊"会议摘录:〈羌在汉藏之间〉发表与评论会》,《清华学报》2004年第2期。
③ 引自王明珂2004年2月25日在台湾清大人类学研究所与中研院民族所合办的"历史、记忆与文化建构"座谈会发言。参见顾坤惠《"历史人类学工作坊"会议摘录:〈羌在汉藏之间〉发表与评论会》,《清华学报》2004年第2期。
④ 参见冉光荣、李绍明等《羌族史》,四川民族出版社1985年版;阿来:《尘埃落定》,人民文学出版社1998年版;政协甘孜州委员会编《墨尔多神山志》(汉藏文对照版),四川民族出版社1992年版。

界定。

让我们把目光返回到近代。有意思的是,晚清以来,类似的讨论在史学界同样热烈。

章学诚结合中国古代情况,把史学分为两大宗门,一为"记注",二为"撰述",谓:"记注欲往事之不忘,撰述欲来者之兴起。故记注藏往似智,而撰述知来拟神也。"(章学诚,1985:73)这话说得很有道理,凸显了史学从业者的主体意义;而"藏往"与"知来"的二分梳理,明确道出了历史表述的两个基本面向。

李长之把司马迁同时看作是文学家和史学家,然后从孔子说起,指出《春秋》与《史记》为同类,均不是"实然"史实的记录,而是对"应然"理想的发挥。对于司马迁之难能可贵,李长之认为"尤在他的鉴定、抉择、判断、烛照到大处的眼光和能力",并又指出司马迁憧憬于以《史记》继《春秋》,"志在孔子"如其之"志在周公"。(李长之,1948)[①] 这后一种评价亦很重要。多年以后,刘小枫在对司马迁的论述中做了再度发挥。[②]

王明珂的著作以华夷关系为轴心,辨析不同的族群叙事,在由古而今的文本中分出"英雄祖先历史"与"弟兄祖先故事"类型,指出虽然二者代表的历史心性有别,却可合称为关于中国历史的"根基模式"。这样,王明珂的重点同样置于历史写作,关注表述者的用意和立场,讨论特定的历史文本及其相应情景间的互动关联。(王明珂,1997、2006)

此类讨论有一个突出意义,就是揭开"历史"的面纱,把读者的目光从史实引回文本,关心并思考历史如何和为何被表述。这样便同一个多世纪以来的史学重建连在了一起。

清末民初,梁启超(1902)发动史学革命,鼓动创立"新史学",理由是其能够激励中国国民的"爱国之心"、团结"合群之力",继而"以应今日之时

---

① 关于李长之对司马迁论述的评价,可参见张桂萍《一个文学批评家的史识——读李长之〈司马迁之人格与风格〉》,《古典文学知识》2008 年第 1 期。作者指出,李长之认为司马迁是艺术家的理由,"更多意义上是就其表述上的成就而言",因此才得出结论说"司马迁的历史意识佐之以诗人的慧眼,使《史记》表现出史诗性"。作者进而认为李长之的这种认识,"对我们今天研究历史文学这一分支学科是很有启发性的"。

② 刘小枫:《司马迁属哪一家?》,《读书》2003 年第 8 期。

势而立于万国者"。作为后来的响应者之一，胡适之（1928，9）以"国学"为中心，发表对中国历史的看法，曰：

> 中国的文明在北方征服了匈奴、鲜卑、拓跋、羌人、契丹、女真、蒙古、满洲，在南方征服了无数小民族，从江浙到湖广，从湖广直到云贵……在这两千年之中，中国民族拿来开化这些民族的材料，只是中国的古文明。

与此不同，顾颉刚（1923，10，5）则提出"四个打破"，即打破民族出于一元的观念；打破地域向来一统的观念；打破古史人化的观念；打破古代为黄金时代的观念。顾颉刚要反对的是大一统叙事。他指出：

> 在现在公认的古史上，一统的世系已经笼罩了百代帝王、四方种族，民族一元论可谓建设得十分巩固了。但我们一读古书，商出于玄鸟，周出于姜嫄……他们原是各有各的始祖，何尝要求统一！①

顾颉刚依照自己提出的古史"层累说"观点，强调了不同时代之学者对历史的持续制造，认为在此过程中不但有着显著的纵向影响，而且形成表述上的故事递进："时代愈后，传说的古史期愈长。"比如，"从战国到西汉，伪史充分的创造，在尧舜之前更加了许多古皇帝……"②

如今，这样的问题是否完结了呢？显然没有。历史的书写面临再次更新。借用王明珂使用的说法，今天的史学需要在新情境中重叙（续）文本。③

---

① 类似的话顾颉刚还说过不少，如："自从春秋以来，大国攻灭小国多了，疆界日益大，民族日益并合，种族观念渐淡而一统观念渐强，于是许多民族的始祖传说亦渐渐归到一条线上，有了先后君臣的关系。""（战国、秦汉时的人们）……他们为要消灭许多小种族，就利用了同种的话来打破各方面的民族主义。本来楚人之祖是祝融，到这时改为帝高阳（后人说他就是颛顼了）……"（《战国秦汉间人的造伪与辨伪》，顾颉刚《古史辨自序》，第119—182页）。

② 顾颉刚：《与钱玄同先生论古史书》，《古史辨》（第一册），上海古籍出版社1982年版，第61—66页。

③ 徐杰舜、王明珂：《在历史学与人类学之间》，《广西民族大学学报》2004年第4期。

二 "中国历史"的关联与演变

康熙年间,湖南人曾静不满清廷统治,著《知新录》,谓"中原陆沉,夷狄乘虚,窃据神器,乾坤翻复"。又说"华夷之分,大于君臣之伦;华之与夷,乃人与物之分界"。到了雍正当朝,曾静遭查办,罪名是反清犯上,离间华夷。对此,雍正令将此案关涉的前后谕旨及曾静等人口供汇编成书,取名《大义觉迷录》,广布天下,以诫臣民。雍正说:

> 我朝既仰承天命,为中外臣民之主,则所以蒙抚绥爱育者,何得以华夷而有更殊视?而中外臣民,既共奉我朝以为君,则所以归诚效顺,尽臣民之道者,尤不得以华夷而有异心。此揆之天道,验之人理,海隅日出之乡,普天率土之众,莫不知大一统之在我朝。①

曾静被捕后招供认罪,承认不该"以地之远近"而应"以人之善恶"分华夷、别人兽,最后在狱中写下悔过书,叩认了大清王朝的正统与合法,从而被免一死。其悔过书名为《归仁说》,曰:"在昔汤、武为夏、商诸侯,虽以仁兴,而君臣一伦犹不能脱然无憾。所以当时成汤不免有惭德,武庚不免以殷叛。岂若我朝之有天下也,得于流贼李自成之手,视商、周之得统更名正而言顺。"②

后来乾隆即位,依然关注华夷问题,先是将曾静等人重新问罪(凌迟处死),再调集力量编纂《满洲源流考》与《大清一统志》等官书,以图"顺古今沿革"且"垂信千古"。《满洲源流考》以"部族"为首,分述了疆域、山川和国俗三个方面。编纂之初,皇上下谕,称其目的在于"昭传信而辟群惑",故特就"建州之沿革,满洲之始基,与夫古今地名同异,并当详加稽考,勒为一书",以"垂示天下万世"。后人有的认为该书是朝廷"为了要替

---

① 雍正等:《大义觉迷录》,中华书局1983年版。
② 《大义觉迷录》,中华书局1983年版。相关讨论可参见拙文《帝国轮替中的认同演变》,《淮北师范大学学报》2011年第4期。

皇家族号正名，所行的考证之作"①。有的则认为，其目的旨在"追溯满族从姓氏到种族之源流如何地与汉族不同"②，也就是强调"华夷之辨"。

这些案子、官书以及皇上旨意和士绅命运，均是记录存档的历史事件。它们同样与"华蛮之辨"和"族群交往"等有关，却不能等同于仅刻画在纸上的文本书写。对这样的史实进行讨论，有别于对演变为史学作品后的文类区分；相反，是把人物、事件及其相关过程看作整体的"社会文本"，继而揭示其中的依存关系或内在缘由。

例如，通过梳理《大义觉迷录》的产生、演变，史景迁发现在雍正与曾静这两个不共戴天的死敌身上，隐含一条历史暗线，即"17世纪中叶明朝被清朝征服之际，军事和思想战线上的纠纷与斗争"；究其根源，则还可追溯到孔子时代的古老哲学和经典文献之中的"华夷之辨"源流。而另一位史学家柯娇燕（2005），在借助对包括《满洲源流考》等官书在内的清朝文献分析之后，看到的是"满洲人"的民族认同对清统治者十分重要，但却不是一蹴而就，而是经历了从"部落"到"国家"的变异过程，并在此过程中做出了特有的创建。柯娇燕指出：

> 他们从蒙古人那里获得了世界帝国继承者的资格，并取得了统治合法性的部分宗教支持；从满洲旗人那里获得了领导征服战争的军事力量和技术；从汉人那里获得了在中国进行合法统治的官僚统治的技能和儒家的道德规范，并取得了对朝鲜和越南进行统治的道德领导权；从藏人那里获得了作为普世的佛教领袖的超自然的权力。③

面对这样的状况，值得深究的问题出现了：何谓"中国"？"华夏"和"蛮夷"的意味是什么？每一次新的"改朝换代"之后，该如何表述多民族轮替的帝国演变？

如果说曾静案表现出华夷关系的紧张与整合，《满洲源流考》与《大清一

---

① 王俊中：《"满洲"与"文殊"的渊源及西藏政教思想中的领袖与佛菩萨》，《中央研究院近代史研究所集刊》第二十八期，1997年12月出版，第89—132页。
② 王汎森：《从曾静案看十八世纪前期的社会心态》，（台北）《大陆杂志》1992年第4期。
③ 参见柯娇燕（Pamela K. Crossley）《满洲人》，转引自孙静《满族民族认同的历史追寻：柯娇燕满族研究评介》，《清史译丛》第3辑，中国人民大学出版社2005年版，第242—253页。

统志》则标志着入主中原的"外族"对"中国"的拓展和再造。这时,如若仍只将那影响千百万人命运的重大事件视为文字表述的"情景"是不够的。

回到大清统治下的西南。就在"华夏边缘"的"弟兄族群"以文本方式对中原"英雄祖先"加以"攀附"的先后时期,赵尔丰、鄂尔泰等朝廷将领便已奉朝廷旨意,通过军事征剿、文化教化等手段在藏区和苗疆等处"改土归流",实质性地把《大清一统志》等所内含的帝国意识逐一落实到往昔的边疆蛮地了。

三 跨族群叙事:史实和史记

所以,我们讨论"中国历史"及其诸种表述,不得不同时兼顾史实和史记(史学)两面。夏、商、周的纵横交替是历史,孔子编纂的《春秋》是史记;从秦皇到汉武的改朝换代是历史,到太史公奋笔撰书"五帝本纪""西南夷列传"是史记;曾静与雍正合演的"华夷之争"及"满汉融合"是历史,《大义觉迷录》是史记。再后来,由史景迁续写的《皇帝与秀才》乃至二月河等创作的《雍正王朝》之类的文学作品又属于哪一类呢?回答是:既是史实也是史记。其实说白了,所有后面的一类也都如此,即都具有史学和史实的双重性:在表述中国的意义上是史记,或广义文学;而从社会实践的层面看又无一不是史实。

不过如若细分起来,作为表述中国的历史类型,上述列举的事例中,前一类是事情的历程,堪称"史实史";后一类是对事情的再叙,连接着"史述史"。而且这后一类型的诉说本身,又从另外的路径构成并融入可同样被再叙的历史进程之中。诚如当年太史公父子生死交接时所言,太史之命,在国为忠,在己为孝。何也?"夫孝始于事亲,忠于事君,终于立身;扬名于后世,以显父母,此孝道之大者!"① 在这个意义上,"历史"是历史自身的延伸和对话。于个人可为事功,于政治是治国经验,于文化是族群传统,于学术则在思想呈现和发扬。

---

① 司马迁:《史记·太史公自序第十七》。

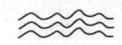

但是对于现代中国，历史的延续面临表述危机。这个危机分别覆盖由"历史"关涉的个人事功、政治实践以及文化传统和学术呈现诸面向。从史学的学理上说，历史的存在需以空间的广延和时间的连续为前提。但作为事实的"历史中国"过去了，作为言说的"中国历史"尚在重建中。于是究竟该如何划定"中国"的空间广延与时间连接并由此说明其中的族群联系，却是仍处在争论中的悬念。这既是对过去的承继，是现在的事件，同时还将是未来的论题。

与此关联，对"中国历史"的书写将面对一系列关键性追问，比如：有没有一个同质的"古代"？有没有一个一统的"国族"？对于多民族构成的历史互动，该选择什么样的标志和结构来表征？无论回答如何，笔者以为都有一个值得深入的话题，即如何处理与"中国"相关的前后两个"三代"，一是早期的夏、商、周，二是晚近的元、明、清。二者共同指向多元视角，需要包容不同的族群、地域和文化主体——有夏，有商，也有周，还有与此同时的四方之民；从元、从明，也从清，乃至延伸到华夏和四夷。它们的关系是既互为中心，又互为边缘。

小 结

本文的讨论从史实、史记到史学和文学，由四方到中原，再对比东北与西南并连接古代帝国与现代国家，意在阐释多民族王朝与国家的历史表述。通过分析王明珂等的相关著作及关注历史文本与情景的关联，不仅使旧话重提而且欲将近代与古代打通，把问题又一次由"国族"反思引回"国史"再造。不过需要明白的是，我们的讨论面对两个既关联又不同的历史，一是国事的发生，二是对国事的书写，二者相加才构成"国史"的整体。

乾隆年间，多族并存。一方面有政治利益冲突，另一方面也有文化传统延续。在《满洲源流考》编纂之际，绍兴人章学诚撰写了至今流传的《文史通义》，强调"六经皆史""即器明道"，对史学要义做了三分，曰："史所贵者义也，而所具者事也，所凭者文也。"进入民国后，苗族学者杨汉先、梁聚五等打破"五族共和"的狭隘划分，呼吁在汉、满、蒙古、回、藏的格局之外恢复苗夷民族的历史地位①，从而引发了欲与"五帝本纪"相并列的"蚩尤叙事"等另类表述②。

若是我们重论"国史"，不仅要关注文学（虚构）与史学（纪实）之间的"表述循环"，还应兼顾不同表述者的所凭、所据和所贵，并且再包容汉学与藏学、满学以及苗学、蒙古学等相关表述间的交融和对话。

进而论之，在中西古今的学理汇通上，如果说当代西方文论兴起的"新历史主义"以倡导"文化诗学"而使文学文本从形式主义批评的陷阱中脱离出来，重归历史语境的厚重诠释的话，本文强调对历史文本的表述分析，则选择了另外一条对应路线，也就是把历史视为文学，或文学式的另一种叙事，从而希望不仅扩展文学（literature）及历史（history）的分类意涵，而且还期待以此为工具，深入对貌似客观自在的各种历史表述从文本到作者的深入剖析和解读之中，就像多年以来文学批评界对自屈原、李白到莎士比亚、狄更斯和鲁迅、马尔克斯及其各自作品早已做过的那样。

在这个意义上，历史就是再表述。

---

① 参见杨汉先《苗族述略》（1937），收入张永国等编《民国年间苗族论文集》，贵州民族研究所1983年编印。张兆和认为通过探讨民国年间西南少数族裔的自身表述，可了解"在与以汉族主导的现代国族建构中"，他们对族群身份和边界问题的立场。杨汉先的例子体现出"土著"精英对政府主导之国族建构计划的反应。参见张兆和《黔西苗族身份的汉文书写与近代中国的族群认同：杨汉先的个案研究》，《西南民族大学学报》2010年第3期。

② 徐新建：《"蚩尤"和"黄帝"：族源故事再检讨》，《广西民族大学学报》2008年第5期。

表述中国：帝国和民国的历史叙事

一 "民国模式"与"帝国模式"

近代以来，随着西方现代性知识话语的传播和渗透，非西方世界本有的认知传统在受到重大挑战后发生了极大改变。这个挑战就是"民族—国家"模式及其相关的历史表述。受此影响，在东亚大陆的夷夏区域内，连如何继续有效地表述其长期传承的多元整体都成了要重新面对和思考的大难题。辛亥鼎革后，解决这个难题的路径看似不少，但后来还是以"驱除鞑虏"为起点的"中国观"获胜，于是逐渐呈现出以"中国"代整体、用"华夏"概各族的"新国家叙事"，继而不断地书写出《中华民族史》《中国现代史》及《中国古代史》那样古今关联、夷夏兼并的著述。笔者把这种表述称为"民国模式"。

百年过去，这种深受西方"民族—国家"模式影响的"中国叙事"开始受到挑战并显露出表述上的内外危机。来自域外的挑战者提出"从民族国家拯救历史"[1]，从而激起有关"中国"还应否成为有效表述单位的激烈回应[2]。目前争论还在持续中，结果亦未见分晓。但表述中国的"民国模式"

---

[1] ［美］杜赞奇：《从民族国家拯救历史：民族主义话语与中国现代史研究》，王宪明、高继美、李海燕译，社会科学文献出版社2003年版。

[2] 葛兆光：《重建"中国"的历史论述》，《二十一世纪》2005年8月号，香港中文大学。李猛：《拯救谁的历史?》，《二十一世纪》（网络版）2003年7月号，香港中文大学。

却已显露出双重障碍：对外，在空间上要受现代主权国家的边界限制，故难以客观完整地处理长时段的"跨国现象"，如"跨境民族""跨界文化"等；对内，亦因当今国家行政区划的制约，而不便阐述由古至今超行省乃至超国家的区域关联，如宋时被视为外邦的"西夏""南诏""大理"，明代与朱元璋政权并立的"北元"，以及在近代从原帝国版图上分离出去的蒙古等。"民国模式"的特点在于突出现代性和国族性。可是，前者不利于连接王朝政统，后者难于体现夷夏多元。因此，对于表述时间和空间上的"整体中国"来说，"民国模式"暴露了明显的局限：要么牵强，要么残缺。

在笔者看来，解决此"表述危机"的路径之一，是重新关注与传统中国相符合的"帝国叙事"。也就是在表述中国的古今联系时，将"帝国王朝的历史叙事"和"民族国家的现代叙事"并置起来，既看到其中的现代变化，更重视彼此的内在连接。唯有这样，方可望缓解近代出现的诸多挑战。所谓"帝国叙事"指的是从帝国的构架和特征来表述中国及其历史变异。其中既包括帝国的王朝眼光，亦含有对王朝的挑战和反叛。目前学界对"天下"的诸多表述，本质上其实也是"帝国叙事"。只不过这些表述一面有意地忽略传统中国的"天下"并非人类世界，而是有中心和等级的"王土""王臣"，一面又容易一厢情愿地仅注重"蛮夷""藩国"对帝国的朝贡、臣服，而既无视帝国内多元族群对王朝的排斥、反抗和叛离，亦不顾帝国之外其他文化的自在传承。[①]

所以，当我们在突破"民国模式"局限而重新关注"帝国叙事"时，需要注意后者的双向意义，把"帝国"视为中性的框架，从两个方面同时关注由王朝出发的统治者立场及从边缘出发的"去帝国"声音。

总体而言，自近代国际化的"民族—国家"思潮和体系进入以后，对于如何"表述中国"，实际上存在两套话语。在其中，作为基本和核心的表述对象，"中国"的含义不断被阐释、刷新。"民国模式"力图把自己的"中国"引向现代的国族认同之中，然后再由此返回去重述以往的国族史。"帝国叙事"表面上被辛亥鼎革中断，然对于前民国的中国表述其实更具生命力。从

[①] 近来关于"天下"问题较有代表性的论述有赵汀阳的《天下体系：世界制度哲学导论》（江苏教育出版社2005年版），可参阅。

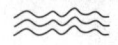

相互关联的意义上说，二者的问题都在于如何通过历史表述，有效地使"中国"作为超时空的单位，在多元的朝代和地域中连为整体，成为令人信服的"万世一系"。

二 古代王朝的历史叙事

将中国历史作为一个由古至今并且内外相关的整体、突破近代"民族—国家"叙事的局限，一个重要的办法就是跳出近代，回溯帝国，亦即从夷夏互动的王朝结构中反观司马迁以来的帝国叙事，恢复其可称为"王朝话语"的本来面目。与此同时又跳出这一话语的华夏局限，努力发掘出被其遮蔽的多元身影。

以《史记》为例，从"五帝本纪"到"西南夷列传"，作为阐释和表述夷夏关联的古代原型及其世代传统，司马迁开创的"王朝叙事"包含了值得重新分析的诸多特点。例如，对于不同对象的文体选择，《史记》体现出一整套精心的结构安排，诚如后世注释家所指出的那样，首先是"天子称本纪"，接着是"诸侯曰世家"，然后才按等级轮到"列传"，目的是"列叙人臣事迹，令可传于后世"[①]。当然这些文体并非司马迁首创，他不过是对既有表述方式做了选择性继承发扬而已。就像清代赵翼所说的："古有《禹本纪》《尚书》《世纪》等书，迁用其体，以述帝王。"[②]这样，一方面是"用体述王"，另一方面是"列叙人臣"，上下四方，等级有序，合在一起，方才创建了司马迁"王朝叙事"的表述范式。以今天眼光来看，此范式的特征有几点值得注意：

> （1）此叙事在历史实践和政治修辞的层面双向展开，指涉的对象场域或曰话语边界，同时包括了帝国统治者对权力所及之地的行政经营以及与之对应的表述体系。

---

① 参见《史记索隐》、裴松之《史目》等。
② 参见（清）赵翼《廿二史札记》，董文武译注，中华书局2008年版。

(2) 在司马迁以降的朝代沿革中,"王朝"的概念分为两大类,一是帝国统领下的"大一统",如秦、汉、唐直至后来的元和清;二是族群并治中的"多元型",亦即存活在帝国轮替之间的各并列王朝,如三国、西夏、女真、南诏、大理……

(3) 从今天的立场看,无论是中原、西南还是西北,"帝国王朝的历史叙事"还包含了以帝国自身为主体的叙事和以历代表述为主体的再叙事。前者是帝国王朝的自我呈现,后者则是对其的反观、分析和重塑,亦可称为对叙事的叙事。

在这种双重、多面的结构中,了解并重释司马迁以来的"王朝叙事"及其多种表述和历代演变,就有了十分紧要的意义。对于其中"中原与四方""黄帝和蚩尤"等与"夷夏之辨"及"族源相争"相关的表述事例,笔者曾做过分析,可参阅,此不赘述。①

以笔者之见,对于理解对"中国历史"的表述而言,问题的重点在于如何以"王朝叙事"的眼光由古而今,重新看待元、明和清,亦即晚近三次因族群更换而呈现的帝国轮替。在这三个王权易主的帝国中,各族群和地方区域的划分、区位意义以及本土族群的横向关联及其与朝廷的纵向联系都发生了很大变动。以西南为例,尤其是元帝国"由滇灭宋"②、明帝国"创建贵州"与清帝国"改土归流"及"苗疆再造"等③,都是不能绕开的历史关节。与此相应,在作为全局的"王朝叙事"中,清雍正皇帝通过全力打造朝廷文件《大义觉迷录》而表现出来的"夷夏相关"与"王权轮替"说值得对照和分析。④

---

① 参见拙作《"蚩尤"和"黄帝":族源故事再检讨》,《广西民族大学学报》2008 年第 6 期。
② 参见杨庭硕、康隆罗《西南与中原》,云南教育出版社 1992 年版。
③ 拙作《苗疆再造和改土归流:从张中奎的博士论文说起》,《中南民族大学学报》2011 年第 3 期。
④ 雍正主导印制的《大义觉迷录》有一个中心思想和目的,即力图以"天下一家,万物一源"观,回应彼时汉族文人中不断出现的以"中华之外皆为夷狄"之说而对清帝国王权之合法性发起的挑战。参见雍正皇帝编撰《大义觉迷录》,张万钧、薛予生编译,中国城市出版社 1999 年版。

三 "区域中国"的主位和客位

如果说司马迁式的"帝国叙事"只是表述中国的王朝类型,是从上至下或由外及内的"他叙事",从而具有话语局限的话,跳出此局限去观察和发掘,则可见到众多本土话语,或曰民族、地方的"自叙事"类型。

在帝国的王朝和地方之间,还有一个中间性存在——区域。作为一种特殊的文化和空间单位,区域既在国家和王朝之中,又在既定的行省之外。如要关注民族、地方及本土的自叙事,还得考察与之相关的区域表述。如前所述,近代以来在表述中国问题上,"民国模式"存在明显的内外局限。对此,区域表述亦可提供突破路径。区域表述与"区域研究"(Area Studies)关联,后者的特征是跨行省。以西南及其周边地区为例,经过几代人努力,区域研究模式已刺激和促成了不少新的跨界视野,如20世纪后半期提出的"半月形文化带""六江流域""南方丝绸之路""铜鼓文化圈"[①],直至近年涌现的"横断—藏彝走廊"[②] 以及对滇、桂边境"跨界族群"的关注和对怒江、澜沧江等南北流向之大河流域的整体考察等[③]。这些新眼光和新成绩与民国年间既已出现过的同类成果,如凌纯声以诸如"纹身""赛龙舟"和"干栏式建筑"等文化事象为标准而提出的"环太平洋文化圈"假说等遥相呼应[④],形成了以西南为核心对外展开的"多区关联"态势和历史与文化上的新表述话语。按黄树民教授的说法,以区域而不是族群或行政村社为单位的研究,能突破传统局限,"把不同学科、不同专业的人参合起来",以"互相冲击、启

---

① 参见李绍明、童恩正《六江流域民族综合科学考察报告之一:雅砻江下游考察报告》,民族出版社2008年版;邓廷良《西南丝路:穿越横断山》,四川人民出版社2002年版;童恩正《试论我国从东北至西南的边地半月形文化传播带》,《文物与考古论集》,文物出版社1987年版。

② "藏彝走廊"的提法可参见费孝通:《关于我国的民族识别问题》,《中国社会科学》1980年第1期。"横断走廊"及相关论述可参阅笔者的《横断走廊:高原山地的生态和族群》,云南教育出版社2010年版。

③ 参见李绍明《六江流域民族考察述评》,《西南民族学院学报》1986年第1期。

④ 凌纯声:《中国边疆民族与环太平洋文化》,(台北)联经出版事业股份有限公司1979年版。

迪"。① 与此同时，在张兆和教授的论述中，西南"苗疆"以石启贵、梁聚五和杨汉先等为代表的"土著"书写，体现出民国以后从"他者描写"到"自我表述"的历史转型，其意义十分重要。② 在笔者看来，这样的转型实为更值得关注的主位回应现象。

不过对于多元中国的表述难题而言，"区域研究"的方式即便可用，也需要改造，即还得将外部的"跨国区域"转换为内部的"跨族区域"。这样，通过调整及改造后的跨地域和跨族群视野，才可望使现有的西南表述有所突破。在这方面，上述有关"文化地带"及"民族走廊"等概括和表征可视为已经取得的尝试性成果。

然而如前所述，一旦进入跨行省和跨族群的历史叙事后，现代"民族—国家"的表述局限就会凸显出来，于是才迫使学者不得不再次回溯到与之相对应的更大空间和框架之中，也就是"帝国叙事"的话语遗产。③

在司马迁以来的帝国话语中，处理空间分布的基础是以帝国一体的"天下—王土"观，亦即以夺得王权的天子为核心划分的"一点四方"格局④。由此便把各个不同的地方均纳入王权的统辖范围，划到须由，亦只能由中央治理的行政辖地。相比之下，即便在帝国关涉的范围内，对地域和空间的认知也是多元不一的。比如在佛教盛行的藏区，对空间的划分会呈现为神圣与世俗两种类型，继而生出与之关联的"六道轮回"信念和通过身体朝圣对"神山圣湖"路程的践行。⑤ 类似的事象，还有在南传佛教传布的云南边地以"泼水仪式"表现出来的对佛国净土的认同向往、道教信徒对"洞天福地"的区划及其游山玩水式的跨界修行，以及如今仍广布于川、滇、黔三省区彝语支民族村寨每年一度的"火把节"——后者通过对特定星象、时节与民生、

---

① 参见黄树民《藏彝走廊——区域研究的沃土》，《西南民族大学学报》2007年第1期。
② 参见张兆和《从"他者描写"到"自我表述"——民国时期石启贵关于湘西苗族身份的探索与实践》，《广西民族大学学报》2008年第5期，以及《黔西苗族身份的汉文书写与近代中国的族群认同——杨汉先的个案研究》，《西南民族大学学报》2010年第3期。
③ 近来有海外华裔学者也提出从话语角度关注帝国，力图分析"帝国的话语政治"，但其分析的主要是近代入侵的西方列强及其以"民族国家"话语对清王朝的强加和改造。本文所说的"帝国话语"则指古汉语文献以"王朝叙事"方式对中国历史所做的整体表述。参见刘禾《帝国的话语政治》，杨立华等译，生活·读书·新知三联书店2009年版。
④ 参见拙著《西南研究论》，云南教育出版社1992年版。
⑤ 参见拙著《"墨尔多"之歌：多样化的文本和实践》，《民族文学研究》2009年第3期。

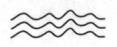

祭典相互关联的体认，呈现出自成一体的时空体系。

可见，如若单一和过度地凸显或强调中央王权一方，把地域文化的本土事象仅看作和书写成"地方史"或王朝"开边教化"的经营过程，就无法呈现在此疆域中由古而今的文化多元及表述上的主客互补。

因此，为了寻求表述中国的新突破，我们应当整合"民国"和"帝国"的两套话语，加上"地方叙事"及"区域话语"的主位补充，从而形成更为有效的多重框架。在此框架中，"帝国叙事"既可是一条主线，同时亦可当作背景。这样，在力图将"中国"视为连接古今的表述单位时，其便可以同时包括"帝国的故事""帝国关系中的故事"以及"帝国边""帝国前"和"帝国后"与"帝国外"的故事等多样类型。

结　语

帝国的含义在于其不是民族—国家，而是多元有界的统治疆域和族群联合体以及由古而今的历史过程。对于虚拟空泛的传统"天下"和建成中的现代"多民族国家"而言，用民国和帝国的双重叙事解释东亚大陆的夷夏关联或许更为恰当，只是应当注意其中不同的叙事对象、叙事主体和不同的叙事目的。这就是以多重叙事眼光和方法看待并表述中国的意义。

封贡与誓盟
——简论"夷夏交往"的诸种类型

引 言①

自 20 世纪初期以来,有关东亚大陆族群与区域间不同的政治实体以"册封"和"朝贡"等方式建立的相互关系不断成为学界关注的焦点,各种观点的论述日渐增多。② 不过正如有学者指出的那样,作为古代多群体尤其是华夷之间的关联制度或体系,朝贡(Tributary System)和册封(Investiture System)各自有别,不可混用:"朝贡"者未必接受"册封"(而成为对方的藩属国),被册封者未必朝贡。③ 二者相比,"册封"的提法偏重于中国在该体系中的主

---

① 本文初稿写于 2011 年参与云南普洱"民族团结誓词碑"60 周年纪念活动之际,期间普洱师专同行们提供了考察与资料方面的关照和帮助,特此致谢。

② 本文使用的"东亚",指的是一个特有的地理空间。其范围大致包括由先秦至清帝国时期东亚大陆的多元世界。与今日泛指的中、日、韩等国家和地区不同,同时也并非仅指华夏、夷夏、中国或汉、唐、元等政治单位,故有时亦与"东亚大陆""东亚世界"的含义相通,目的在于淡化以其中某一实体单位为中心的偏见和影响。关于这方面的术语讨论,尽管事关重大,却仍未达成学界共识,还有待深究。相关论述目前涌现不少,在处理特定地理空间的命名上,有的主张重新审视"亚洲"与"东洋"这样的现代概念,有的学者则采用和讨论了"内亚""亚洲腹地"等用法。可参见汪晖《去政治化的政治》,生活·读书·新知三联书店 2008 年版;欧立德(Mark C. Elliott)《关于"新清史"的几个问题》,《清代政治与国家认同》,社会科学文献出版社 2012 年版,第 3—15 页;葛兆光《重建关于"中国"的历史论述》,刘凤云主编《清朝的国家认同:"新清史"研究争鸣》,中国人民大学出版社 2010 年版,第 245—266 页;刘文鹏《从内亚到江南》,刘凤云主编《清朝的国家认同:"新清史"研究争鸣》,中国人民大学出版社 2010 年版,第 355—376 页;等等。

③ 参见陈文寿《近世初期日本与华夷秩序研究》,香港社会科学出版公司 2002 年版。

导地位,"朝贡"的提法偏重于对中国的政治从属关系或外交弱势地位,因而"均未脱出'中国中心论'的窠臼","天朝上国自我想象的色彩极为浓厚",且"与当时的历史情形有相当出入"。① 这样看来,将"封贡"合称似乎更符合实际。

然而即便如此,对于认识东亚世界族群交往的互动而言,仅讨论"封贡"依然是不够的,必须还原一个更大的完整结构方可对实际存在的多元类型予以再现。在古代传统中,汉语文献的作者习惯于用虚拟的"天下"表述实存的东亚各方,同时以"大一统"的"王土"体系凸显华夏自身的独尊中心。不过对于"天下"体系如何在历史过程中传承演变,在不同的阐释者之间却又呈现出不同的看法。有的坚信"溥天之下,莫非王土"②的格局万世沿袭,一成不变;有的则总结说天下大势"分久必合,合久必分"③。对于后者,根据当代学者的统计,自先秦以来的华夷关系,在"统"与"裂"的年代比例上,差不多就是分、合对半。④

这样看来,有效认识东亚世界多元关系的整体结构理应包括分、合两极:在"分"的一极里,含有"分治""并列"以及"冲突""对抗"乃至"战争"等;"合"的一极则除了"封贡"以外,至少还有"和亲""兼并"以及本文所要阐述的"誓盟"。所谓誓盟,指的是两个及以上的政治实体借助宗教仪式般的誓言约束,结成对等互助的交往联盟。其与"册封"及"朝贡"的最大区别,在于突破了一厢情愿的"溥天王土"观及其君臣、父子式的纵向臣属关系,建立起"兄弟""盟友"间的横向关联。这一点恰恰是值得如今对"朝贡体系"津津乐道者留意和警觉的。

在此背景下,与传统的"封贡"体系并置,关注与之不同的"誓盟"就

---

① 参见陈志刚《关于封贡体系研究的几个理论问题》,《清华大学学报》2010年第6期,第59—69页。

② 《诗经·小雅·谷风之什·北山》:"溥天之下,莫非王土;率土之滨,莫非王臣。"

③ 对此观点,众所熟悉的例子是成书于元末明初的《三国志通俗演义》。作为流传广泛的大众读物,该书第一回"桃园三结义"即这样描述道:"周末七国分争,并入于秦。及秦灭之后,楚、汉分争,又并入于汉。汉朝自高祖斩白蛇而起义,一统天下,后来光武中兴,传至献帝,遂分为三国。"由此总结出上面引用的那段著名结论:"话说天下大势,分久必合,合久必分。"

④ 葛剑雄:《统一与分裂:中国历史的启示》,中华书局2008年版。依照葛剑雄的计算,从"秦灭六国"(公元前221年)算起,至清亡的1911年,包括夷夏在内的"统一王朝"仅占总时间的45%;而若以"西周共和"(公元前841年)开头的话,则为35%。

具有十分重要的认识意义和史观层面的重构价值。

2011年4月，由云南各级政府参与组织，在地处边疆的云南普洱哈尼族彝族自治县举办了"民族团结誓词碑"建碑60周年的隆重庆典，目的是纪念1951年由当时普洱专区26种民族共同参与、旨在确保各族人民平等团结的立碑誓盟。该地报纸说，由于普洱"誓词碑"有着"新中国民族团结第一碑"之称，而且已被公布为国家级重点文物保护单位，目前石碑所在的普洱县"民族团结园"因而被国家民委确定为"全国民族团结进步教育基地"①。外地媒体则评价说："普洱民族团结誓词碑建碑60年来，为促进各民族团结、边疆稳定产生了巨大的感召作用。"②

在夷夏关联的东亚世界，歃血为盟并刻石传承的现象由来已久，云南的案例值得结合多民族交往的类型及演变深入考察和评说。

一　封贡与誓盟的古代类型

自考古呈现和文献记载的"有史"以来，东亚大陆的人群长期生存于文化多元的格局之中。在这样的格局里，既有"鸡犬之声相闻，老死不相往来"的各自远离型，也有以或浅或深、或短或长方式彼此交往的关联型。后一种中，除了对抗性的冲突乃至战争以外，也有相互依存或制衡型，其最突出体现便是"封贡""和亲"和"誓盟"，它们既分别指涉诸种不同的族群关系，更关涉不一样的社会格局。本文重点讨论封贡和誓盟。

近代以来，中外学界出现了不少关于华夷关联及其历史类型的论述，但大多采用的说法是"朝贡"，如"朝贡制度""朝贡体系"等。海外学者中影响较大的有费正清等的《论清代朝贡制度》和滨下武志的《近代中国的国际契机：朝贡贸易体系与近代亚洲经济圈》等。费正清等人的著作里使用的英文关键词是"Tributary"，意思是指前现代的弱小国向强大邻国的进献，表面

---

① 《普洱日报》新闻网：《我市隆重纪念普洱民族团结誓词碑建碑六十周年》，2011年4月7日，http://www.puershi.gov.cn/news/ShowArticle.asp?ArticleID=70569。

② 杨在彭、岩甩冬：《普洱"民族团结誓词碑"建碑60周年纪念大会》，云南广播网，http://www.ynradio.com.cn/minzu/pinlvzixun/201104134589.html。

上接近于汉语的朝和贡。① 滨下武志把东亚世界的"朝贡"视为以中华为中心的区域体系,认为其实质是中华帝国把以地方分权为特征的国内统治关系延续并用于处理周边和对外的关系。这种朝贡体系的目的和结果是:

> 将中央—各省—藩部(土司、土官)—朝贡诸国—互市诸国作为连续的中心—周边关系来看待,并将其整体作为一个有机的体制来把握。②

但如前面的引言所述,笔者认为表述华夷关联的历史类型,仅注重"朝贡"是不完整的。"朝"和"贡"突出的只是单一向度,强调在外、在下或在野的一方,向在内、在上或在朝之一方的被动进献,掩盖了受贡者一方凭借强力而更为主动和强制的"分"与"封"。所以笔者以为用"封贡"更合适。"封贡"的意思,不仅同时包含了自上而下、由内及外的"封"和自下而上、由外及内的"贡",而且体现了权力关系上的主从和族群交往上的先后,突出观念上的"溥天王土"和实践上的"强权政治"和"帝国利益"。诚如陈志刚指出的那样,促使这种封贡体系得以维系两千余年而不衰的动力,不是历朝历代变动不居的"政策表象",而是世代传承的"华夷观"和王朝永恒的"现实利益"。③

结合古代汉文史料及考古发现来看,作为处理不同族群(宗族、部族、属国等)关系的基本制度之一,"封贡"的出现,至少可上溯到商周时期的"封疆纳贡"类型。

古汉语的"封"本义为封疆植树,以表识疆界,在甲骨卜辞中常与"邦"互用,引申为划定的土地。有人据此认为殷人对"封"和"邦"的观念没有严格的区别,可以看出"邦土的起源最先来自于封疆"④。

后来,"封"用作动词,指帝王通过至高无上的权力对皇亲、臣下或外藩

---

① 参见费正清、邓嗣禹《论清代朝贡制度》(*On the Ch'ing Tributary System*),(美国)《哈佛亚洲研究期刊》1941 年第 6 期。

② [日]滨下武志:《近代中国的国际契机:朝贡贸易体系与近代亚洲经济圈》,朱荫贵、欧阳菲译,中国社会科学出版社 1999 年版,第 30—31 页。汪晖在题为《亚洲想象的政治》的文章里对滨下武志及其学派的成果给予了明确肯定,认为该派的突出贡献是"以朝贡网络为纽带,构筑了一种有关世界和区域历史的另类叙事"。参见汪晖《去政治化的政治》,生活·读书·新知三联书店 2008 年版。

③ 陈志刚:《关于封贡体系研究的几个理论问题》,《清华大学学报》2010 年第 6 期。

④ 沈建华:《卜辞所见商代的封疆与纳贡》,《中国史研究》2004 年第 4 期。

的施舍，包括名号的敕封、领地的分配及财物的赐赏等。在其背后隐藏着的则是"天下王权论"和"内外五服制"。①

这就是说，只是因先有了基于王权之上的"敕封"存在，才导致了作为被动一方的"朝""贡"发生。这种先封后贡的关系，通过今日学者对商代卜辞呈现的"封疆与纳贡"之分析，得到了对其早期原型的较好揭示：正是在商王等级分明的册封体制及其内府严密的管理实施下，纳贡者才"由远而近，有条不紊地按时交纳贡物"；而职贡更深层的含义，当理解为商王以"日祭、月祀、时享、岁贡"等义务，增强效忠王室的凝聚和向心力。并且，在卜辞体现的封贡体系里，已有了"中土"与"四封方"的区别，从而也就出现了在由内及外的交往关系上，以王权统摄定亲疏的内外服体系。②

延伸来看，在古代东亚多以武力和强权夺取"共主"地位的王朝体系里，"贡"的意思主要指边陲、外藩对朝廷、宗主国的进献和纳贡。因此，与王权直接统治内各"甸服""侯服"者的臣属义务不同，外藩之"贡"，通常也指华夏之外的"四夷"向所谓"共主"的朝见和进献，反映了边缘弱者对外权欺压及强加尊卑的被迫认可和无奈接受。

对于长久存在于夷夏之间的这种不对等"封贡关系"，汉语古籍中所谓"王者不治夷狄""来者不拒，去者不追"及"厚往薄来"原则，不过是王者统治权术中与武功征剿对应的文治修辞或迫不得已的临时策略而已。在《礼记·中庸》篇里，如果说其所谓"送往迎来，嘉善而矜不能，所以柔远人也"表示着"以柔治远"之意愿的话，"继绝世，举废国……厚往以薄来，所以怀诸侯也"，则传达出以怀安臣的谋略，都是王权统治的体现。由此才会有贾谊《新书·无蓄》声称的"怀柔附远，何招而不至"及《三国志·吴志·吴主传》道出的"宣导休风，怀柔百越"等主观信心和客观事例。

对此，宋代的苏辙有过比较完整的阐述。在《王者不治夷狄论》一文里，苏辙先对所谓"王者不治夷狄"说提出了质疑，然后依照王朝正统进行分析，反问说"王者岂有不治夷狄者乎？"苏辙指出：

---

① 关于"五服制"和"王土观"的讨论，笔者曾有过初步论述，可参见《西南研究论》（云南教育出版社1992年版），《帝国轮替中的认同演变》（高岚《从民族记忆到国家叙事》序，四川文艺出版社2010年版）及 "苗疆再造"与"改土归流"》（《中南民族大学学报》2011年第3期）。

② 沈建华：《卜辞所见商代的封疆与纳贡》，《中国史研究》2004年第4期。

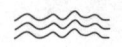

> 古之所以治夷狄之道，世之君子尝论之矣。有用武而征伐之者，高宗、文王之事是也；有修文而和亲之者，汉之文、景之事是也；有闭拒而不纳之者，光武之谢西域、绝匈奴之事是也。此三者皆所以与夷狄为治之大要也。①

接下来，针对当时的夷夏处境，苏辙又说："今日来者必不可拒，则是光武之谢西域，以息中国之民者非乎？去者必不可追，则是高宗、文王凡所以征其不服而讨其不庭者皆非也。"可见在苏辙看来，既为王者，必治夷狄；治的方式不外三种，即征伐、和亲及闭拒，所谓"来者不拒，去者不追"只是权宜之计而已。不过有意思的是，引出苏辙这番论述的缘由并非出自中央集权式的"封"和"贡"，而是与之有别的对等结盟，也就是体现夷夏交往的制衡与互惠类型。在上述同一篇文章里，苏辙面对的是另外一个更大的问题，即作为儒家重要经典的《春秋》为何要记载一个与"王者治夷狄"看似相悖的史实，即："公及戎盟于潜。"苏辙的看法是："夫公之及戎盟于潜也，时有是事也。时有是事，而孔子不书可乎？"继而又解释说："故《春秋》之书，其体有二：有书以见褒贬者，有书以记当时之事，备史记之体，而其中非必有所褒贬予夺者。"② 这就是说，仅就中原与四夷的多种关系而论，结盟的存在，是一个客观的史实；圣人采取不回避的态度，且不一定非要加上主观的评价不可。但既为史实且又与"大一统"的封贡模式不同，对于结盟，不客观记载不行，不评价和不讨论亦几乎是不可能的。

《春秋》鲁隐公元年至二年里，多次提到结盟，分别是：

> 三月，公及邾仪父盟于蔑。（鲁隐公元年）
> 九月，及宋人盟于宿。（鲁隐公元年）
> 秋，七月，庚午，宋公、齐侯、卫侯盟于瓦屋。诸侯之参盟于是始。（鲁隐公八年）
> 春，公会戎于潜。
> 秋八月庚辰，公及戎盟于唐。（鲁隐公二年）

---

① 苏辙：《栾城应诏集》卷十一。
② 苏辙：《栾城应诏集》卷十一。

这些事例，虽然被分别解释为"私盟之始"和"参盟之始"，它们的重要性是不言而喻的，但相互交往的性质多属内部结盟。对比之下，只有从"公及戎"的"春会秋盟"起，才称得上经典所载的夷夏结盟开端。这里的（鲁）"公"可理解为泛指的华夏，"戎"则为四夷。"盟"的意思是依靠上天而不是王权的力量使双方关联、交往和制约。在这方面，先秦以来的文献多有记载，如《周礼·司盟》对"掌盟"之官的解释是："掌盟载之法。凡邦国有疑会同，则掌其盟约之载，及其礼仪，北面诏明神。"《说文》对"盟"的解释是："割牛耳盛朱盘，取其血歃于玉敦。"

可见，在结盟式的族群关联中，面对更高的超越性神灵，体现出华夏和诸夷之间在彼此交往上与封贡模式明显不同的对等、互尊和制衡。虽长期遭受"王者必治夷狄"一类观念的打压并被正统史书排挤、漠视，但千百年来"誓盟"传统仍在夷夏交往的关联中世代沿袭，一直流传到由帝制王朝向现代国家转变的当今。其中值得关注的事例很多，1935年苏区红军将领刘伯承与彝族头人小叶丹的"彝海结盟"及1951年在云南边疆由26个民族领袖发起的"普洱盟誓"便是较为突出的代表。

二 誓盟类型的现代延伸

"彝海结盟"发生在1935年5月，红军长征经过凉山彝族区域的途中。当时的背景是在井冈山建立了苏维埃政权的中央红军迫于形势转至西部，并依照共产党的民族理论和政策先后在藏彝地区创立了以各地少数民族为主体的苏维埃自治政权，如"波巴人民政府"和"格林格撒"等。1935年红军到达彝区后，在冕宁成立了被誉为"长征路上的第一个红色政权"的"冕宁县革命委员会"。那时，红军还针对当时的民族问题及夷汉关系发布公告，指出："中国工农红军，解放弱小民族；一切夷汉平民，都是兄弟骨肉。"接着一方面以"可恨四川军阀，压迫夷人太毒；苛捐杂税重重，又复妄加杀戮"的事实来做唤醒，另一方面则以红军来到川西"尊重夷人风俗，不动一丝一粟"等行动予以动员，号召说：

> 凡我夷人群众，切莫怀疑畏缩；赶快团结起来，共把军阀驱逐。设立夷人政府，夷族管理夷族；真正平等自由，再不受人欺辱。①

正是在这种凸显夷汉"兄弟关系"、建立少数民族自治政权、实现各民族真正平等自由格局的激励下，才催生了刘伯承与小叶丹在冕宁的"彝海结盟"。对此，史料的记载有详有略，侧重不一。曾任国家民委副主任的彝族干部伍精华撰文指出："光照千秋的彝海结盟，就是《布告》所阐述党的民族政策结出的硕果。"作者还以文学式的渲染和发挥，再现了当年的结盟场景：

> 1935年5月22日，刘伯承和果基小叶丹按约定在山清水秀的彝海边见面，刘伯承和果基约达谈得很投机，约达随即叫人找来一只鸡，刘伯承叫警卫员从皮带上解下两个瓷盅斟上酒。将鸡血滴入两个瓷盅后，约达要刘伯承先喝，先喝者为大哥，兄弟就应该服从大哥。
>
> 刘伯承高兴地端起瓷盅，大声地发出誓言："上有天，下有地，今天我刘伯承同果基约达在彝海子边结为兄弟，如有反复，天诛地灭。"说完后一口喝下血酒。果基约达笑着叫"好"，也端起瓷盅大声说："我约达同刘司令结为兄弟，愿同生死，如不守约，同这鸡一样地死去。"说完后也一口喝干。
>
> 刘伯承当众将自己随身带的左轮手枪和十支步枪送给了约达，约达也将自己骑的黑骡子送给了刘伯承。
>
> 这就是享誉中外的"彝海结盟"。②

这些绘声绘色的传说和故事，通过不同的方式广泛流传，成为形塑社会记忆并左右大众生活的重要来源。与此相关的另一则故事写道：

> 结盟仪式在彝海边举行。这天下午，刘伯承一行骑马来到海子边⋯⋯小叶丹说："按照我们的传统习惯，我们今天歃血结盟，兄弟相称，你同

---

① 伍精华：《永远的丰碑——纪念〈工农红军布告〉发布70周年》，《中国民族报》2005年7月2日。

② 伍精华：《永远的丰碑——纪念〈工农红军布告〉发布70周年》，《中国民族报》2005年7月2日。

意吗?"刘伯承爽快地答道:"同意!"小叶丹喊了一声,几个彝人跑上来,手里提着一只大公鸡,端着两碗清清的酒水。小叶丹左手抓鸡,右手握着大镰刀,口里念道:"5月22日,刘司令、小叶丹在彝海湖边结义为兄弟,以后如有反悔,如同此鸡。"说完举刀割断鸡喉,鲜红的鸡血滴进碗里。

刘伯承、小叶丹跪在碗前,在蓝天下,刘伯承举碗发誓:"我刘伯承对着苍天和大地发誓,我愿与小叶丹结拜为兄弟。"说罢两人举碗一饮而尽。静静的海子边,顿时一片欢腾。①

另有网络版本对相关人名、地名加以说明——"彝海"原名为"鱼海子",彝语叫"乌勒苏泊",意即海子,海拔2000多米,是个高山淡水湖;"小叶丹"是当地彝族的政治代表、重大事件的裁决者之一,被视为"善于辞令的尊者";然后对举世闻名的"彝海结盟"做了同样如亲临其境般的描绘:

小叶丹叫人找来一只鸡,但没有酒和酒杯。刘伯承便从红军警卫员皮带上解下两个瓷盅,叫警卫员舀来彝海的水,以水代酒。当沙马尔各子杀了鸡,将鸡血滴入两个瓷盅后,小叶丹要刘伯承先喝。

按照彝人风俗,先喝者为大哥,兄弟就应该服从大哥。刘伯承高高地端起瓷盅,大声地发出誓言:"上有天,下有地,今天我同果基小叶丹在彝海子边结为兄弟,如有反复,天诛地灭。"说完后一口喝下血酒。

果基小叶丹笑着叫"好!"也端起瓷盅来大声说:"我小叶丹同刘司令结为兄弟,愿同生死,如不守约,同这鸡一样地死去。"说完后也一口喝干。

刘伯承当众将自己随身带的左轮手枪和几支步枪送给了果基小叶丹。果基小叶丹也将自己骑的黑骡子送给了刘伯承,结盟便告结束。②

---

① 黑惹里色"博客":《凉山的彝海结盟》,2006年10月28日,http://blog.sina.com.cn/s/blog_495a903f010005lp.html。

② 百度,http://baike.baidu.com/view/547944.htm。

这些故事传说的版本不同、细节各异，但对盟誓仪式的陈述和凸显是一致的，如盟约兄弟、同饮血酒、对天发誓、违约遭惩等。由此不难见出自先秦以来夷夏关系中结盟类型的普遍存在及历史传承。

　　与"彝海结盟"的时间相近，抗战期间，同样在外敌入侵的威逼下，地处云南边陲的卡瓦山人民也以"歃血盟誓"的形式同当时的国民政府（代表）结成了联盟关系。1943年4月，在国民政府特派官员杨钟岳和地方精英张万美等的召集下，卡瓦山17头目在班洪"歃血盟誓"，成立联防协会，立志在国民政府领导下联合起来，"协同一致，抗敌御侮"。《立盟书》用汉文和傣文撰写，起款是"大中华民国云南省接缅边区卡瓦山十七头目联防协会"。其中的内容以"我们卡瓦"自称，强调中央此举所秉持的精神是"夷汉一家亲兄弟"，因此在英、日外敌的入侵面前有必要团结一致共同联防。依照《盟书》的规定，头目们要"援助国军抗战、供应国军粮秣"；政府和军队则"不许扰民、不许掠夺人民之财产"以及"不侵犯各头目原有之主权""建设实业改善人民生活"等等。在"歃血盟誓"的仪式中，参加者"各本良心对天发誓"：如有违反，愿遭天惩。①

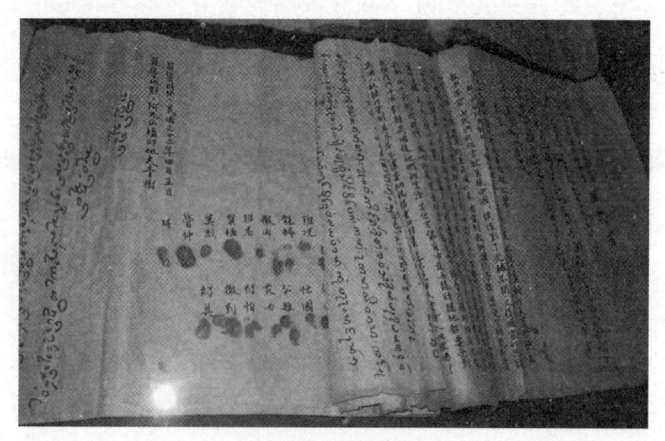

图1　卡瓦《盟誓书》②

到了新中国成立后的1951年，云南的边疆地区被纳入强调"多民族共同

---

　　① 参见鲁国华等编《碑魂：民族团结碑史料专辑》，2000年，思内图（2000）第2号，以及张海珍《从三次剽牛盟誓看普洱多民族关系的发展》，《思茅师范高等专科学校学报》2010年第5期。
　　② 图片来源：笔者2011年摄于普洱"民族团结碑纪念馆"。

创建""各民族一律平等"之新型国家理念和宪法条文的治理版图。① 在此前提下，出现了在 2011 年被以"六十年大庆"而隆重纪念的"普洱盟誓"。

根据资料及后人回忆，"普洱盟誓"的经过大致如下。

1950 年年底，普洱召开各兄弟民族代表会议。为了维护各民族之间的新型团结关系，会议提出在当地立一座"民族团结碑"。为此，有代表提议采用佤族、拉祜族习俗，搞一次"剽牛盟誓"，具体方式包括"剽牛""喝咒水""吃鸡血酒"和"宣誓""立碑"等。当时的仪式细节，各说不一。其中一个本地版本写道："经过认真的充分酝酿，主席团一致同意了李保代表的意见，以佤族剽牛的方式来决定这次盟誓的成功与否。"接着描写说：

> 1951 年元旦，这是不平常的一天……
>
> 张钧、唐登岷等领导，把张石庵和李保代表叫到主席台左侧仔细地询问：
>
> "佤族剽牛有些什么规矩？"
>
> "所剽的牛从外观上看体形要好。"
>
> "今天准备的牛怎么样？"
>
> "是条好牛，牛角长得非常好。"
>
> "剽牛的好坏，关键是什么？"
>
> "关键是牛剽倒后，剽口和牛的倒向。"
>
> "怎样才算好？"
>
> "牛头倒南方。"

此段描述介绍了当地民俗设定的誓盟前提。接下来的对话更为有意思。

> "要是牛头倒向、剽口不好，那怎么办？"张书记急切地问。
>
> "那没办法，各民族的百姓群众会认为是天意难违，只有等三年后又再行。"张石庵说。

---

① 1982 年 12 月 4 日第五届全国人民代表大会第五次会议通过的宪法明文指出，"中国各族人民共同创造了光辉灿烂的文化"，并规定："中华人民共和国各民族一律平等。国家保障各少数民族的合法的权利和利益，维护和发展各民族的平等、团结、互助关系。"参见《中华人民共和国宪法》，法律出版社 2009 年版。

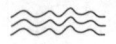

"万一剽口不好,也可以再剽一条,如果还不行,可再剽一条,三次都不好,那么预示着这次会议不吉利。"李保代表说。

从此段描述的情形来看,当时选择的"剽牛盟誓"是有风险的,而换一个角度理解的话,则体现主持者——中央、汉族——的信心和气度,以及与参与者——地方、少数民族——对结盟的执着和虔诚。

一切准备就绪,张书记宣布:"剽牛仪式开始!"
几名战士将一头粗壮的水牛拉进场中央,将牛拴在一根早已栽好的牛角桩上……
万双眼睛看着拉勐……他的一只剽枪预示着思普区26种民族的团结或是分裂。

当然,悬念归悬念,最后的结果是"剽牛倒向南方",众人饮血酒宣誓——包括汉族在内的各民族誓盟得到了上苍的认可。

如今,见证了60年前"剽牛盟誓"的那块"民族团结碑"立在普洱。笔者2010年和2011年两次到当地走访时,石碑还静静地展示在被命名为"民族团结园"的纪念馆庭院里,向观者述说着夷汉结盟的历史记忆。

图2 民族团结誓词

时隔多年，碑文上的誓词仍清晰可见，上面用繁体的汉文写道：

> 我们二十六种民族的代表，代表全普洱区各族同胞，慎重地于此举行了剽牛，喝了咒水，从此我们一心一德，团结到底，在中国共产党的领导下，誓为建设平等自由幸福的大家庭而奋斗！此誓。①

誓词下面是参与盟誓的48位各族代表用当时使用的多种文字刻下的各自签名，落款为"普洱区第一届兄弟民族代表会议"，时间是"1951年元旦"。②

时至今日，"民族团结园"向各地游客解释的导游词为：此碑是新中国的"民族政策和统一战线在边疆取得伟大胜利的见证物"，是"中国共产党解决民族问题的光辉范例"，并且强调"它的精神和作用远远超越了区界、省界"，"在全国亦有普遍的意义"。③ 2011年，有关"普洱盟誓"60周年纪念活动的报道则说："一句歃血为盟的誓言，一座民族团结的丰碑，在共和国的历史上，成为永恒。"④

三 誓盟与封贡的关联和对比

本文所论的"誓盟"，意指"立誓结盟"，也就是不同政治实体通过以神权制王权的方式建立相互对等和制约的同盟关系。总体说来，在多民族和多政治实体并存的东亚历史里，与强调天下王土和"大一统"集权的"封贡"模式有别，作为处理族群关系的另一种类型，"誓盟"不但作用重大而且流传久远。据统计，仅在《春秋》中有关"盟"的记载就有百起左右；在《左传》里则多达160余起。"整个春秋242年，平均每两年就缔结一项盟约，可

---

① 图片及碑文来源于笔者2010年在普洱"民族团结园"考察时所拍摄和抄录。
② 有关普洱"民族团结誓词碑"及相关纪念的研讨，笔者作了论文进行阐述，可参见拙作《民间仪式与作家书写的双重并轨——从"普洱誓盟"看现代中国的"民族表述"》，《民族文学研究》2012年第4期。
③ 普洱市导游论坛，http：//www.haoyousuixing.com/simple/？t1761.html。
④ 普洱政府网：《我市隆重纪念普洱民族团结誓词碑建碑六十周年》，2011年4月7日，http：//www.puershi.gov.cn/news/ShowArticle.asp？ArticleID=70569。

谓高频率。"① 有学者甚至认为，就算说春秋的历史是"通过'盟誓'而展开的"都不为过。②

《礼记·曲礼下》曰："约信曰盟，莅牲曰誓。"《周礼·秋官·司盟》称："司盟掌盟载之法。凡邦国有疑会同，则掌其盟约之载及其礼仪。"据此，许慎《说文解字》概括为"国有疑则盟"。这就是说，"盟"的本意在于调解和改善出了问题的邦国关系。不少后来的论者认为，相对于诚信素朴的上古时代而言，"誓盟"的出现不但是晚出现象，而且是族群失信的结果。如刘勰认为，"在昔三王，诅盟不及，时有要誓，结言而退"③。徐师曾更进一步强调说，"三代盛时，初无诅盟，虽有要誓，结言而退而已。周衰，人鲜忠信，于是刑牲血，要质鬼神，而盟繁兴，然俄而渝败者多矣"④。所谓"结言而退"就是和平共处，互不侵犯；若需交通，也不过是结言为信，各守本疆。

照这样的推断，"结言而退"的形态本可以由上古绵绵延续，无奈却遭到了诸侯"问鼎中原"直至"一统天下"野心的暴力破坏，于是不得已才选择"誓盟"模式来修复濒于危机的族群关联。但人群间的诚信既已遭损，何以重修？唯求神灵。于是，"誓盟"的含义便深刻而紧密地与超世俗的力量连在了一起。此力量可为"上苍"，可为"天地"，亦可为"鬼神"。《释名》说："盟，明也。告其事于神明也。"《礼记·正义》解"莅牲曰盟"道："盟者，杀牲歃血，誓于神也。"

这样，面对神灵，既确认了族群的平等，更坦诚了世人的局限，因而通过"献牺牲""饮血酒"和"喝咒水""发毒誓"的仪式，祈求神圣不但在结盟各方有诚意时给予监护，而且在相互违背时加以严惩；也就是《春秋·正义》所谓："凡盟礼，杀牲歃血，告誓神明，若有违背，欲令神加殃咎，使如此牲也。"在"毒誓"式的诅咒方面，被后人认为"最严厉誓词"的《亳之盟》将此展示得十分突出，其曰："或间兹命，司慎司盟，名山名川，群神群祀，先王先公，七姓十二国之祖，明神殛之，俾失其民，坠命亡氏，蹈其国家！"

根据古代汉文记载及现代民族学考察，"誓盟"现象较为广泛地存在于东

---

① 王立：《盟誓在春秋外交活动中的作用》，《语文学刊》2008年第7期。
② 吕静：《春秋时期的盟誓研究：神灵崇拜下的社会秩序再构建》，上海古籍出版社2007年版。
③ 刘勰：《文心雕龙》。
④ 徐师曾：《文体明辨序说·盟》，罗根泽校点本，人民文学出版社1962年版。

亚地区。其所要处理的族群关系，既包括诸夏内部，也涉及夷夏之间。对于后者，最值得关注的是《左传·定公十年》所载的"夹谷之盟"，也就是连孔子也参与其中的齐鲁誓盟。该事例之所以重要，在于它不但描述了战国时期鲁和齐两个强国的立誓结盟，而且陈述了由孔子提出并被后世反复沿用，甚至多有曲解的"夷夏之辨"。

记载此则大事的《左传·定公十年》是这样写的：

> 十年春，及齐平。
>
> 夏，公会齐侯于祝其，实夹谷。孔丘相。犁弥言于齐侯曰："孔丘知礼而无勇，若使莱人以兵劫鲁侯，必得志焉。"齐侯从之。孔丘以公退，曰："士，兵之！两君和好，而裔夷之俘以兵乱之，非齐君所以命诸侯也。裔不谋夏，夷不乱华，俘不干盟，兵不偪好。于神为不祥，于德为愆义，于人为失礼，君必不然。"齐侯闻之，遽辟之。

这段故事表明，不愿因"誓盟"之约而仅取得盟友地位的齐国挑唆非华夏的夷人袭击鲁侯，以求实现"称霸"的野心。作为鲁国代表的孔子挺身而出，从神、德、人及礼的角度阐明"盟"之意义，对齐国的劣行严加谴责和阻止。孔子倡明的彼此关系是作为诸夏内部的齐鲁需做到"两君和好"，夷夏之间则不相谋乱。其中，孔子所谓"裔不谋夏，夷不乱华"中的"不"，当即指"不可""不应"，也指"不愿""不会"；就是说华夷区分是彼此共存的客观事实，无论谁都不应随意打破，更不应以武力和阴谋来胁迫摧毁。正是在这样的前提下，孔子成功地化解了一次诸夏内部及夷夏之间的多重危机，不但使齐鲁之盟得以达成，还免除了一场夷夏之间眼看就要爆发的族群冲突。在这里，孔子既不赞成夷人扰乱华夏，也没有怂恿华夏去报复或侵略夷族。基于孔子对"齐鲁之盟"的坚定维护，可以理解他对所谓"夷夏之辨"的立场也是以"誓盟"为前提的，因为在《论语》等经典的记载里，孔子既说过"己所不欲，勿施于人"，又说过"克己复礼，天下归仁"[①]。这里的"礼"指周礼。而如前所述，在周礼之中，"立誓为盟"便是解决诸侯纷争和族群对抗

---

① 《论语·颜渊》，参见杨伯峻《论语译注》，中华书局2006年。

的重要礼制。

依照这样的传统，长期以来，夷夏之间的誓盟事例可谓多种多样，此起彼伏，并非如许多中原中心主义者强调的那样只限于周边四夷单向式向华夏帝制王权的封和贡。

唐穆宗长庆和吐蕃彝泰年间，唐朝与吐蕃分几次在长安和逻些（拉萨）立誓结盟，并树碑勒石，以汉藏两种文字定下盟约，曰：

> 圣神赞普墀祖德赞与大唐文武孝德皇帝和叶社稷如一统，立大和盟约……旧恨消泯，更续新好。①

研究藏文化的学者认为，藏人的本土信仰以崇尚神灵为基础，信天惩、"好咒誓"，故在解决人群关系的问题上多立誓为盟。据《新唐书·吐蕃传》所载，"赞普与其臣岁一小盟，用羊、犬、猴为牲；三岁一大盟，夜肴诸坛，用人、马、牛、驴为牲"。在松赞干布时期，仅《敦煌本吐蕃历史文书》记载的冬夏季会盟就达140多次。这些誓盟里，有松赞干布与各部族的誓盟，也有各部族间的相互之盟及藏人与其他民族的誓盟。② 如今立在拉萨大昭寺前的《唐蕃会盟碑》体现的不过是当时的众多誓盟之一。另据统计，唐与吐蕃间的结盟不下10次。③ 除了《唐蕃会盟碑》所载的一次外，在《旧唐书·吐蕃传》里还记有唐建中四年的"清水之盟"："四年正月，诏张镒与尚结赞盟于清水。……彼犹以两国之要，求之永久，古有结盟，今请用之。国家务息边人，外其故地，弃利蹈义，坚盟从约。"④

到了两宋时期，又分别有宋与辽、金之间的"澶渊之盟"与"绍兴和议"。两个事例中都有称臣纳贡的"不对等"约定，只不过主次关系颠倒了过来，是华夏的大宋向"蛮夷"的辽金纳贡。⑤

两宋所处的格局，是退缩到南方的"华夏"与北面及西面"诸夷"伸缩

---

① 引文出自"唐蕃会盟碑"。该碑又称"长庆会盟碑""甥舅和盟碑"等。在古代藏文文献中，称为"逻娑碑"。相关论述参见王尧《唐蕃会盟碑疏释》，《历史研究》1980年第4期。
② 陈践、杨本加：《吐蕃时期藏文文献中的盟誓》，《中国藏学》2009年第3期。
③ 陆军：《古代羌藏盟誓习俗初探》，《阿坝师范高等专科学校学报》2007年第4期。
④ （后晋）刘昫：《旧唐书》，中华书局1975年版，第5247、5291页。
⑤ 参见曹家齐《从宋、金国力对比看绍兴和议的签订》，《徐州师范大学学报》1997年第3期。

交错的并立。这不但使华夏中心式的"一点四方"版图根本转型,也导致以"天下王土"为核心的华夏独尊心态发生很大变异。于是,连大宋皇帝所要嗣守的宏图大业,也不再是"以夏化夷"和"拓土开疆",而改成了"思与华夷,共臻富寿"①。等到夷夏之间的力量对比再度变化,继续征战对夷夏双方均是弊大于利时,识时务的领导人便都选择了休战议和,达成的结果便是相互制衡的"誓盟"。《契丹国志》载曰:

> 维景德元年,岁次甲辰,十二月庚辰朔,七日丙戌,大宋皇帝谨致誓书于大契丹皇帝阙下:共遵诚信,虔奉欢盟,以风土之宜,助军旅之费,每岁以绢二十万匹,银一十万两,更不差使臣专往北朝,只令三司差人搬送至雄州交割……
>
> 自此保安黎献,谨守封陲,质于天地神祇,告于宗庙社稷,子孙共守,传之无穷,有渝此盟,不克享国。②

在《绍兴和议》里,更为弱小的南宋给金朝"上奏"誓表,曰:

> 签书枢密院何铸、知合门事曹勋进誓表于金。臣构言,今来画疆,合以淮水中流为界,西有唐、邓州割属上国。自邓州西四十里并南四十里为界,属邓州。其四十里外并西南尽属光化军,为弊邑沿边州城。既蒙恩造,许备藩方,世世子孙,谨守臣节。
>
> 每年皇帝生辰并正旦,遣使称贺不绝。岁贡银、绢二十五万两、匹,自壬戌年为首,每春季差人搬送至泗州交纳。有渝此盟,明神是殛,坠命亡氏,踣其国家。③

后世的评论一般认为虽有政治和经济方面的不平等,但"澶渊之盟"与"绍兴和议"仍为两宋时期大宋与契丹及金,也就是华和夷不同民族之间的和平共处奠定了必要基础和有效途径。有的论述说这些誓盟的作用重大,促进

---

① 《宋史》卷二七三《何承矩传》。
② (宋)叶隆礼:《契丹国志》,贾敬颜、林荣贵点校,上海古籍出版社1985年版。
③ 《续资治通鉴》卷一百二十五。

了夷夏关系从对立冲突转变为"兄弟之邦"。① 有的将此视为古代中国的历史转折——此后一段时期,以往的夷夏关系出现了改变:宋绍兴十二年三月,金册封赵构为宋帝。"金人掌握了国家政权,而宋则应是地方政权。"②

以此作为参照,20世纪的"普洱誓盟",其事象和意义并不是孤立存在,而是一方面承载着本土文化中的神灵观念与非集权传统,另一方面体现了夷夏民族在步入现代国家格局之初的新型关联。如今,在当地人的视野里,"誓盟"也已成为同时指向本地区和跨族际的关注议题。有学者指出:盟誓"作为人与人之间交往的一种信用凭证"及"在神灵崇拜文化下建立的自我约束机制",在普洱历史上的各民族之中十分通行。论者由此将20世纪50年代的"普洱誓盟"与元、清两代出现的"佤傣誓盟"和"佤拉誓盟"做对比,认为探究历史上三次剽牛盟誓对发展普洱多民族关系所产生的深刻影响,对坚持各民族之间团结平等有着重要现实意义。③

可见,把历史与各地的"誓盟"事例连为整体来加以考察,而不是做单个的、零碎的处理,并且与所谓的"封贡体系"做比照,对于从全局认识夷夏之间的对等关联十分重要。

小　结

在古代东亚地区各政治实体间的多元互动史中,除了冲突和战争式的"分"类型外,还有"封贡制"与"联盟制"代表的"合"的不同类型。相比之下,"封贡"体现着"天下王土"式的集权观,"誓盟"则展现对等互助和相互制约的多元共处。

---

① 参见金石《重评"澶渊之盟"》,《民族研究》1981年第2期;王晓波《对澶渊之盟的重新认识和评价》,《四川大学学报》2003年第4期;袁志鹏《澶渊之盟的研究述论》,《衡水学院学报》2010年第6期。曹家齐《从宋、金国力对比看绍兴和议的签订》,《徐州师范大学学报》1997年第3期。
② 田兆元:《盟誓史》,广西民族出版社、上海文艺出版社2000年版,第140—141页。
③ "佤傣誓盟"指元代时佤族与傣族之间为免除纠纷而建立的盟友关系,与之相关的誓词称:"牛角不会枯,象牙不会烂,永世长存,傣族和佤族永远是亲戚。""佤拉誓盟"指清代时佤族与拉祜族三佛祖的盟约,双方通过剽牛仪式,立下"拉祜与阿佤永远是兄弟"的誓言。参见张海珍《从三次剽牛盟誓看普洱多民族关系的发展》,《思茅师范高等专科学校学报》2010年第5期。

誓盟的产生、演变及其相关论述由来已久。作为后世的评价和总结，有人强调其是周礼的组成部分并体现了儒家的信义思想①；有人认为作为其中突出形式的"歃血结盟"源于古代巫术（如"衅"）并且体现了对血亲关系的模拟②。还有人指出，因立约者是相对独立的单位或个体，古代誓盟"反映了其时代的自由度"以及"社会契约意识的普及度"和"民众卫权意识的自觉度与和平协商解决争端的价值趋向"。③ 吕静和田兆元等学者结合由氏族联盟到中央集权的古代演变进行分析，或指出由盟誓而构建的社会秩序，成了春秋时期从天然而生的血缘纽带，向以人为创制的行政手段控制社会的过渡，结果是专制主义集权帝国的产生；④ 或在肯定盟誓蕴含的"血缘制"和"民主制"特征的前提下，指出取而代之的新国家政权造成的后果，是"粉碎了民主制"，继而把广泛的血缘联盟改为"一姓天下"。⑤ 诸说不一，各有见地。

在笔者看来，"誓盟"的特点和作用是：立神权以限王权，去专制以保自立，倡多元以抵抗一统；在共同信奉超世俗力量的基础上为维系东亚大陆众族群的相互共治和长期并存奠定了有别于集权制封贡体系的有效基石。这就是说与册封和朝贡制度王权专制式的侵略扩张相比，"誓盟"更具民主意义，或者说更具有转化为民主制度的可能。这是同样值得如今对朝贡体系大唱赞歌者反思和自省的。

此外，在东亚世界的多元结构里，与"封贡"体系曾分别对应王朝之间的"外交"和帝国内部的"藩属"一样，"誓盟"类型的存在，其功能也具有双重意义，即一方面指向和制约彼此对等的政治实体（如南宋和金），另一方面亦关联和协调着王朝（帝国）版图内不同族群间的相互往来，如"周天子"时期诸侯间的誓盟、赞普和松赞王朝的内部小盟等。若再联系当代格局来看，"誓盟"类型的后一层性质和意义，可以说又继续在清末民初的"五族共和"及"邦联制"构想直到新中国实行的"民族区域自治"中得到了

---

① 田兆元、罗珍：《论盟誓制度的伦理与孔子信义学说的形成》，《湖北民族学院学报》2006年第6期。

② 李东春：《论春秋时期盟誓仪式的缔约程序性》，《南方论刊》2010年第4期。

③ 王公山、马玉红：《先秦盟誓的契约属性及其文化意蕴》，《学术界》2008年第31期。

④ 吕静：《春秋时期的盟誓研究：神灵崇拜下的社会秩序再构建》，上海古籍出版社2007年版，第331页。

⑤ 田兆元：《盟誓史》，广西民族出版社、上海文艺出版社2000年版，第113页。

延伸。

  如今,面对"华夷"关联的"多元一体"格局,"誓盟"模式虽被主流学者漠视乃至忘却,但在西南边陲的各族人民纪念"普洱誓盟"60周年的日子里,其所蕴含的历史经验仍值得认真总结和重新提起。

第二编　族群、地域与遗产

历史之维和生命之维：
"原生态文化"的双重视野
——以"侗族大歌"的入世为例

引 言

21世纪以来，作为认识和讨论人类"后文明时代"普遍危机的一种方式，"原生态文化"已成为众所关心的重要议题。在笔者看来，深入辨析和讨论"原生态文化"，需要有历史和生命两个维度，或言之应有动态和本体的双重视野。

从历史演进的维度看，"原生态文化"通常意味着被视为相对于工业化、都市化或现代化的人类生存方式和类型，或被简称为人类社会的"前现代文化"。其在进化阶梯的标杆上，也常等同于"欠发达""次发达"或"不发达"。从生命本原的维度看，"原生态文化"则应称为接近于人类本真的未污染类型，相当于与"礼"相对的"野"。其最重要的意义在于具有人的原初性、本真性和天然性的面貌和价值。

自人类不同类型的区域边界形成以来，以都市化和工业化为标志的地方和族群逐步迈入了文明化、精英化和国家化路程。这段路程一方面使其文化脱离本真，远离自然，另一方面使卷入其中的人们逐渐趋于同质化、离散化和无生命化。

基于这样的状况，如今的人们在全球，尤其是在所谓"欠发达"地区、在第三世界的原住民乡间田野乃至在虚拟的影像世界里去寻找诸如"多嘎"

("侗族大歌")和"纳威"(《阿凡达》)等那样的各式"原生态化",实际是寻求那些存留了人类生命本源活力之类型对人类因文明而失落的支持和救助。

这是一种由来已久的浪潮和一场波及深远的斗争。其意义不仅表现为对边缘弱民的尊重或对濒危遗产的利用,且更是对文明异化的抵抗和对生命自身的拯救。

以上是本文的基本观点,下面以"侗族大歌"为例分述之。

一 历史之维:侗歌的入世和入史

"原生态文化"或文化的"原生态"是一种比喻,而非规范的学术用语。其在现今中国的流行,在很大程度上与"侗族大歌"的当代命运密切相关。2006年,第12届CCTV青歌赛增设"原生态唱法",同时即把"侗族大歌"列为突出代表之一,强调其特点是"原汁原味""质朴悠扬"。① 自此,借助央视的媒体威权,与之相关的"原生态民歌""原生态歌手"等词语便在各地、各界迅速传播开来。这样,回到事情的起点,以侗歌为例来讨论"原生态"便是十分恰当和必要的选择。而为了讨论的深入,则需要对侗歌自身境况做一番分析。

2009年,黔东南的"侗族大歌"入选联合国"人类非物质文化遗产代表作名录"。这是一件值得关注的大事。笔者曾说过:

> (其)表面看去有点像中国加入世贸组织(WTO),故可简称"侗歌入世"。但总体说来,就如其自身在侗语自称里叫"多嘎"而不是"大歌"一样,这个"被列入"现象主要是外部力量多重作用的结果。多种多样的外部力量结合起来让多嘎"入世",意味着其价值和意义由内及外地被知晓、被接受以及被开发、被利用,这对真正的侗乡本土来说,在文化的冲击和命运的改变上,影响之巨大和深远是不言而喻的。②

---

① 参见《原生态唱法是青歌赛亮点》,CCTV文娱频道,2006年5月16日,《走进原生态》,http://www.cctv.com/qgds/qingge/14/11/index.shtml.

② 拙作《传统的保存:更近还是更远?》,《贵阳日报》2009年10月21日。

在侗歌"申遗"的汉语和英语官方文件中,其被称为"传统/tradition"和"遗产/heritage"。① 二词所表征的都是时间上的过去。与作为参照的"现代/modernity"形成对应,体现出其已被排列在当今坐标的基准之前和中心之外,也就是被定义为一种"前现代"和"边缘式"类型。

在侗语里,唱歌叫"多嘎"(dos al),大歌叫"嘎老"(al laox)。作为本族文化的自称,"嘎老"当中已包含了"大"和"古老"的意思。不过其"古"和"老"都是对一个族群自身流传的悠久而言,同时还指代着其世代相继、生生不息之意,并没有在所谓"现代"之前或之外的自损自贬(或自高自大)。

这就是说,是外在的评论者把先定的"历史之维"塞入侗歌,然后才得出其为前现代的"传统"这种评判。所谓"传统",根据判定者的标准,就是没有进入"现代"乃至"文明"的类型和状态。究其本质而言,这是一种"进化史观"的产物,特点是先设定某一价值为标准,然后引申出线性的标杆,再为世界各地各族群的文化进行时间性分类,最后排列出以"现代(性)"为皈依同时又高下分明的总谱系。

结合具体的语境演变来说,侗歌"入世"也就意味着其"入史",而且是同时入了"国史"和"世界史"。对于被长期排除于人类正史的边缘文化而言,这种"入史"虽然比起那些早就自居于历史核心的正统晚了许多,却毕竟称得上一种改良,抑或是对以往缺憾的弥补。但应注意到,与此同时,面对这种晚到的"入史",还有不少问题值得深究。

根据联合国机构的规定,"人类非物质文化遗产代表作名录"的申请报告必须有具体的项目主人,也就是当地的"文化持有人"签名。于是,由中国的各级政府向联合国呈报的报告末尾,就署有黔东南几位侗人的名字,然后才是各级部门的大印。这就意味着一种本属"边地"的文化事象,因外界——现代社会的多种需要,才一下被纳入国史叙事乃至国际叙事的构架之中。他/她们的"入史",是一种被动的过程,实质是被纳入"他者"的历史之中。在这个"他者"的历史结构里,本土的村民文化之所以被提及、被重视,乃因其被视为来自过去的古代"传统"和濒于消逝的特殊"遗产"。

此外,正因是出于外部"他者"的推动,"多嘎"的"入史"被同时等

---

① http://www.unesco.org/culture/ich/index.php? RL=00202.

同于"入世",二者是合一的。时间和空间在同一事件中形成互补和互文。一方面,世界被时间化了:各地之间有"先进"和"晚进"(落后)之分,有的是代表现代,有的只是传统。另一方面,时间也空间化了:不同的历史类型被书写者划分成"中心"与"边缘",一些指向未来,一些只是"遗产"。

对此,值得追问的是:在这样的"入史"和"入世"之前,"多嘎"难道就没有历史吗,就不在世界之中吗?否定的回答显然是荒唐的。问题在于将其视为"前现代"类型的眼光看不到"多嘎"一直就存活在自己的历史之中,只不过其与外来"他者"的历史不同罢了。如果再问:什么是历史?正确的回答是:历史多种多样,没有唯一。在本质上,历史就是人类文化的多样性过程。其路径和表现难以一概而论,既可以是演进、循环,亦可是蜕变和消亡。

在这样的意义上,以"原生态"概念来命名和讨论侗歌是需要保持清醒和警觉的,不然就会落入陷阱。在笔者看来,谈论"多嘎"的"原生态",不过是凸显一种时间坐标和历史类型的相对性,本质上是通过与外在"他者"的比较,突出其本有的自在与恒常,同时强调与外界无涉的独有特质和边界。这就是说,"原生态"概念既是一种认识的方法,也是一种价值的参照。它以现今既有的类型为准,假定了人类文化的"原"和"非原",从而分别出彼此不同的"原生""自生"和"次生""派生""仿生"。

进而论之,"原生的"不是"原始的","原生性"不等于"原始性"。也就是说,"原生论"者提出此参照的意义不该是为了把"多嘎"这样的文化再次推回到"愚昧""落后"的分类之中,而应相反,在于通过辨析丰富生动的"原生",使之从进化史观的"现代"与"前现代"(或"非现代")以及"中心"和"边缘"这种对立的认识论格局中剥离出来,还其血脉相承的世代轨迹和自给自足的文化本貌,恢复它的自我本位和中心,而不是让其经由"入世"而快速异化和消亡。

据此,笔者认为应该区分两种历史,亦即"相对史"和"绝对史"。"相对史"就是被现代性的某种中心话语演发出来的一种历史。在其中,所有的历史都相对于某种中心才能存在。与此不同,"绝对史"就是以自身文化为基点和参照的历史。在这个意义上,原生态文化就是绝对史。每一个民族和文化都有自己的历史。这个历史自我形成、自我书写、自我参照,不以任何他者为中心或边缘。如今我们考察原生态文化,在引入"历史之维"时,要解决的问题很多,首先要解决的便是对"绝对史"与"相对史"的取舍。这一点十分紧要,涉及研究者的价值评判和立场选择。

二 生命之维:"多嘎"的原生和变异

生命之维跟历史之维既相联系又不相同。如果说历史之维是一种文化的系列过程的话,生命之维则是该文化自身的逻辑起点,所谓历史的过程不过是此起点的延伸和演变。上面讲过,从生命本原的维度看,文化的"原生态"可视为接近人类天性的本真类型,是一种与"礼"相对的"野"。其最重要的意义在于体现人与自然相关联的原初性、本真性和自在性。对于"多嘎"而言也是如此。

从类型的原生意义上讲,"多嘎"属于村寨文化,特点在于植根于日常情境中的众声唱和。就因景生情、有感而歌这点来说,其称得上生命之歌或原生之唱。在其可进一步展开的类型中,酒歌唱礼、情歌表情、款歌叙史、蝉歌仿声……尽管形态有别、功能相异,却皆莫不与真切的生活意向有关,无不体现出因景生情的生命灵动。在此意义上,以"多嘎"为例的事象表明,原生性就是自生性和自在性。真正能对其予以评判的,不是外来权力或专家话语,而是乡村民众自身的"生命之维"。

迄今为止,从发生学意义上考订人类何以能歌的结论尚不多见。根据经验和史料所能指出的是,古往今来,人类的歌唱现象普遍存在于世界各地和各族群的生活之中,并且不同文化体系亦对此做出过彼此不同的阐释。汉语文献的记载是"诗言志,歌咏言"[①];侗族口传的说法是"饭养身,歌养心"(Oux Xih Sangx Xenp Gal Sangx Sais)。不同的是,后者是以歌的方式唱出来的,展开来的意思还有:

---

① 语出《尚书·尧典》。其他类似的还有《毛诗序》:"在心为志,发言为诗。情动于中而形于言,言之不足故嗟叹之,嗟叹不足故咏歌之,咏歌之不足,不知手之舞之足之蹈之也。"其表述的是由内心之志和情直至外形之舞和蹈的结构与过程。

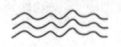

>Douv oux gueec janl nyaoh gueec jos,
>人不吃饭活不长,
>Douv gal gueec dos sais gueec kuanp.
>人不唱歌心不欢。①

这就是强调人之歌唱是性情勃动的内在表现，而且是与身躯存在同样重要的生命需求。可见，无论在实践还是理念的层面，"多嘎"所体现的都是一种身心合一的人生事象。如果要讲"原生态"的话，守住身心、以歌表情，便是它的"原生"之态。

笔者自20世纪80年代以来在黔东南的从江、榕江和广西三江一代进行考察，当地"多嘎"十分常见，不仅种类繁多、流传普及，更重要的是由于远离都市，少有干扰，当地的歌唱几乎都是村民在日常生活的丰富情景中你唱我和、以歌养心的自在现象。其中不少还与其他的文化样式如群舞（"多耶"）、祭祀（祭"萨岁"）或走亲串寨（"吃相思"）等习俗相伴随，构成一幅完整圆融的乡间图式和本土场景。②

现在的情况变了。由于市场经济和旅游业的开发，随着外力的不断作用，当地的社会结构和人生场景受到了巨大冲击。原本以村寨、户和底层民众为起点、为单位和为依托、为归属的"多嘎"，日益演变为脱离其生命之维的身体表演和文化出售。

2009年，当"多嘎"以侗族大歌之名"入世"之际，笔者回答过记者有关其与"原生态"的关联问题，内容如下：

>"原生态"这个词本指自然界中未经人为改造的植被和景观，近来被日益用作对所谓"前现代"或"乡土传统"的形容、比喻。这是有争议的。从强调某种文化传统保持固有特性、不受外界"污染"的一面看，这样的用法是有积极意义的。但对现今那些把乡民社会的歌唱习俗剥离

---

① 参见张勇《侗族音乐史》，《中国少数民族音乐史》，中央民族大学出版社1998年版，第545页。此外还有"言不尽意，歌才传情"（"lei bao ga, ga bao liu"）等。参见拙文《侗歌研究五十年》，《民族艺术》2001年第2—3期。

② 参见拙文《沿河走寨"吃相思"》，《民族艺术》2001年第4期；《侗族歌节考》，《采风论坛》2006年总第7期、2007年总第8期。

出其自身固有的文化环境，拿到城市舞台表演、比赛的现象，则另当别论。好比鱼儿离开了水，那样的东西无论多么绚丽逼真，从形式到功能都已脱离了生活，不应叫作"原生态"。实在要叫的话，可以叫作"表演态""汇演态"或"电视态"。其可以给台下屏前的观众带来愉悦甚至感动，却已属于乡间歌舞的变异而不是原型。①

以"多嘎"的原型和变异区别来看，如果要说存在可称为"原生态"的样式的话，其根本特征在于所歌和所唱都体现的是真生命和真性情。相反，所有将其由此剥离的模仿、人造，无论多么貌似逼真或声势浩大，都不过是水月镜花，徒有其表，甚至是盗名欺世、文化侵权。借用侗族自身"歌养心"的歌唱伦理来讲，其心不存，其歌焉在？在此，原生之"生"，即是生命、生活和生养；其"原"则是生命未受污染侵害的土壤和本原。

在这个意义上，以"多嘎"为例的"原生态"可视为一种"野"，其与国家化和都市化的"礼"相对，体现着文明失控前的生命状态。如今越来越多的"现代人"对其向往和寻求，其实是希冀对天性本真的复归。这种潮流和趋向一方面表明现代文明日益凸显的缺憾，另一方面透露出已远离自然的人们朝着"礼失求野"之路的转型。不过，这里的因"失"而"求"，已不再是要借助乡间的"野"来恢复体制的"礼"，而是对由后者导致之社会病态的弃和离。

结 语

作为对生活中特定类型的文化表述，"原生态"本不是贴切严谨的概念，在当今一切向市场看齐的时代，甚至带有媒体策划、商业操控痕迹。然而面对城市和工业文明的种种危机，"原生态"术语的出现和流行，却又反映了人们对科技泛滥和生活失真的反叛及对文化之源头活水的回归和向往。自人类一天天远离自然以来，这样的思潮、运动几乎就没断过，称得上此起彼伏，

---

① 拙文《传统的保存：更近还是更远？》，《贵阳日报》2009年10月21日。

前赴后继。在中国，近来兴起的"歌谣运动"可谓其中甚为壮大的代表之一。那时，由于精英和政府的推动，整个国家出现了"向民众学习"的浪潮，亦称"眼光向下的革命"。其间，历史和社会的重心均出现了自上而下的结构变革或"乡间转向"。只不过，那时流行的是另一些关键词，如"民歌""民俗""民间文化"乃至"民本""民生"和"民权"等，这些都体现出强烈的草根意识和求野倾向。对此笔者有过论述，此不赘述。①

近代以来的第二个相关运动是新中国以后的新民歌运动。新民歌运动有点像歌谣运动在新中国的回音。因此二者堪称20世纪中国社会转型的同构性现象。这个现象有一个共同的口号叫"到民间去"。这个口号鼓舞了一代中国的学者去推翻、反思封建的以帝王将相、才子佳人为主旋律的那种学术话语、文化话语和艺术话语。到民间去采集民间的文化、重振汉学国风。在今天来看，此即可以说是向"原生态文化"的复归。

这样一个现象在很大程度上改写了中国古典形态的文化结构和社会传统。如今对这两个运动已有很多学者在研究。笔者以为考察今日的"原生态文化"，需要把它们连在一起，放到20世纪以来整体的中国社会背景里来加以看待。这样，不但可以看出其中的联系，而且还可把后者在"眼光向下的革命"意义上视为中国社会转型的"第三次浪潮"。现在这个浪潮已经到来了，我们怎么去理解和分析它呢？笔者认为这需要联系历史，做必要的回顾。

如今，进入21世纪后在中国出现的"原生态文化"热，尽管还存在不少弊端，但以笔者之见，仍可视为上述转向的当代重现，值得学界认真关注，深入辨析，从中见出时代和社会的新趋向。

在这样的背景下，笔者提出从"历史之维"与"生命之维"相结合的视野来考察与看待"原生态文化"及其相关的"申遗运动"等中国社会近代以来的"第三次浪潮"。这样的视野强调的是：从"历史之维"来看，第一，所谓的原生态文化是在历史之外，不在这个历史当中，不能用、也无法用现有的历史结构去套称原生态文化；第二，以"生命之维"审视原生态文化，最根本的价值其实只有一个：回到生命自身。

---

① 参见拙著《民歌与国学》，巴蜀书社2006年版。

重叠的边界：彝族食俗与族群关系

一 引言和问题

自20世纪80年代以来，关于"藏彝走廊"的提法逐步推广以后，绵延在岷江、雅砻江、大渡河以及金沙江等流域的西南山地，就不断被外界日益以民族走廊的概念重新认识和宣传。由此，世代居住在这一地区的各少数民族及其复杂多样的文化传统，也越发受到整体性的关注。人们在这里进进出出，向往着探寻和发现外界没有或越来越缺乏的东西。其中当然也包括了作为日常民俗的饮食文化。

本文考察米易彝族山寨的节日食俗，关注其日常与信仰两个层面。其中特别留意的主要问题是饮食文化与族群身份的区分和联系。在这点上，相关的讨论近年来引起过学者的注意。大家的立场不同，观点各异。2003年10月，在成都举办的第八届中国饮食文化学术研讨会上，与会者曾就此展开对话。众人即兴发挥，相互争论，留下许多有意思的话题。[①] 此处以米易彝族节日食俗展开，权当对此话题的进一步发挥和阐明。

米易在四川省西南，离省会成都和作为民族自治州的凉山都有很远的距

---

① 当时参加对话的除了笔者外，还有王明珂、王秋桂、徐杰舜、彭兆荣和邓启耀等教授。对话的记录经整理后已发表出来。参见徐新建、王明珂等《饮食文化与族群边界》，《广西民族学院学报》2005年第6期。

离，因此无论从政治、经济还是从文化上看，这里均可谓边地，从而谈不上族群身份的代表或典型。不过，依照"族群边界"的解释，越是边缘地方，恰好越能体现"我群"与"他者"的区分[①]。这样说来，米易山寨的彝族食俗，便有值得参考的"边界"意义。

本文的叙述依照实际的考察展开，只是在照顾问题的连贯性时，对内容稍做调整，目的是为了使被我们论说的对象尽可能地保持当地的生活日常。同时也试图让理论的思辨融入现实的社会人生，而不至于只为书斋里的喃喃自语。

二 族群和背景

（一）成昆线

成昆铁路。夜行列车，从成都往西南驶向米易山区——本次出行的第一目的地。

自彭山以后，列车就在岷江和大渡河之间穿行，然后在汉源和甘洛县交界的地方，通过乌史大桥，跨越大渡河，进入凉山彝族自治州，也即进入了川西高山高原地带。乌史大桥附近有乌斯镇，"为汉（源）乌（斯河）、皇（木）越（西）公路与成昆铁路的交点"，海拔在680米至2000米之间，比成都高出一截，地形地貌以及族群民居都有很大不同，但通过时已是夜晚，在封闭的车厢里什么也看不清。

从川西平原进入"藏彝走廊"的途径很多，乘坐火车是近代以后才出现的方式之一。经由成都的铁路现有两条：内昆线和成昆线。内昆线从四川的内江到云南的昆明，中间穿过贵州的六盘水等地，2003年通车时被报界称为圆了"百年铁路梦"，因为据说此线自1905年就由云南"滇蜀铁路公司"计划修建，后因公司破产而告吹。

[①] 相关讨论可参见王明珂《华夏边缘：历史记忆与族群认同》，（台北）允晨文化实业股份有限公司1997年版。

成昆铁路于20世纪50年代修建，1970年通车。其路线可以说横穿了整个"藏彝走廊"，从东到西跨越南北走向的横断山脉，行驶在河流山谷纵横交错的险途里。全线桥梁991座，隧道427座，连起来长达430多公里，差不多占全线的一半，超过了北京至山海关的距离。由此不难理解"藏彝走廊"以往的隔绝状态及其现代巨变。

列车通过大渡河只用了几十秒钟。桥下，河面在夜色下反光，弯弯地卷着，像一张摊开的纸。我们从纸的上边轻轻一划，河就飘过去了。当然，一同飘过的还有历史。

同车厢的是两位妇女。其中一位提意见了，说你们还要熬多久？于是熄灯，睡了，任随列车拉往夜幕的深处。

先是岷江，然后是大渡河——睡梦之中，伴随着"咣当咣当"的车轨声，"藏彝走廊"的两条大河就消失在了身后。与此同时，随之消失的当然还有从"茶马古道"到现代火车之间的漫长岁月。古语说人不能两次进入同一条河。自20世纪以来，不少民族学者、人类学者深入彝区调查，写出过许多报告。时过境迁，不仅研究者在变，被调查的对象也在变。那些被学界称为"民族"和"文化"的事象显然已不再凝固如初。相反，就像我们正在行走的这些道路一样，以往的区分和边界都在重组。我们应当时刻提醒自己：不同时代的人进入的是不同的世界。由此，后来的考察也才具有新意。

（二）米易县

8月6日，列车晚点一个多钟头，在早上6点左右到达米易车站。下雨了，坐在驶往县城的三轮摩托上，凉飕飕的。两旁的街道也十分冷清——人们或许都还在安睡。按计划，我们要在这里中转，与城里的何姨爹一家会合，跟他们进山，到草坝子等村参加当地的彝族火把节。

早餐后上街逛市场。县城比想象的大，但街道跟别处差不多。两旁的墙面贴满瓷砖，体现着"改革开放"以来的中国特色。早市挤满了人，偶尔也见到几位与汉族装扮不同的乡民，但都是妇女。她们守在竹筐边上，出售从山里带来的新鲜蔬菜。肉市上有一种"荷叶鸡"卖，人们介绍说是当地特产。整只的乌骨鸡用荷叶包起来，以文火蒸熟了，拿到市场上露天而卖，四周都香。

集市的功能是交换。不同地方的人们在这里互通有无,同时也带来和带走了各自的饮食习俗。对于分散在四面八方的乡村来说,城镇就像彼此汇通的集散地。大家的特征在这里呈现,也在这里交融,久而久之难免便会出现"你中有我,我中有你"的现象。这时,原本作为族群标志之一的食俗,也就会像更为基本的服饰一样,逐渐呈现出相互的混杂、渗透。边界开始在交叉和重叠里变得模糊起来。

图3 米易集市

米易在川滇交界的山区,地处雅砻江与安宁河交汇地带,行政上属今攀枝花市。其建县时间不长,据今只有50多年。据修于1992年和1996年的《米易民族志》与《米易县志》记载,由于史料不全,本地的沿革并不清楚,县名的含义和来历也含糊不明。借助该书的描述,梳理线索如下。①

> 本地自古为彝人、傈僳等非汉族群的聚居区,后来不断被各统治王朝"辖领",自汉代以后长期分属西昌和会里;唐、宋时为南诏和大理国属地;元代在此设"明夷"陆站;明朝则以"迷易"命名,设千户土司;清代乾隆、嘉庆年间,王朝推行"改土归流",把"迷易千户所"该为"迷易巡检司",但遭本地土司抵制,致使土司制度在米易一直延续,直至1950年代解放军由大小凉山开进,在原地方土目吉、张二氏等

---

① 资料参见米易县当地部门编纂的《米易民族志》(1992)与《米易县志》(1996)。

的统辖范围设米易县,并划归当时的西康省西昌专区管辖……

由此看来,本地归属向有自在和外来两个不同系统,而"米易"二字,不像本土自称,疑为外来统治中"明夷"和"迷易"一类的指代变异。

为了澄清,我们又向县志办人员打听,不料被告知另外一说,称县名源于诸葛亮（南征）：当年诸葛亮军队在此地征战,因山多林密,阳光难见,就称该地为"迷陽",后来的地方官错把繁体的"陽"字识为"易",于是地名就被叫成"迷易"。该地1951年建县,后来有关人士以为其名不妥,便以本地气候适宜、可产两季大米为据,把县名称为"米易"。当然这是未入正史的民间说法。

如今的米易,面积约2000多平方公里——相当于10个成都的城区之和（一环路以内的成都,面积只有28平方公里）。米易全县辖28个乡、镇,人口近20万,除约占总人口87%的汉族外,有彝、回和傈僳族等少数民族,被称为"以汉族为主的多民族杂居县"。彝族等少数民族主要居住在远离县城的山区,分布在全县132个大小村寨里。我们此行要去的是位于团结乡的干海子、草坝子、黄桷湾和马鹿寨。这些地方分别住着同一家族的九位弟兄姊妹。火把节期间,他/她们商定全家聚会,一则按传统过节,二则看望年事已高的父亲。

（三）攀枝花

这次从成都出来,旁人问及出行地,每每难以说清。本来目的是为考察彝族火把节,但提到去米易、攀枝花,大家不免一脸困惑。故为图方便,就改言说是去"凉山"——于是解了众人的疑虑。

内地想象西南少数民族的人,大多不会想到四川,而会更多想到滇、黔、桂；在四川的人稍好一点,能够知道甘、阿、凉,但还是难以想到攀枝花。因为行政分化与社会宣传的缘故,部分的人也只注意四川现有的3个少数民族自治州：甘孜、阿坝和凉山。这一点,在来四川以前,笔者也是如此。

1943年,民族学家林耀华率"燕京大学边区考察团"从成都出发考察凉山,后来写成报告《凉山彝家》,影响深远,致使后人逐渐习惯以凉山作为"彝区"的代称。林耀华在报告中按旧习把彝族聚居的地方称为"罗罗国",

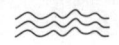

指出其主要分布于川、藏、滇地带，而以大小凉山为多：大凉山是彝族（当时称"罗罗"）大本营，"不受汉人势力的统治"；小凉山则为"彝汉往来交易之所，也是两族杂居地带"。① 当时的民国政府在今川、藏、滇的连接部设有"西康省"，其与四川省的行政分界就在大小凉山之间。西康省在新中国成立后被撤销。政府又在这一带先后建"西昌专区""凉山彝族自治州"以及攀枝花市。米易的归属便在行政区划的不断调整中变来变去；当地民众也只好如任随涂改的标签一样，反复被动地去适应自己的各种外在身份与角色。

1952 年，迷易的县府所在地由"撒莲"迁到"攀莲"，县名改为"米易"；1955 年，本县归属四川省（西康省被撤销）；1978 年被划入渡口市；9 年后，渡口更名为"攀枝花"……

其实在每一次行政沿革的背后，几乎都有着重大的政治缘由，只是因为涉及统治机密而不被民众所知罢了。下面的叙述取自攀枝花市政府最近公布的史料。

> 1964 年 5 月，中共中央召开工作会议讨论国家"三五"计划和国防布局问题。会议期间，毛泽东主席鉴于美国在我南方邻国发动侵越战争，苏联在我北面边境屯兵百万，印度支持达赖挑动西藏事端，告诫全党"要准备打仗"提出全国作一、二、三线设防，要求调整一线、充实二线、加强三线，在国家腹心的西南、西北山区配置冶金、石油、煤炭、兵器、航天、机械工业体系，勾通铁路交能，建立巩固的国防后方，防范战争于未然。
>
> 攀枝花以其地处纵深、山势险要、资源丰富而被列为三线建设重点，再次提上国家建设议程。②

按照毛泽东的布局，一线是沿海，二线是包钢、武钢和兰州，第三线便是攀枝花等地。此布局的基点是"原子弹时代，没有后方不行"。所以，毛泽东指示说："不搞第三线，总是在沿海现有基础中转，就展不开。"

---

① 林耀华：《凉山彝家》，商务印书馆 1947 年版；参见该书增补版《凉山彝家的巨变》，商务印书馆 1995 年版，第 3 页。
② 攀枝花市政府信息网，http://www.pzhs.gov.cn/scripts/pzhdsj/indexdsj.htm。

后来根据当时西南局所呈送的《关于成立攀枝花工业区人民政府的请示》，中央批准成立攀枝花人民政府，并划出四川、云南的盐边、永仁等县作为工业区辖地，归四川省隶管。攀枝花工业区的核心是攀钢基地。在当时，西南地区类似的"三线"区域还有不少，比如与川、藏、滇、彝区相邻的贵州六盘水（市）。其核心为"水钢"，亦即水城钢铁厂，所属辖地则包括如今被（中—挪合作）开发为亚洲第一座"生态博物馆"的梭嘎苗族乡……

中国西部包括"藏彝走廊"在内的人文历史，就这样自上而下地被不断改变着。如此一来，于1978年被划入攀枝花的米易县，便因国家战备的需要脱离原先的凉山彝族自治州，归属到新的"三线"工业区范围；与此同时，县内保留了若干民族乡，以体现政府的民族政策。我们此行考察的马鹿寨等村就在如今米易8个彝族乡镇之一的"团结镇"属内。但如此翻来覆去，至少在行政归属的层面上，本土的族群特色减少了许多。若仅从名称外表看，当地的彝区风貌已不易觉察，因为已变成了"四川省攀枝花市、米易县、团结镇"——难怪向人告之，每每难以理解所到之处其实就是过去的"倮倮"属地。

我们将要访问的侯家，世代生活在本地山区，彝姓"吉姆"，在高远贫寒的马鹿寨一带，如今也算得上有脸有面的大户。

（四）吉姆家

侯家的一家之主是"老吉姆"。吉姆1919年出生，按虚岁算，今年已八十有五。其祖上的情况——包括族群身份都已无从知晓，只记得当年与妹妹逃荒走散，被草坝子的彝族头人抢去做"安家娃子"，从此变为"白彝"，并跟随收养者有了彝姓吉姆和汉姓"侯"。老吉姆结过两次婚，有9个子女。除了与第一位妻子生的长女外，其余四子四女均为与第二位妻子所生。两位女士在世时，被子女们叫作"阿妈阿日"和"阿妈依子"，意思分别是"大婆婆"和"小婆婆"。

吉姆家的成员有汉、彝两套姓名，如老吉姆的汉名叫"侯子清"，二子吉姆兹哈，汉名侯正发——在米易县城里工作，是我们这次考察的向导和联络人；以下子女除了四女侯德秀外，均按"正"字辈排列，叫作正伦（吉姆慈古)、正芬（吉姆慈颇）……

吉姆家的特别还不止于身世和姓氏上的双重，在婚姻方面，还多有近亲相配情形，如老吉姆的长女和长子都同安氏成婚，他/她们的子女又分别嫁和娶了彼此的儿女：先是侯子清的女儿侯友友嫁给安洪元，儿子侯正元则娶了安洪元的妹妹安德珍；接着是侯正元和安洪珍的女儿侯英又嫁给了侯友友和安洪元的儿子安正银，形成三代亲上加亲的结构（如图4所示)①。

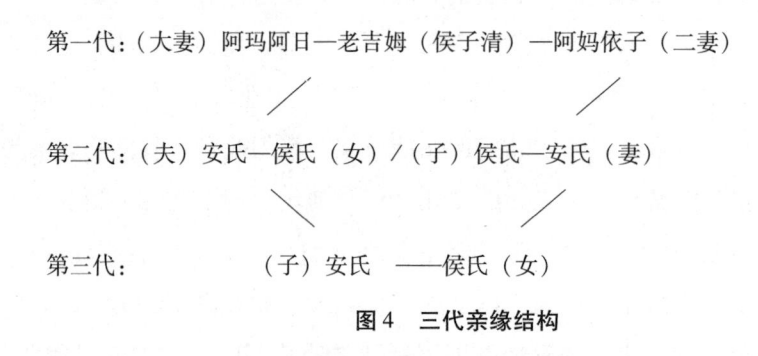

第一代：（大妻）阿玛阿日—老吉姆（侯子清）—阿妈依子（二妻）

第二代：（夫）安氏—侯氏（女）/（子）侯氏—安氏（妻）

第三代：　　　　（子）安氏——侯氏（女）

图4　三代亲缘结构

类似的关系，在侯家的姻亲圈子里还有不少。如吉姆慈古（老吉姆三子）的儿子和吉姆慈颇（老吉姆四女）的女儿，就分别娶和嫁了邻村图比家的姐弟：图比玛玛和图比噢嘎。也正是由于这种特殊的血亲关联，出现在吉姆家火把节聚会中的亲戚，彼此之间除了婚姻关系外，还是直接或间接的同胞，因此显得格外亲切。

老吉姆家现在四代同堂，成员将近70人。第四代中的一位已上小学（侯英和安德银的子女）。经过多次的分家、搬迁，尤其是祖母阿妈依子去世之后，这一大家子逐渐散到草坝子、马鹿寨、干海子、黄桷湾和米易县城等地居住，每年要等到重大年节才相约团聚。

有意思的是，当问及侯氏家族为什么有汉姓时，众人争论起来。一种回答竟否认自己是真正的彝人。

——那什么人才算？

---

① 本文的调查资料，主要来源于2001—2005年在米易当地的多次"田野访谈"。其中李春霞博士参与了基础部分的访问整理，特此说明并致谢。

——黑彝。

这种解释认为,黑彝的血统最纯正,所以至今黑彝不同白彝通婚,因为白彝里面有不少是从别的民族里逃来(或抓来)的"娃子"(奴隶)。

> 那你们是汉人吗?
> 不。是白彝。
> 白彝和黑彝一样也过"火把节"吗?
> 当然过。
> 为什么呢?
> ……不知道。

其实只有所谓的专家才向村民提这种愚蠢的问题。民众的反应如何呢?通常是被弄得不知所云。近年来民族学、人类学界日益关注中国内部的族群问题。其中有的争论围绕彝族展开,内容涉及对新中国成立以来"民族识别"的反思和讨论。争论诸方各有道理,而且对现实关怀的意义不可谓不重大,可从乡村民众的生活层面来看,却似乎还需增加若干像老吉姆家这样的实例,不然还是说不清楚什么是"族群"。

三 节日和食俗

(一)"羊":宾客、宴席、火把节

进山的路非常难走。从县城到最后的汇合点用了整整四天。走上去,再走下来,只在出发的最初搭乘了一段货车和船。

第一天前往干海子,去吉姆兹让(侯正芝)——也就是老吉姆最小的女儿家。众人费劲地爬上一片苞谷地。地滑坡陡,没有路。人站不稳,感觉随时要滚下去,只好用手抓周围的苞谷叶子,被割出道道伤痕。天热,大家都穿的是短袖、短裤,因此周身都不能幸免。走啊走,还背着沉重的包,不久

就汗水淋淋，喘不过气。谁也没劲讲话，抬头看不见坡顶。鞋上粘满了泥，越走越笨。不断问多久才到。回答总是"快了"。可接着又走。远处，雷声已炸响好一阵了。大雨眼看就要追来。这时前面传来狗叫。终于有人说："到了。"

后来几天的徒步经历都差不多。有一次被烈日暴晒，差点中暑，却已能安稳自若。诀窍是逐渐习惯的一种对策，那就是：只管走路，莫想前程；没希望就没绝望；再说当地人还每天这样走呢。反正累也受了，叫苦也没用，达到目的就行。

图 5　节日喜庆：款待宾客

图 6　各依地形，摆设家宴

目的因时而异。这次是参加彝寨里的火把节。

"火把节"是汉语说法。当地彝语叫"多楚"（duo - chu），习惯是一年一度，在阴历六月二十四至二十六的三天里举行。从六月二十三，也就是这年阳历的 8 月 5 号起，我们跟随吉姆兹哈（侯正发）父女从干海子走到黄桷湾，再从那里去往海拔 3000 多米的马鹿寨，最后下到靠近二滩库区的"十一线"。一路上分别住宿在老吉姆儿女们的不同居住地，以流动的方式参加了当地火把节的全过程。

近年来，在地方发展的需求刺激下，少数民族的本土传统渐成为各级政要和媒体关注、参与的突出事象，被看成促使经济增长的重要资源。从成都出发之前，曾接到西南民大的朋友电话，说是邀请笔者作为嘉宾，到美姑县参加当地政府主办的火把节。同一时期的"四川在线"则在网上公布凉山州要搞迄今规模最大的"国际火把节"。消息说自 20 世纪 80 年代以来，彝族火把节在国内外知名度越来越大，以往的传统也有了更多新意，"融入了旅游、招商、商贸、文化交流等众多现代内容，成为凉山对外开放、广交朋友的桥梁和纽带"。网稿介绍说，本届国际火把节由四川省政府主办，凉山州政府承办，并在州府和各县设不同的会场……想来场面应该热闹非凡。但因为分身乏术，笔者只好放弃州县，前往约定的山村，不然可以进行民间与官方不同版本的对照。

山村里的"多楚"是民众生活的部分，没有媒体的渲染，也没有政府的干预，一切照平常进行。核心内容从阴历六月二十四至二十六，前后持续 3 天。各天有各天的活动及其各自相关的事由。大致的程序是：第一天，耍火把、保庄稼；第二天，转脑壳、祭祖先；第三天，扎牲圈、送瘟神。

图 7　养羊是山区村民经济生活的一种补充

图 8　以羊待客是当地的传统

我们进入的寨子地处山区，平日里人烟稀少。村民们大多靠种地为生，虽然艰苦但大体上也能自给自足，只是与住在山下面特别是乡镇上的人家相比，显得有几分寂寞冷清。于是到了节日，外面的宾客来到村民家中，立刻带来格外的热闹和喜庆。这时，依照山里的传统，家家户户拿出来待客的最佳礼品当然就是美食。其中最上等之物便是羊。几天来，我们从山脚走到山顶，所到之处无不受到热情款待，而且几乎顿顿都少不了以当地土法烧得香喷喷的羊。客人多，房屋挤，"酒席"干脆就设在露天的场院里。众人就着小桌，围地而蹲，不用凳子，以盆盛肉。不分男女，人人有份，大多也不用餐具，直接用手撕了就吃。席间饮酒对歌，欢声笑语，十分开心。在这样的时刻，美食既充实了躯体、凝聚了主宾，亦使平日里的艰辛苦闷都得到了一定程度的宣泄缓解。人生的节奏便也在这彼此交往的喜悦中，借助饮食体现出应有的起承转合，而不至于毫无变化，沉闷到底。

（二）"鸡"：米酒、家祭、民间信仰

6月24号，我们从马鹿寨赶到草坝子，在老吉姆女儿吉姆慈颇（侯德秀）家度过火把节的第一天。慈颇的丈夫兹嘎，汉名叫杨德明。下面是考察时作的笔记。

兹嘎的故事

兹嘎是何姨爹四妹夫，住草坝子。初中毕业，回家务农，灰心和无聊之下开始学彝文。会歌谣、看卜卦。很想当毕摩，因为毕摩有威信，还有收入。但自己家里没有毕摩传承，故少有人请——请了也不灵。做毕摩有特殊要求，必须家里有传统，用彝话说，叫作"毕赐"，就是有成为毕摩的根骨。兹嘎缺少这些，所以平时只能替自家亲戚做点简单"法事"。为此他感到很沮丧。他还想学习，说如可以的话，愿意买点城里出版的彝文书，主要是老故事。他们有一个儿子杨飞龙，1991年出生，今年14岁，在镇里读小学6年级。

下午，没人通知，家里的祭祖就开始了。兹嘎把一只准备好的鸡抓在手里，先拿到屋外的菜园里举到空中转了几圈，嘴里念念有词，然后回到屋前把鸡杀了。杀鸡前，还在门上挂置了好几种粮食象征物：玉米枝、荞麦枝和土豆茎，都与农耕有关。兹嘎说是要保佑自家的收成。

祭祀的鸡是有专门要求的：仔母鸡，本地种，毛色要白里带黄，必须事先选好；如若自养的鸡里挑不到，就得去买或是向别人借。鸡去毛后放到火塘上烧烤，然后供祭祖先，再与客人分享。仔细观察，供祭祖先的鸡肉也很讲究，选的是鸡的五个部位：一肝、二翅、二腿。敬奉时有一套程序：先把几块当地产的玛瑙石烧烫，再放上一种叫"chi zu"的植物，接着便洒酒、念词，吟唱祭祀歌《则哟》……

图9　兹嘎与家祭　　　　　图10　祭祀之鸡

兹嘎身穿当地常见的农民便服，头戴旧军帽，没有任何特别之处，唯有肤色本来就黑的脸庞在火塘的映照下发着昏暗的红光。操办这些程序时，他显得既自信又熟练，像一个资深的祭司，完全去除了刚与我们见面时的那种局促和腼腆。

傍晚，吃完饭后大家慢慢到村头的坡上汇集，等候夜幕降临。

天空晴朗，霞光把远处的群山照得透红。四周没一点机械的噪音。孩子们跑过来，冲过去，相互嬉戏打闹。姑娘们穿出了红黄相间的衣裙，高高矮矮地排在山坡上，被蓝天衬托得艳丽无比。

图11 "狄力火"：点燃火把，驱赶虫害

（三）"虫"：火把、庄稼、十月历

天在不知不觉间黑了。这时，第一支火把从村口出现了，接着便一支又一支向坡上来。举火把的全是孩子，男孩、女孩。他们手举着，舞动着，爬上来了。最小的不过两三岁，走起来歪歪扭扭，火把也摇摇晃晃，但最终都汇集到了山坡上。所有的人用彝语齐声欢呼起来：

"狄力火"（驱虫歌）
Dilihuo, Dilihuo,
shabushayaniunegui!
Dilihuo, Dilihuo,
……

这是用火把驱害辟邪时喊的传统咒语，译成汉语就是：

点火把，点火把，
虫虫烧起走！
点火把，点火把，

>　　鸟鸟眼病烧起走！一切病痛烧起走！
>　　……

　　兹嘎对我说，烧火把是为了除害虫。每年这山上种的荞麦、苞谷，虫害多得很，不点火把除掉，庄稼就要遭殃。笔者问，这管用吗？兹嘎想了想说，也怪，灵得很呢！就在6月这几天，用火把在坡上地头到处一烧，老人、小孩再齐声驱赶，嘿，虫子就都不见了。

>　　要是不烧呢？
>　　那就要遭虫害，人还会得病！

　　在马鹿寨时，安正银（老吉姆长女之子）就和我议论过火把节的日子问题。按他的说法，每年之所以选（阴历）六月二十四到二十六这3天搞"多楚"，是因为天象的关系。在这3天里，"天门"开启，所有的星星都排列出来，照亮地上的世界。这时，天神也就能很容易地帮助人们灭害了。

　　吉姆家人的说法与笔者事前查阅的资料对照，有出入也有近似。资料说与彝年的推算一样，火把节的日子也来自"十月太阳历"，都是根据日月星辰，尤其是北斗星的方位变动来测定的。具体来说：北斗星的星柄每转动一周为一年，星柄上指时，即为"大暑"；再转半周，则为"大寒"。因与星辰变动有关，故被许多汉籍文献称为"星回节"。这样，冬季的"星回节"是彝年；在夏季，则为"火把节"。以"星回"喻"火把"，体现着汉彝文化的交融。陆次云在《峒溪县志》中说，"六月二十四日为年"。《禄劝县志》则曰：

>　　六月二十四日为火把节，亦谓星回节，夷人以此为度岁之日，犹汉人之星回于天除夕也。会饮至旬余不息，犹汉人之春宴相聚也。

　　照此看来，乡村里世代传承的火把习俗，实有其久远的历法依据和农事功能，蕴含和指向另一种知识体系，需要放下偏见方可感知一二。从其与饮食文化的关联来说，无论点火把还是唱山歌，都莫不紧连着庄稼汉们的日常人生，并非仅是供外人观赏的休闲娱乐。如若都像如今在州府县城大肆渲染的那样，搞"拔苗助长"式的开发的话，只怕离真正的传统越来越远，遑论资源保护，如何还要"可持续"？

是晚，草坝子的星空异常明亮。我们靠在兹嘎家屋旁的土坎上，静静地望着流星从头顶飞过，忽然觉得没有电灯的夜空竟是如此美丽。

（四）"猪"：法事、牺牲、"转脑壳"

在老吉姆他们生活的地区，火把节次日的仪式是"转脑壳"。

这天我们从高山上的草坝子下往"十一线"，来到吉姆慈狄家。吉姆慈狄是老吉姆的三子，汉名侯正伦，20世纪70年代当兵在越南参战，还立过军功，称得上老吉姆家出门最远的人。之前他把老父亲接来家里住，于是这回的聚会就商定在"十一线"。

"十一线"是临时性地名，取自30多年前兴修公路期间。当时有一条从雅砻江边过来的路，刚好在此转第11个拐。于是人们就顺便把这里叫作"十一线"。修路单位撤走，此地又回到荒寂，只留下几间临时工棚。最近几年，因生态和政策调整的原因，山上马鹿寨等处的村民陆续搬离。有好几家搬来这里，垦荒建房，开辟新居。然而几年之后，虽说此地已慢慢成为一座小小的新村，名称却似乎顾不上重取，还叫这不伦不类的"十一线"。

按照原本的计划，老吉姆一家也要在今天"转脑壳"。但长婿安洪元推算后说时辰不好：六月二十五这天属鸡，不吉利，得改期。正当我们因眼看要失去一次了解完整仪式的机会而深感不安时，吉姆兹哈——我们的向导兼联络人说莫急，有办法。

什么法？

对面依曲家要做，可以参加。

何时？

今晚。

这样，晚饭后我们便举着电筒来到依曲家，目睹了未曾见过的仪式"转脑壳"。

其实依曲与吉姆家也是亲戚。依曲姓吉卜，在家支关系上，与吉姆这边的远辈是一家。

"转脑壳"彝语叫"乌其翡"（wu-qi-fei），作用是保佑家人平安，办法是用牺牲到阴间替祖先换魂。牺牲可用猪或羊，条件差的用鸡。依曲家这晚用的是猪，猪是自养的，不大，能一人抱起来。

仪式在夜里举行。除了主人全家外，还请了一位主持和助手。主持者并非专门的祭司，而是像草坝子的兹嘎一样，是村里的普通农民。他吩咐主人一家面朝房门，男女两排分开蹲下去，然后让助手怀抱小猪在每人头上转起来：一圈，两圈，三圈。与此同时主持人念念有词，全神贯注地从火塘里捡出一截火炭，放进水盆"渍"一下，然后抓起来跑出去扔到房屋顶上，扔后，还对着屋顶轻声念了好一阵带节奏的咒语。不久主持人进来，回到屋里靠墙的位子上坐好，让众人起身，开始杀猪。

由于光线昏暗，加上人们表情严肃，整个仪式弥漫着幽森神秘的气氛。不过其间主持者在跑出跑进中不小心绊着了，"咣当"一下，险些跌倒。笔者发现蹲在地上的好几位成员忍不住笑出了声。

猪杀好后，男人负责开膛剖肚。妇女们则在门外借助火把的光亮清洗内脏，干杂活。孩子们继续到屋外去参加耍火把。对面坡脚，吉姆家门前又围满了手举火把的男女老少。他们在欢呼舞动着，重复起和头晚一样的驱虫歌（"狄力火"）。透过火光，隐隐约约还能听见屋里传出一阵阵卡拉OK声。

依曲家这边，弄好的猪被架在火塘上烧烤。烤熟后先敬献祖先，再由主人分与大家享用。房间不大，没有桌子。众人或立或蹲，随意自如地畅饮起来。笔者也加入其中，顺便向主人请教心中的疑问。

"转脑壳"仪式看来与当地的灵魂信仰有关。传统中，人们相信有生死两个世界。人死后，灵魂还在，并且会去一个叫"颚梯古祖"的人家里。L君是吉姆家亲戚，也是彝族，比笔者熟悉本地情况。她收集并翻译的传说讲：

> ……当某人快要死的时候，家人就会拿着铁链来抓走亡人的"瑞塔"（ri'ta，灵魂），并且对他们说"颚梯古祖"家好耍，每日三餐，一年可以换三次衣服，而地上的人（奴隶）三天一餐，三年换一次衣服。于是就把亡灵骗去了。
>
> "颚梯古祖"家有九道门九条狗，把守很严，被骗去的灵魂从此就回

不来了。

那么做"转脑壳"有什么用呢？回答是："解救亡魂。"

"转脑壳"是因为人们认为死去的祖先欠了"颚梯古祖"家的债，需要偿还。"颚梯古祖"家派人把骗来的亡魂关在家里，用99道门、9个壮汉和9条恶狗看押起来，因此要用牺牲给祖先拿去还债，由此把被关押的灵魂解救出来。

用作牺牲的动物要特别干净，通常是花费了很多时间和精力到外面去找来或借来的，而且养着的时候也要非常洁净，不能让它喝自己涉过的水，也不喝下游的水。

具体的救魂方法是给负责关押的人和狗敬献"砣砣肉"。人们相信，不管灵魂被什么样的绳子和铁链拴着，只要这个牺牲（的坨坨肉）一到，就统统都会自动断开。于是灵魂便得到了解放……

村民们解释说，一旦需要，"转脑壳"在平时也可以做，但在"火把节"期间操办最佳，人多势众，效果更好。

图12 将要用作牺牲的猪

（五）"米"：魂灵、祭坛、阴阳界

火把节的晚上。在山顶的草坝子寨，村民们挥舞火把，沿着田间地头奔走绕行之后，又回到家中点燃新火，举到半山坡上，开始另一项特别的仪式：山祭。与前面活动不同的是，这项仪式不让妇女参加。男人们蹲到地上，用石块和树枝搭建小屋,并在上面摆放鸡毛、碎石和米,口中念念有词一番,接着很快将小屋点燃烧掉。他们解释说,这样做是为了向生活在阴间的先辈祭献礼物。小房是象征,既代表民居又表示牲圈,体现后辈的缅怀和敬意。

图13 "山祭"成为火把节的一个部分

图14 献给灵界的象征

我们离开山寨前的最后一天,又参加了更令人惊奇的仪式:招魂。主持法事的苏尼从外村请来,话语不多,相貌不凡。他使用的通神"法物",除了羊皮鼓外,大多与食物相关。其中最为醒目的便是米。米用簸箕装着,白生生的有好几斤。苏尼饮酒念词,紧闭双眼连续舞蹈,不久便进入迷狂。米被他不时抓到手里,又撒在地上,成为一件重要的"道具"。

在当地的民间信仰中,人有各自的性灵魂魄。它们各在一处,分别主管不同的生死日常。若遇奇异反常，必定与魂灵是否稳妥有关。当晚的招魂，起因是女主人连日不顺，饮食和睡眠都很受影响。到医院去看却未能诊治出有啥问题，于是只得请乡土"高人"协助解除。当地偏僻，毕摩难请，所以请的就是仅次一等的苏尼。该苏尼沾亲带故，作法事不收钱，只需主人家准备仪式要用的食物祭品，目的是安抚迷失魂灵、沟通阴阳两界。

图15 苏尼作"法"

对于外人来说，最大的好奇是，这样做了之后的效果如何？我们次日便离开当地，直接的结果不得而知。但从吉姆家人的解释里知道，同类的法事在以往是灵验的，不然还有谁信……

四 结语和讨论

对米易彝族村寨饮食习俗的考察，持续将近一周。时间是农历六月的火把节期间，地点和人物则集中在当地团结镇（乡）从干海子、马鹿寨到黄桷湾和草坝子四村之间的吉姆家族。关注的问题主要是饮食文化与族群身份的区分和关联。经过观察访问，得到的基本收获是发现了当地村民在食俗方面的多层分类，同时也看到这些不同分类的彼此边界在生活实践中的交叉、重叠。

　　首先，最突出的区分是节庆与日常。草坝子等村地处山区，自然条件差，经济实力弱。进入21世纪后，农民的人均年收入仅为800元，在全县倒数第一。所以在饮食方面，一年四季的大部分日子都仅够得上充饥。高寒地带的村子连稻米也不产，平时以土豆和荞麦为食，杀羊待客只能是逢年过节的盛事。许多外来者因为受到热情款待，误以为这便是乡村民众的日常景象，殊不知其中隐含深刻的界限。

　　与此相关，次一类的区分便是主人和宾客。山野的人家稀疏远离，乡村的生活单调乏味。冲淡这种格调的便是亲友往来。外界的人们常说乡民好客，并且将这夸赞为美德。其实从他们的人生性质看，彼此交往、互为宾客是其居住方式和分散生存的必要补充。在此过程中，由于食品的匮乏和肉类的稀缺，丰盛的家宴便成为连接主宾之间的主要中介和人情载体。远近关联的人们在礼尚往来的招待循环间，不但日益凝聚，更加深群体认同，形成世代承继的主宾共同体。而其中，对宾客的身份亦是有所分别的。比如这次考察，除笔者以外，所有"客人"都来自一个家族。他们相互走动，其实是在巩固早就存在的亲友圈。这时，食物表面是被众多的宾客享用，实际不过是在一个更大的家族系统里循环。于是边界不但在重叠而且似乎也在被打破。

　　再次一类的区分是世俗与灵界。在这看似隔绝的时空里，米、酒和鸡等食物都充当了沟通双方的有效媒介。不过需要注意的是，致使这些食物发生功能变化的条件是必要的，除了要有祭司式的人物"点化"之外，还得要有参与双方对于阴阳两界的理解和对"祭品"功效的信念。这样，深夜里，那伴随着祭词念诵和羊皮鼓声不断回荡而出现的日常食物，才会在众人眼前和心目中转变为神圣物品，使世俗的人们通过共同参与的仪式，超越凡界，与神秘幽境默默相连……

　　总之，通过对米易山寨吉姆家族节日饮食的参与观察，笔者见到了当地社会的某种生活侧面。如果加以分析，还可从中抽离出相应的食艺、食式和食谱。比如：

地方性食谱

肉食（按看重的地位排列）：　　素食：（按食用的频率排列）

鸡	土豆
羊	荞麦
猪	蔬菜
牛	大米
……	……

这些食物在自然界各有其类,然后在村民的生产和生活中交互混杂,接着又因特定需求和习俗而被加以区分、排列和组合为一体,成为所谓的族群或地方性"饮食文化体系"。

对于食谱在世界各地的普遍差异,人类学家大致有两种对立的看法。一种指出差异是由于心灵、思想和信仰所导致。比方说,费什勒(Claude Fishler)和索勒(J. Soler)等就认为"思想决定食谱":食物在能够进入饥饿的肠胃以前必须"把营养给予集体的心灵"。马文·哈里斯(M. Harris)不同意这种观点,用刚好相反的话说:食物在滋养集体的心灵以前,"必须先滋养集体的胃"。由此,他得出唯物主义的食谱解释:

> 世界上的食谱的主要差异可以归结为生态的限制以及在不同地区存在的机会。①

从本文考察的吉姆家族案例来看,哈里斯与费什勒等的解释都有道理。在很大程度上可以说,生态环境、经济状况和营养选择决定了当地村民的食谱构成。但与此同时,那些用在"祭祀仪式"当中并又在其之后"回到世俗"而被人们食用的鸡和猪,尤其是"一去不复"的祭祀之米,却似乎只能用"思想(信仰)决定食谱"才能理解。

此外,在作为主体的食用者这边,通过梳理我们亦可见到有趣的区分和界限。为了对应,不妨将其称为:

---

① [美]马文·哈里斯:《好吃:食物与文化之谜》第一章"好想还是好吃",叶舒宪等译,山东画报出版社2001年版,第1—8页。此处所引的相关讨论亦见该书第一章。

"族谱"

（与特定食俗相关联的）

宾客——主人——灵界

内宾　　吉姆本家　　祖先

外宾　　　父母　　　魂灵

本地/外地　儿女　　山精/虫怪

……

从该"族谱"中我们不难辨别出多重的区分与边界，但也同样能够见到彼此之间的交叉重叠。尤其是在一个既内部循环又受外界影响的家族亲情圈里，不但主宾身份可以置换、族群界限能够跨越，就连俗界与魂灵的分别也已在宗教祭祀以及生死交替中实现了彼此联通和世代延续。并且，对于生活在攀枝花"彝汉边缘"并在族源分类上属于"白彝"支系的吉姆家族而言，他们的族群特征似乎并没有因边界交遇而增强，反倒体现为因跨界重叠而模糊。这就为讨论巴斯提出的"族群边界"说提供了另外的反证和补充：对于族群身份来说，不仅边界是多重与多样的，其产生的作用也各有不同。[①]

图16　节日盛装：吉姆家支里的彝族姐妹

当然，所有这些讨论与辨析都只是事情过去后的联想和思索。对于笔者

[①] ［挪威］弗里德里克·巴斯：《族群与边界》，《广西民族学院学报》1999年第1期。巴斯的边界理论出自西方，在被引进到汉语学界后产生了较大影响，并逐渐成为人们论说民族问题时的重要参照，所以值得在此提及并且以其被翻译的文本来讨论。

来说，目的还在于对前面提到的饮食和身份之话题予以回应。在这里，我们看到边界无处不在，同时又时刻重叠；族群和身份就融汇于生活之中，但又不像理论书籍所定义的那样刻板划一。相反，可以说各处有各处的情景，各群有各群的变异。在这里，米易的案例并非终止，也不是结论，而只是为此讨论提供的一点补充、一个层面和一种可能。

当代中国的遗产问题
——从"革命"到"守成"的世纪转变

引 言①

本文所谓"遗产问题"是指中国自 21 世纪进入新一轮的经济发展时期以来，以"遗产"之名涌现的社会现象及其引发的诸多论争。其中既包括政府各级部门对各类遗产项目的申报、编目和开发利用，以及社会民众对遗产事务的主动和被动参与；亦涵盖学界有关遗产保护、遗产管理及遗产政治等的热烈讨论。联系此前的历史背景及宏观的社会结构来看，中国的"遗产问题"体现出一种价值取向上的内在调整，即从"革命"到"守成"的世纪转变。因此，本文所指的当代中国，既讲的是一个国家的当下处境，亦有百年周期的时代意涵。也就是说，"当代"的意思，同时指涉一个转折点和一个过程，"革命"和"守成"则都包含了政治与文化两义。

一 "遗产"的涌现

在进入了广播、报刊和网络、手机等新老媒体交织并用的时代，中国公众已能很容易通过多种方式了解和感知在现实生活中遗产事象如潮水般的涌现。

---

① 本文在 2010 年来几次同题演讲的基础上修改完成，刘壮、罗安平等协助整理，特致谢意。

以四川为例，在一轮高过一轮的开发需求驱动下，本地的官方媒体立场鲜明地介入了对遗产事象的打造和宣传。如《四川日报》2007年9月的一篇报道说：

> 四川是中国"世界遗产"最多的省份，还有列入联合国"人与生物圈保护区网"的自然保护区4处，世界级地质公园1处；拥有国家AAAA级风景区34处，国家级自然保护区19个，国家级地质公园12个，中国历史文化名城7座、中国优秀旅游城市18座……众多的世界自然与文化遗产、风景名胜如此密集汇聚，在国内也为罕见。①

2006年，经国务院批准的首个中国"文化遗产日"系列活动，于6月中旬在四川省会成都拉开序幕。活动的主题是"保护文化遗产，守护精神家园"。有市民在自己的博客里做了描述：

> 今天是6月的第二个星期六，是第一个"中国文化遗产日"。以后每年6月的第二个星期六，被定为法定的"中国文化遗产日"。CCTV10为了庆祝这个节日，特别制作了4小时的节目，我刚看完，很是振奋！很是过瘾！下午15：10，CCTV10还会重播，建议大家看看，有孩子的带孩子看……
>
> 节目以四川成都的金沙考古现场为主线，穿插介绍了八达岭长城、贵州的地坪风雨桥、昆曲、古琴、新疆的十二木卡姆、蒙古族的长调等。

该市民总结自己的感想后强调的话是："愿我们更多地认识中国这些宝贵的自然遗产和人类非物质文化遗产，并培养我们对这些遗产的热爱、崇敬的情感和坚定的保护意识。"②

此项节日由中国政府的最高机构制定，自2006年起每年举办。而被选中的节日符号是在成都金沙出土的文物：太阳神鸟。金沙文物的年代距今约

---

① 《四川日报》2007年9月18日。文章题为《四川世界遗产群　造化钟灵秀》，参见隶属新华社四川分社的"新华网四川频道"，http：//www.sc.xinhuanet.com/content/2007 - 09/18/content_11178873.htm。

② 《第一个中国文化遗产日》，仕琴-新浪BLOG，http：//blog.sina.com.cn/s/blog_492e5cc201000432.html。

3000 年。如此一前一后的文化贯穿，便将在以往动荡岁月中曾被无数次中断乃至摧毁的社会记忆再度连接在一起。

图 17　中国"文化遗产日"标志"太阳神鸟"

之后，2008 年 7 月 12 日，联合国教科文组织第 30 届世界遗产大会在立陶宛首都维尔纽斯召开。大会一致决定，"将中国四川大熊猫栖息地作为世界自然遗产列入《世界遗产名录》"。新华社就此发了图文专题，称"四川大熊猫栖息地申报成功后，中国已有 32 处文化遗址和自然景观被列入《世界遗产名录》，数量居世界第三位"[①]。

其他的地方性传媒则以《中国大熊猫申遗成功　成都招牌天下无双》等为题，对此进行大力宣传，认为"四川大熊猫栖息地申遗的成功，为成都增加了一张新的名片，提高了四川、成都的知名度"。另外也指出，"它还将改善当地的生态环境，不仅有利于大熊猫保护，还有利于人与自然、人与生物的和谐"[②]。

图 18　世界自然基金会（WWF）会徽

[①] http://news.xinhuanet.com/tech/2006-07/13/content_4823826.htm.

[②] http://www.huaxia.com/zt/zhwh/06-027/592017.html.

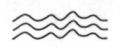

"大熊猫"图案是世界自然基金会（WWF）的会徽，也是其选中的人类保护自然的标志。它与中国政府为文化遗产日挑选的"太阳鸟"标志并列在一起，都与四川关联，凸显了四川作为中国"遗产大省"的身份和地位。

笔者为大熊猫栖息地列入《世界遗产名录》一事写过专文，提到使其列入名录的决议意味深长。"它不仅把中国与世界更进一步地连为一体，而且通过保护区的方式，在人世间和熊猫地之间重作区分，从而质疑人类社会千百年来的所谓'文明进程'，并力图拨乱反正。"笔者想强调的是：

> 如果说传统是活着的文化、历史是延续的记忆，那么，遗产就是正在失去的文化和历史。①

"正在失去"并非已经失去，只是一种危险。一旦努力，这种危险即有望被延缓和阻止。在前面引述的市民博客里，所表达的正是对这种延缓和阻止的期待：期待对如今被称为"遗产"的传统事物有更多的认识、热爱和崇敬，从而培养"坚定的保护意识"。在政府发布的报告中，则不但强调文化遗产是"不可再生的珍贵资源""连接民族情感纽带"乃至"增进民族团结和维护国家统一及社会稳定的重要文化基础"，因而要"加大宣传力度，营造保护文化遗产的良好氛围"。② 有的还使用了与革命年代不可同日而语的"复古"表述，曰：

> 天有万象，地有四川。造物主似乎更钟情于四川这块神奇之地，造就了她秀美的风光和璀璨的文化。童话世界九寨沟、人间瑶池黄龙、秀甲九州的佛国仙山峨眉山、举世震惊的乐山大佛、幽绝天下的道教名山青城山、惠泽千秋的都江堰……③

---

① 拙文《"世界遗产"：从大熊猫栖息地看人类与自然的新调整》，《中南民族大学学报》2008年第5期。

② 2005年12月22日《国务院关于加强文化遗产保护的通知》（国发〔2005〕42号），中华人民共和国中央人民政府"国务院公报"，http://www.gov.cn/gongbao/content/2006/content_185117.htm。

③ 《四川日报》2007年9月18日。文章题为《四川世界遗产群 造化钟灵秀》，参见隶属新华社四川分社的"新华网四川频道"，http://www.sc.xinhuanet.com/content/2007-09/18/content_11178873.htm。

此中无论是对"天地万象"和"造物主"的盛赞，还是对"童话世界""人间瑶池""佛国仙山""道教名山"等的使用、渲染，无不体现出社会转型的显著信息：百年革命的动荡岁月正在消隐，中国进入了使传统重现的另一个轮回。这一转型既与 20 世纪 70 年代后期国家的政治变革相关，更同随之而来的对外开放相连。在国家表述的文化遗产保护意义宣讲里，就除了指出其对内凝聚和稳定的积极作用外，还上升到它是"维护世界文化多样性和创造性，促进人类共同发展的前提"① 这样的高度。这种提升看似简单，其实十分不易，表明中国开始自上而下主动与世界连为一体，要求自己的亿万国民尊重全球文化的多样性而不是革命年代强调的大一统或意识形态的对立抗争，参与人类共同发展而不是华夏中心的一花独放、与世隔离。

这样的转变与 1911 年以来的不断革命相比，真可谓天壤之别。

二 "革命"的历程

1911 年，中国发生了史家所称的"辛亥革命"。革命矛头直指本土从政治到文化的既存体制和旧式传统，并开启了 20 世纪暴力式的变革先河。自那以后，尽管革命的主体和阵营不断更替，对旧体制、旧思想和旧习俗的攻击、摧毁则几乎始终如一。

"辛亥革命"在组织上源自孙中山等创建的"中国革命同盟会"。该会于 1905 年前后发布的《革命方略》等文告，昌明了革命的原因、手段和目的，认为"观于昏昧之清朝，断难行其君主立宪政体，故非实行革命，建立共和国家不可也"；并且"革命之志在获民权，而革命之际必重兵权"，"然不掌兵权，不能秉政权，不秉政权，不能伸民权"。② 在这样的基础上，孙中山于 1912 年就任临时大总统时所宣告的政府任务便在于："尽扫专制之流毒，确定

---

① 2005 年 12 月 22 日颁布的《国务院关于加强文化遗产保护的通知》，（国发〔2005〕42 号）。中华人民共和国中央人民政府"国务院公报"，http://www.gov.cn/gongbao/content/2006/content_185117.htm。

② 《孙中山全集》第 1 卷，中华书局 1981 年版，第 227、289 页。

共和，以达革命之宗旨。"①

辛亥革命奉行的路线是武装夺权。在这点上与孙中山对洪秀全的"太平天国"表示的盛赞密切关联。他说："太平一朝，与战相始终"，今天的革命者"当世守其志而勿替也"。②而一旦将革命的对象定为"专制流毒"，一切既存的社会秩序及其制度、观念基础便均在横扫之列。

贯穿自晚清到民初以来、与武装夺权有所区别的另外一条革命路线，是以梁启超等为代表的文化维新。梁启超在辛亥革命前宣扬的"三界革命"在近代中国的思想、学术领域影响巨大。

梁启超的"革命观"受日本译名影响，强调思想和文化方面的"变革"与"淘汰"而非政治与军事的"武力"和"暴动"，但也将二者关联在一起，并且注重前者对后者的引导和制约。他指出革命是"群治中一切万事万物莫不有焉"，"岂惟政治上为然耳"。故：

> 宗教有宗教之革命，道德有道德之革命，学术有学术之革命，文学有文学之革命，风俗有风俗之革命，产业有产业之革命。即今日中国新学小生之恒言，固有所谓经学革命、史学革命、文界革命、诗界革命、曲界革命、小说界革命、音乐界革命、文字革命等种种名词矣。若此者，岂常与朝廷、政府有毫发之关系？而皆不得不谓之革命，闻革命二字则骇，而不知其本义实变革而已。③

以这样的看法为基础，梁氏提出了"今日欲改良群治，必自小说界革命始"的著名主张，认为"欲新一国之民，不可不先新一国之小说。故欲新道德，必新小说；欲新宗教，必新小说；欲新政治，必新小说；欲新风俗，必新小说；欲新学艺，必新小说；乃至欲新人心，欲新人格，必新小说"④。

这种观点的核心便是：立足文化，革旧维新。延续到陈独秀那里，便演绎出新旧对立的"文学革命论"。作为"五四"新文化运动的旗手陈独秀先

---

① 《中华民国大总统孙文宣言书》，民国元年（1912）元旦。
② 孙文：《太平天国战史序》，《孙中山全集》第1卷，中华书局1981年版，第259页。
③ 梁启超：《释革》，《新民丛报》1902年12月，第22号。
④ 梁启超：《论小说与群治之关系》，《新小说》1902年11月。

是指出,"欧语所谓革命者,为革故更新之义,与中土所谓朝代鼎革,绝不相类","近代欧洲文明史,直可谓之革命史。故曰,今日庄严灿烂之欧洲,乃革命之赐也";继而认为中国近代的社会问题在于已发生的革命皆"未能充分以鲜血洗净旧淤",致使"盘踞吾人精神界根深蒂固之伦理、道德、文学、艺术诸端,莫不黑幕层张,垢污深积"。于是,陈氏在肯定批判孔教开创了"伦理道德革命之先声"的基础上,进一步以文学革命为例,明确主张建立三新和推倒三旧,亦即以革命者要建设的"平易的、抒情的国民文学""新鲜的、立诚的写实文学"和"明了的、通俗的社会文学"为对照,呼吁推倒"雕琢的、阿谀的贵族文学""陈腐的、铺张的古典文学"及"迂晦的、艰涩的山林文学"。①

至此,在文武并置的革命路线下,中国既有的典章制度及文化艺术均被视为新世界的进化障碍,不是被当作"专制流毒"革除,便是当作"黑幕""垢污"及"陈腐""迂晦"的旧传统而予以推倒、扫荡。

在百年来的中国革命历程里,在"反传统"方面表现最有力的是两次全民动员。除了1919年"五四"兴起的"打倒孔家店"以外,便是1966年的"文化大革命"。从对待传统的角度看,"文化大革命"的任务是"破四旧、立四新"。具体办法是,以新中国成立为界,1949年后的革命为新,此前统统为旧,分而论之,即所谓必须破除的"四旧":旧思想、旧文化、旧风俗、旧习惯。而指导这一行动的纲领是最高领袖对革命的界定,曰:

> 革命不是请客吃饭,不是做文章,不是绘画绣花,不能那样雅致,那样从容不迫,文质彬彬,那样温良恭俭让。
> 革命是暴动,是一个阶级推翻一个阶级的暴烈的行动。②

此话最早见于毛泽东于1927年大革命年代撰写的《湖南农民运动考察报告》(以下简称《报告》),"文化大革命"期间又被当作"最高指示",以

---

① 陈独秀:《文学革命论》,《新青年》1917年第2期,收录于《独秀文存》,安徽人民出版社1987年版,第95—98页。
② 毛泽东:《湖南农民运动考察报告》,《毛泽东选集》第一卷,人民出版社1991年版,第14、17页。

"红宝书"和"语录歌"形式流传全国。

《报告》针对当时湖南地区的农民运动情形，以肯定的口气描述说这个运动是空前的农村大革命。以贫农为代表的广大乡民已成为革命先锋。革命攻击的目标，除了土豪劣绅、不法地主外，"旁及各种宗法的思想和制度"及"乡村的恶劣习惯"；这个攻击的形势，"简直是急风暴雨，顺之者存，违之者灭"。其结果是"把几千年封建地主的特权，打得个落花流水"①。

过了40年，1966年8月8日通过的《关于无产阶级文化大革命的决定》（以下简称《决定》）指出：

> 资产阶级虽然已被推翻，但是，他们企图用剥削阶级的旧思想，旧文化，旧风俗，旧习惯，来腐蚀群众，征服人心，力求达到他们复辟的目的。无产阶级恰恰相反，必须迎头痛击资产阶级在意识形态领域里的一切挑战，用无产阶级自己的新思想，新文化，新风俗，新习惯，来改变整个社会的精神面貌。②

《决定》强调这次自上而下、波及全民的运动，"是一场触及人们灵魂的大革命"，标志着中国革命发展的"一个更深入、更广阔的新阶段"。③ 随之而来的十年动荡，宣告中国社会无论在理念、方式还是程度上都达到了自晚清以来一个世纪的革命顶峰。

"辛亥革命"的主要成就在于以武装之力导致清廷解体，民国创建；晚清至"五四"的"文化革新"促使了新思想、新观念的引进和确立；1949年后的历次运动瓦解了被视为"四旧"的本土传统……所有这些，均"以革命的名义"，狠狠打击了"文化遗产"赖以生存的土壤、根基，使后来的发掘、保护不得不付出沉重代价。

在20世纪的中国，因战争和政治运动等缘故遭受毁坏的历史文物和文化遗产不计其数。在此过程中，不仅作为公共财富的名胜古迹频遭冲击，连民

---

① 毛泽东：《湖南农民运动考察报告》，《毛泽东选集》第一卷，人民出版社1991年版，第14页。
② 《人民日报》1966年8月13日，http://www.cass.net.cn/zhuanti/y_party/yc/yc_j/yc_j_131.htm。
③ 同上。

间祠堂、会馆乃至祖坟也未免于难。1966年冬季，北京红卫兵直捣曲阜孔府，张贴标语，砸毁石碑，称孔子为"头号坏蛋"，继而掘了孔坟。造反者向世人发布宣言，高呼"我们来了！我们来了！！"

  我们毛泽东时代的青年高举革命的大旗，踏着先烈们的血迹来了！！……孔家店这个两千年来刮尽民脂民膏的吃人魔窟，这个反动势力的顽固堡垒，今日不反，更待何时？……今天，我们奋起毛泽东思想的千钧棒郑重宣告：造孔家店的反！打倒孔家店！火烧孔家店！把孔"素王"拉下马来，砸他个稀巴烂！……"粪土当年万户侯"，我们就是要骑在"圣人"头上拉屎拉尿！向孔家店开战！向旧世界开战！打它个落花流水！①

图19　火烧孔家店　　　　图20　砸烂清华牌②

  古代圣人的命运如此，后世百姓更难逃劫难。据载，"文化大革命"过后，梁漱溟回忆红卫兵抄家时的举动："他们扑字画、砸石玩，还一面撕一面唾骂是'封建主义的玩艺儿'。最后是一声号令，把我曾祖父、祖父和我父亲在清朝三代官购置的书籍和字画，还有我自己保存的，统统堆到院里付之一炬……红卫兵自搬自烧，还围着火堆呼口号……"③

---

  ①　北师大井冈山战斗团：《火烧孔家店——讨孔檄文》，参见刘亚伟、王良《1966：火烧孔家店》，《国家历史》2010年2月号，第24—31页。
  ②　http://www.yxjedu.com/li_shi_shun_jian/wen_ge/wen_ge_da_shi_ji_1.html.
  ③　过客辑：《"文化大革命"中被破坏珍贵文物不完全清单》，《杂文月刊》2008年第9期，第44—45页。

三 "守成"的复归

梁漱溟（1893—1988）与毛泽东（1893—1976）是同时代的人，因对传统的捍卫而被称为"最后的儒家"① 和"'文化大革命'的第一个否定者"②，故代表了与20世纪革命、造反相并立的另一条守成路线。

梁漱溟总结自己一生的思想经历了由西洋功利到印度出世再到中国儒家的三期。他认为西洋文化是欲望本位和征服自然的类型。这种类型能解决人与自然的问题，却无法应对人与人的问题，所以要转向中国之路。什么是中国道路呢？在梁漱溟看来，中国道路就是孔子之路。它的特点是"礼让"与"和"：和平、和气、和好。梁漱溟指出：

> 孔子是全力照注在人类情志方面的。西洋人从不留意于此，到现在留意到了，乃稍稍望见孔子之门矣！我们所怕者，只怕西洋人始终看不到此耳，但如果他看到此处，就不怕他不走孔子的路。③

可见，梁漱溟对孔子及其儒学传统的认识和评价，不仅是在中国的历史背景而且是在人类社会的格局中做出的。在笔者看来，梁漱溟把孔子作为中国文化标志的意义就在于守成。怎么讲呢？首先，对于中国文化最重要的代表，梁漱溟是周、孔并提的：周公制礼作乐，孔子返本开新。④ 他说，"周、孔以来的中国文化是人类文化的早熟，导源则在古人的理性早启，盖有远在周孔之前者"；但尽管"寻其所从来者盖甚早甚早"，"而其局面之得以开展

---

① ［美］艾恺：《最后的儒家：梁漱溟与中国现代化的两难》，王宗昱、冀建中译，江苏人民出版社1996年版。
② 史锐锋：《梁漱溟：否定"文化大革命"第一人》，《领导文萃》2001年第2期（原载《文汇读书周报》）。
③ 梁漱溟：《我一生思想转变》，《科学对社会的影响》2007年第2期。
④ 关于这方面的认识，世人的观点是有分歧的。比如，自司马迁以来的一种主要看法也将周、孔并提，但前面还加上了黄帝，推崇黄帝才是华夏文明的始祖。笔者则认为如若要追溯文明的原创，就夷夏多元的东亚大陆而言，只把目光定在汉语世界的黄帝仍是不够的。参见笔者另文《古典何在》，《光明日报》2008年7月7日。

稳定则在孔子"。因此，就因为看重"开展稳定"，梁漱溟把孔子评价为中国四五千年文化史上"承前启后的关键性人物"。以这样的认识为前提，梁漱溟高度肯定孔子"述而不作"的践行，并在此基础上总结出他的历史"因袭而成"观。梁漱溟指出：

> 一切所表现的事物莫不从过去历史演变而来。一切创造莫不有所因袭而成，无因袭即无创造。①

"无因袭即无创造"。这便是由梁漱溟表述出来的文化守成观。这样的观点在辛亥和"五四"时期即与孙中山、陈独秀等人的革命主张形成区别，到了"文化大革命"岁月更与造反理论产生抵牾。但从根本上看，守成观的原创不在梁漱溟。梁漱溟及其前后许许多多被称为"文化保守主义"实践者的思想根源都出自孔子。孔子对中国既有文化，亦即先圣周公等开创的典章制度和社会秩序的态度就是两句话，一是"述而不作，信而好古"；二是"克己复礼，天下归仁"。所以可以说在历史观上，孔子是"向后看"的，而从文化观看，则是"求返本"的。

这样的判断涉及对历史和文化的基本阐发。依照孔子的意见，一方面，周礼由先圣开创，因而是历史的，坚守周礼意味着复古；另一方面，周礼符合仁，则又是本源和基础的，故复古即标志着返本、守仁。由此而论，中国的文化和历史早在西周就已经终结，无须再造，只需守成。千秋万代的后世使命便是也只能是追随周公，克己复礼。若遇乱世，礼崩乐坏，也无非是回归先辈而不是重创新规。一如宋代的张载所言，要"为往圣继绝学，为万世开太平"。为什么呢？就因为历史早已终结，往圣已开创文化根本。这根本，依照儒家的表述，就是仁，就是张载强调君子所要立的"天地之心"及"生民之命"。这也正是梁漱溟所谓周孔以来的中国文化是"早熟文化"之意义所在。

从根底上说，这种文化和历史的特征是向心的和守本的。然而在相信发展和进化的"向前看"者眼里，这样的观点却是不合时宜、保守，甚至是反动的，于是要主张推翻，倡导革命。比如毛泽东。毛泽东相信进化论，向前看，相信

---

① 梁漱溟：《我们今天如何评价孔子》之七《孔子在中国历史上的地位》，梁漱溟《东方学术概观》，江苏文艺出版社2008年版，第134—135页。

历史由低级向高级上升发展，故不但歌咏"数风流人物还看今朝"，而且号召"为有牺牲多壮志，敢叫日月换新天"。1966年至1974年，在发动"文化大革命"和批林批孔运动时毛泽东强调，他赞成秦始皇，不赞成孔夫子。为什么呢？一个重要原因就在于他指责孔夫子代表的儒家主张厚古薄今。①

可见，经过历史的长期累积，孔子已成为中国文化的符号和风向标。在如何看待孔子的态度上，形成了革命和守成的对立两派。20世纪后期以来的今天，随着中国社会自上而下的再度尊孔，守成的观念开始复归。这种复归不仅表现为主流意识形态在导向上对革命和阶级斗争的告别②、学术界的"国学热"兴起及政府出力在世界各地创办越来越多的"孔子学院"③，亦体现在各地对"申遗"（申报"文化遗产"）的热衷甚至争夺。

2011年1月11日，"为弘扬和体现中华优秀传统文化"，孔子塑像在北京天安门广场一侧的国家博物馆前落成。④《新京报》援引"外电"的报道说："孔子雕像的竖立，标志着中国人对孔子的一次重要反思。"而有国内网民评论说，此事标志着中国政治的主流话语已发生变化，"革命话语退位是尊孔大环境"⑤。

图21　天安门侧的孔子像（2011年）　　图22　"孔子学院"标志

---

①《毛泽东：劝君莫骂秦始皇》，中国共产党新闻网，http：//cpc.people.com.cn/GB/4162/64165/67447/67458/4555944.html。

② 关于"告别革命"的学术阐述可参见李泽厚、刘再复《告别革命》，（香港）天地图书公司1995年版。

③ 据中国教育部国家汉办的官方网站介绍，截至2009年年底，中国已在88个国家和地区建立了282所孔子学院和272个孔子课堂。http：//www.hanban.org/hb/node_7346.htm。

④《高达9.5米的孔子像正式亮相天安门东》，《新京报》，http：//www.bj.xinhuanet.com/bjpd_tpk/2011-01/12/content_21840904_1.htm。

⑤ http：//bbs.yahoo.cn/read-htm-tid-2091152.html。

另有学者对此做了渲染,欢呼"这是一个新的时代",强调指出:

> 今天,孔子学院在世界各国雨后春笋般地建立,巨大的孔子像大山一般在民族历史文化象征的国家博物馆前矗立,在曾经数度摧毁传统文化的革命的天安门广场附近赫然出现,无疑是民族文化复兴时代已经到来的鲜明标志!①

汉语"守成"的含义,早在《毛诗序》对《凫鹥》篇的题解时便已出现。孔颖达的解释是,其意在"保守成功,不使失坠"。后世的使用大致即由此引申,可谓源远流长。不过需要指出的是,与当代中国在文化"守成"上出现历史性复归密切相关的,还有另一个重要因素,那就是以联合国教科文组织等倡导发起的珍惜和保护人类遗产的国际性运动。在1978年改革开放后,国际社会的遗产保护运动对中国起到了重要的影响、鼓励和制约作用。中国政府在1985年正式批准加入联合国《保护人类文化和自然遗产公约》(以下简称《公约》),意味着认同了《公约》对全球的警示和呼吁,那就是:

> 保护不论属于哪国人民的这类罕见且无法替代的财产,对全世界人民都很重要。②

与"申遗热"伴随而来的利益效应也催生了政府及社会各界对此的参与和投入。正如官方的权威媒体揭示的那样:"被'世界遗产委员会'列入《世界遗产名录》的地方,将成为世界级的名胜,可受到'世界遗产基金'提供的援助,还可由有关单位招徕和组织国际游客进行游览活动。"③

---

① 林木博客:《国家博物馆前的孔子像:民族文化复兴时代的标志》,2011年1月24日。资料来源:http://linmu4956.blog.163.com/blog/static/7672454201102410911952/。该文删节版另见2011年1月下旬作者在《美术报》上的专栏文章。
② 联合国教科文组织:《保护世界文化和自然遗产公约》(Convention Concerning the World Cultural and Natural Heritage [1972]),参见《联合国教科文组织保护世界文化公约》(选编),法律出版社2006年版,第35—47、119—143页。
③ 新华网"历史上的今天":http://news.xinhuanet.com/ziliao/2010-12/13/content_14246181_2.htm。

四　历史的逻辑

透过当代中国遗产问题的演变，可以分析出与之相应的历史逻辑。其可大致归结为围绕"有"和"无"或"立"和"破"展开的几种阶段或时序。

首先当然是建设和开启，即文化事物在社会生活中的从无到有。如围绕汉语所产生的字词、句法、术语、观念以及笔画、书法乃至竹简、碑刻、造纸和与之伴随的社会文化体系，也就是物质和精神统一的一套文明。其从无到有的阶段，在本质上是立和成；在此基础上建立的便是汉字文化、汉语世界及华夏秩序。

其次便是守成或革命。仍以汉语世界为例，其最早的发生虽已远不可考，亦即梁漱溟说的"寻其所从来者盖甚早甚早"，但经过据说主要经由周公的制和作后，形成了以汉语经验为根基的典章制度，即孔子倡导追随的"周礼"。此后，"守成"便意味着对既有之"立"（礼）的不仅接受、学习和体认而且立志维护和传承。与之相反的立场和态度，是本土历史上对汉字文化、汉语世界的一次次"革命"。革命的特征是"破"：从秦始皇时代的"焚书坑儒"直到近代"打倒孔家店"和"文化大革命"时期的"破除四旧"等，都是如此。在历史长河中，此两种倾向既可同时存在、相互抗争，成为共时性矛盾；亦时常此起彼伏、先后替代，展示为历时性过程。

从人类作为文化动物与自然相容又相悖的特点来看，建设和开启是历史的起点和核心，也就是人类通过特定的发明创造对结群生活的社会和文化之建构。与之相应，守成是续构（再结构），革命是解构（破结构）。彼此关系如下：

（创立）

（守成）"续构"←"建构"→"解构"（革命）

"建构"是使文化的事象从无到有，并在共时的关系中协调有序；"续构"是通过集体的认同行为让这样的事象和秩序在时空中完善和持续；而

"解构"则是采取各种（每每是暴烈的）手段将此结构破除和销毁。相对于创立和发明而言，守成与革命都属于后起现象，都是末而不是本。远离本而议论或进行的守成与革命都不实在，都会悬空。因此，任何有关遗产问题的论争及处置都必须回到事象本原，也就是回到该事物的元话语和原结构。此可谓遗产问题的历史逻辑。

结合当代中国的社会进程来看，这一逻辑表现为从革命到守成的世纪转变。我以为，虽然在如今的遗产热潮中混杂着不少借名获利的现象，各界对遗产的划定还多限于物质性的文物古迹或边缘性的民间技艺①，"孔子学院"注重的还只是汉语的推广；但总体而论，全民从观念到实践对遗产的关注，即已显示出对传统——亦即"立"的尊重和对"破"的告别。这使百年动荡的社会人心有可能重新趋向平和、返本，同时也可望使中国自近代以来在进化主义影响下一味向前的目光由此回转，转向前人业已留下的开启和发明。

毫无疑问这样的选择也会付出代价。未来的历史照样要对今日的转向做出审评。一组绕不开的问题将是——

是否凡是历史的都要守成？守成是否应立标准？

如要标准，如今当以先圣之礼还是以联合国公约为定？

历史是否已经终结？文化是否仍需维新？

---

① 对于这方面的问题，四川大学和中央工艺美术学院、南京大学等机构的相关学者在2008年组织的"首届中国高校文化遗产论坛"上有过讨论。参见拙著《文化遗产备忘录》，四川大学出版社2009年版。

多难兴邦与灾难记忆
——地震展馆中的文化重建

一 引子：由汶川和海地地震引发的比较思考

2010年1月12日，西太平洋岛国海地的首都太子港发生强烈地震，当地建筑和民众生活深受打击，死亡人数超过20万，受伤和无家可归者数以百万计。此次灾变引起了国际社会自2008年中国汶川地震以来的再次广泛关注。联合国数十位人员在灾难中丧生。秘书长潘基文称海地地震是人类遭遇到的近几十年来的"最大危机"之一。中国也有援助人员遇难，媒体在第一时间做了及时报道，向国内民众传递了不亚于本土悲情的灾难场景。

灾难对于人类的打击并无差别。但面对灾难，不同文化则有不同的心态和传统。本文由海地地震的发生，反观汶川地震及其灾后重建中呈现的诸多事象，分析华夏源流中有关灾难表述的文化传统，以期从族群记忆的角度更为深入地理解为何在此传统中会形成诸如"多难兴邦"及"居安思危"这样的认知和实践。

二 古史二相：粉饰太平与忧患人生

仔细审查，对于灾难表述，汉文化的本土传统其实存在两条不同的路线：

一条是"粉饰太平",另一条是"忧患人生"。二者长期并列,时而交叉并置,时而冲突斗争。前一条路线自桀纣时期的"酒池肉林"到1976年的"唐山地震",明明从社稷庙堂到基层生计都枯朽不堪、摇摇欲坠了,可官方的御用奏章、媒体却照样渲染形势大好、歌舞升平。① 这条仅为维护统治者政治权益而视民众生计和苦难事实于不顾的"粉饰太平"路线,虽然也在本土朝代里持续绵延,但在思想和文化的"道统"上却始终遭到否定,成不了社会认同的内在正统。真正的正统是与"粉饰"相对的"忧患"路线。后者尽管在权势上时常不一定敌得过前者,但在民意与道统的合法性上却位居上风,故能声名永在,青史长传。

从现存文献的记载看,秉承华夏源流或曰汉学传统②的忧患路线源远流长。在早期有《诗经》所谓"战战兢兢,如履薄冰"心态以及道家的"知荣守辱""知进守退"思想。到后来流传于世的经典表述,则是孟子所言的"生于忧患,死于安乐"。在这条路线的影响下,从传说到典籍,自有史流传以来,各种类型的汉语文献记载了数以千计的不同灾难。其中光是各地地震就不计其数,重大者近百。如:

《国语·周语》:"幽王二年,西周三川皆震。……是岁也,三川竭,岐山崩。"

《汉书·五行志》:"本始四年四月壬寅地震,河南以东四十九郡,北海琅琊坏祖宗庙城郭,杀六千余人。"

《勤斋集》卷4《杂著·地震问答》:"八月辛卯,初夜地震。汾晋尤

---

① 1976年,唐山地震发生时,中国还处于"文化大革命"的政治运动中,据资料披露,对于影响重大的地震灾情,当时官方高层采取了转移视线甚至遮掩的举措。地震发生后,官方媒体的主旋律强调的依然是"阶级斗争"。在当时中央"致灾区慰问电"里,连部署抗震救灾工作也要求"以阶级斗争为纲"。《人民日报》发表的系列文章高歌颂赞《毛主席革命路线的伟大胜利》和《抓批邓,促生产》等。北京媒体的报道则大力宣传在灾区帐篷里召开"批邓"会和赛诗会。参见莽东鸿《地震、灾难:1976年7月28日的北京》,原载《党史博览》,转引自"中国共产党新闻网",http://cpc.people.com.cn/GB/68742/69118/69658/6637995.html。

② 此处"汉学"意指关于汉人和汉文化之学,亦即与华夏源流同构相承的思想文化谱系。本文论述范围特指此一系统,暂不涉及"多元一体"的华夷体系。后者之中除汉学外,还有藏学、蒙古学、回学及苗学等谱系存在。因此在做比较分析时的文化单位也不仅指作为整体的中国。相关论述可参见拙文《从汉学"三统"看道教传承》(《宗教学研究》2008年第1期),以及《多民族文学史观》(《民族文学研究》2007年第2期)。

甚：涌堆阜，裂沟渠，坏墙屋，压人畜，死者无数。"①

其中使用的"三川竭，岐山崩"及"裂沟渠，坏墙屋，死者无数"诸语，采用的是直面灾情笔法，不仅记载了灾难在自然层面造成的惨景，也陈述了其对社会人生产生的重创。

总体而论，灾难不可避免，但"粉饰路线"对其采用的是回避与掩盖，"忧患路线"则是直面和警醒。为何如此呢？内中的差异涉及对世界、人生及历史的不同理解。与粉饰太平的社会历史观不一样，"忧患人生"的思想核心是"痛定思痛"和"居安思危"。其中的要点，首先是承认天下从不太平，灾难终随人生；其次是理解福祸相依，兴衰转换。于自然风水，相信"山重水复疑无路，柳暗花明又一村"——冬去春来，没有过不去的绝路；于人世，则心存"天将降大任于斯"，必先"苦""劳""饿""空"②……之信念——但凡成事，莫不经历困苦艰辛。也就是说，相信灾难是"天意"的一种体现，亦即自然的规律。

嘉庆二十年（1815），山西平陆发生大地震，险象环生，死伤惨重。当时多种不同类型的文献都做了记载，对灾情所做的基本描述是："河东地震，解州、安邑、虞乡、平陆、芮城五城较重，平陆尤甚。山崩崖倾，平地开裂。全塌瓦房18024间，半塌瓦房7557间，全塌土窑房17186间，半塌土窑房2964间。城垣、庙宇、衙署、仓狱、书院等均有坍塌。共压毙13090人（一说压毙人民3万余口），伤204人。山西、河南两省共被灾14州县。"③

一位亲历其境的当地士绅详尽记录了平陆地震造成的危害和冲击，并表明促使其动笔的主要动机便是不愿后世之人"痛定忘痛"。因对地震灾难写得真切入微，故摘其大半转录如下。

二十日早，微雨，随晴。及午蒸殊甚。傍晚天西南大赤，初昏，半天

---

① 资料辑录参见《中国历代79次大地震》，http：//politics.people.com.cn/GB/80291/7261351.html。
② 《孟子》曰："天将降大任于斯人也，必先苦其心志，劳其筋骨，饿其体肤，空乏其身，行拂乱其所为，所以动心忍性，增益其所不能。"
③ 转引自中国科普博览网"地震历史文物"专栏（王越主编），http：//www.kepu.net.cn/gb/earth/quake/history/hst008.html。

有红气，如绳下注，见者诧之，亦不知何吉凶也，二鼓后或寝或否，从无音响，忽然屋舍倾塌，继有声逾迅雷，人身簸摇惑荡，莫知为在天在地也。

觅户而出，阈限与檐齐，其在屋外者，见两檐斗合复分，出巷中倒卧者仰伏不一，其立者左右前后不自持，男妇哭号不啼丛处万马营中，移时各检家口，皆不如数，置老幼妇女街外，壮者复入，光明洞达，一望十余家按屋土寻觅，其压者病者急出之，死者长已矣，亦未暇痛哭。其幸无死伤之家，将出郭视烟亲，而街巷垣墙坠落，不能坦平十余步，甫出郭骇声四哄，与震声相助。地上行者，如在舟中大风飘摇之势，人亦不遑惊愕。

天未曙而各处被灾轻重，已略传知矣。运城四围无砖阵，解州城截其半，门楼俱落，人民死伤甚重，虞乡、猗氏略同，惟平陆、芮城依山，多窑居，其全家而没者，比比然也，故二邑伤人逾万。

自初震及次日晚如雷之声未绝，夜，人不敢室居，于场圃中戴星架木，铺草为寝所。丁壮结伴巡家，稳夜不息，至夜分，约一时一震。震时鸡敛翅贴地，犬缩尾吠声怪诞。至人情震怖，其情形可想也。

二十四日晚，云如苍狗，甚大雨滂沱，天上地下，震声接连，即地水盈尺，人于车中就处，任雨不敢入室，而车四面皆水，兼震响动摇，真如船行，人人有地陷之惧，幸不一时，雨止。自是人心惶惑，谣言四起，而日数次震，牛马仰首，鸡犬声乱，即震验也。

此文堪称汉语史上对地震灾难表述详尽的古典杰作。放到今天，也是一部十分完整的实录报告。回顾历史，作者感慨道："地震之灾，史不绝书，或百余日，或倾屋以万计，或地裂数十里，广深数十丈，民死无数。尝读史窃疑焉，今乃信史笔不诬，而地震之为祸烈也。"而乙亥年那场地震造成的惨况也触目惊心。灾情持续数月，惨状不绝，以至于作者悲哀不止，书之不能："弥月后，或日一震，或数日一震，今犹每年数震，闻初震时，有大树仆地旋起者，有井水溢出者，而死亡之状，传闻甚悉，欲详述之，下笔辄痛，遂终止。"但看来正是在"忧患意识"的激励下，作者终于在灾难过去5年后，再次缅怀追记，使之载入史册。其曰：

乙亥迄今庚辰五年矣，恐痛定忘痛，爰濡笔为记。俟警将来，语无伦次,谫陋不文,固所不计。①

类似的灾难记忆还有很多,如秦可大刊于康熙七年(1668)的《地震记》及崔乃镛载于雍正十三年(1735)的《东川府地震记事》等。前者记录明嘉靖三十四年腊月十二(1556年1月23日)的特大地震。根据后人梳理分析,那次地震的震中在今陕西的华县境内,祸延近百县,包括山西、陕西、河南等十多个省都受到影响。"余震在半年内每个月都有三至五次。"据官修的《华阴县志》及《大明庆安寺重修宝塔记》碑(明嘉靖三十七年刻)等记载,那次地震的死难人数多达80余万,为世界地震灾难之最:

> 华县、渭南、华阴及朝邑、蒲州等处尤甚。郡城邑镇皆陷没,塔崩、桥毁、碑折断,城垣、庙宇、官衙、民庐倾颓摧圮,一望丘墟,人烟几绝两千里……军民因压、溺、饥、疫、焚而死者不可胜计,其奏报有名八十三万有奇,不知名者复不可数。②

而后来,从嘉靖到康熙,时隔明清两朝,秦可大的灾难记忆再度描述曰:

> "……是夜,予自梦中摇撼惊醒,身反复不能贴褥,闻近榻器具,若人推坠,屋瓦暴响,有万马奔腾之状,初疑妖祟,俄顷间头所触墙划然倒矣,始悟之,此地震也。""受祸人数,潼、蒲之死者什七,同、华之死者什六,渭南之死者什五,临潼之死者什四,省城之死者什三,而其他州县,则以地之所剥剔近远分深浅矣。……"

可见,尽管面对"大树仆地旋起""井水溢出""门楼俱落"及各种各样的"死亡之状"乃至"一望丘墟,人烟几绝"等惨景,当事人均没有回避,也无须掩盖,而是秉笔直书,直面灾情,把真实经历的灾难场景记录在案,使之流传于史,警示后人。

这便是华夏文化传统中直面灾难的忧患路线。

---

① (清)李元瀛:《地震记》,光绪十二年《虞乡县志》卷11。转引自中国科普博览网,"地震历史文物"专栏(王越主编),http://www.kepu.net.cn/gb/earth/quake/history/hst008.html。
② 资料引自同上。

三 四川灾情：遗址长存和博物展示

2008年5月12日，四川龙门山区的汶川等地发生八级特大地震。灾情通过现代媒体向各地传播，顷刻震撼了全川、全国乃至全世界，使之在当下便成为关涉四方的广泛事件。在对待灾难实情的姿态上，此次地震的境况得到及时传递。用《唐山大地震》的作者钱钢的话说，比较汶川和唐山，"2008，无疑比1976开放了太多"[①]。在笔者看来，沿着前面追溯过的文化传统审视，二者间体现的不是开放，而是回归，亦即现代中国向以往忧患路线的回归。

如今，近两年过去，四川的境况又如何呢？根据我们四川大学人类学组对龙门山地区灾后重建的实地观察，仅就以地震展馆为代表的系列性灾难记忆而言，映秀、北川、汉旺和东河口等地迄今所呈现的境况，可谓在忧患传统的路线上又有了深入的推进。

早在2008年5月中旬，国家高层领导到北川视察灾情时就提出要保留地震遗址，在被毁灭的县城旧地建造博物馆，为后世留下认识灾难的警示场地。[②] 时隔一年，投资规模将达20多亿的"北川国家地震遗址博物馆"，其初步策划与整体方案已获得原则通过。一个由"北川中学遗址""北川县城遗址"以及"唐家山堰塞湖"等知名地震节点组成的国家级"地震遗址博物馆"将在因"5·12"地震而受到最大摧残的灾难遗址面世。

不过从地质关联的角度看，2008年发生在四川境内的"5·12"地震波

[①] 参见钱钢《〈唐山大地震〉和那个十年》，《财经》2009年第15期。据作者披露，唐山地震时官方制定的宣传主题是"歌颂"和"抒情"。他回忆说："1976年7月28日，唐山7.8级大地震发生。我向编辑部请求，去参加抗震救灾。我与《朝霞》和出版社几位编辑获准组成一个小组，到震区组稿。那些稿件的主题都是歌颂党和主义的。比如我写过一首诗《烙饼的大娘》，用抒情的笔调，写一个夕阳下在路边架锅做饭的老人，她的锅是哪个省支援的，面，油，又是哪个哪个省送来的。"作家冯骥才说："当年唐山大地震是'文化大革命'终结前最后的一场灾难。它在人祸中加入天灾，把人们无情地推向深渊的极致。"参见文化传播网，http://www.ccdy.cn/pubnews/533544/20080527/542173.htm。

[②] 席锋宇：《我们应该建一座怎样的地震博物馆》，《法制日报》2008年5月22日。引自法制网，http://www.legaldaily.com.cn/index_article/content/2008-05/28/content_868778.htm?node=5958。

及从东到西几乎整个龙门山地带,故亦可称为"龙门山地震"①。与此相应,四川灾后重建中的地震陈列规划也非一县一地,而是遍及整个龙门山地带。从映秀到北川,从青川到汉旺,灾区四处陆续出现了相同的举措:不是修建地震博物馆就是开辟遗址公园,要么便耸立巨大的抗震纪念碑。参与此项举措的有关部门表示,汶川地震纪念设施的修建会注意点、线、面结合。其总体原则是计划"在汶川大地震涉及的300公里长龙门山断裂带修建地震纪念碑、博物馆、纪念馆等设施……地震纪念设施布局将形成一个整体,展示汶川大地震的历史面貌"②。凡此种种,称得上在沿着忧患意识的路线上,呈现对这场特大灾难的区域性整体铭记。

当然由于受到传统中另一条"粉饰"路线的影响,在这些举措中还存在这样那样的局限和问题,值得具体的观察和分析。下面简述可称为"四川灾情"之再现中关于"灾难记忆"系列的几个相关案例。

(一) 映秀:震中遗址及其旅游缅怀

映秀镇是汶川治所,也是"5·12"地震的震中之一。在从地震的重创中逐渐复苏后,当地将损毁的楼房有选择地保留下来,加上雕塑和碑文,营造了供世人参观缅怀的灾难景点。2009年,又在该"景点"举办了隆重的灾难周年纪念活动。

图23 映秀地震遗址

---

① 对于2008年四川发生的"5·12"地震,通常的称呼是"汶川大地震",而由这次地震有多个震中且波及甚广等特点看,将其命名为"龙门山大地震"更为恰当。笔者对此有过论述,参见拙著《灾难与人文关怀》,四川大学出版社2009年版。

② 蒋庆:《四川地震博物馆今日开始选址 征集文物材料》,《成都商报》2008年6月3日。

图24 2009年纪念汶川大地震一周年

自那以后，来自各地的观者不断涌入，纷纷前来目睹经过人为凝固的灾难记忆，并以千差万别的方式加入全民性的灾难表述之中。

图25 人们到此参观缅怀

（二）东河口：遗址公园与悲情重现

东河口乡位于广元市青川县，是龙门山大地震的极重灾区。地震使当地因地球、引力的爆发而形成了一处集中连片近50平方公里的地质冲击带。如今，当地计划把这一地区保留起来，建造"东河口地震遗址公园"。据有关介绍，此处遗址公园的建设分为两期，内容包括"地震石""祭祀台""博物馆""遗址广场"和"地震遗址游览系统""抗震救灾展示馆"等，范围包括了从青川的关庄镇到东河口等地的五乡一镇，集中连片近50平方公里。而其建成后的突出点将是：（1）体现地质破坏形态最丰富、体量最大；（2）展示地震堰塞湖数量最多、最集中；（3）记录人员伤亡最为惨重。

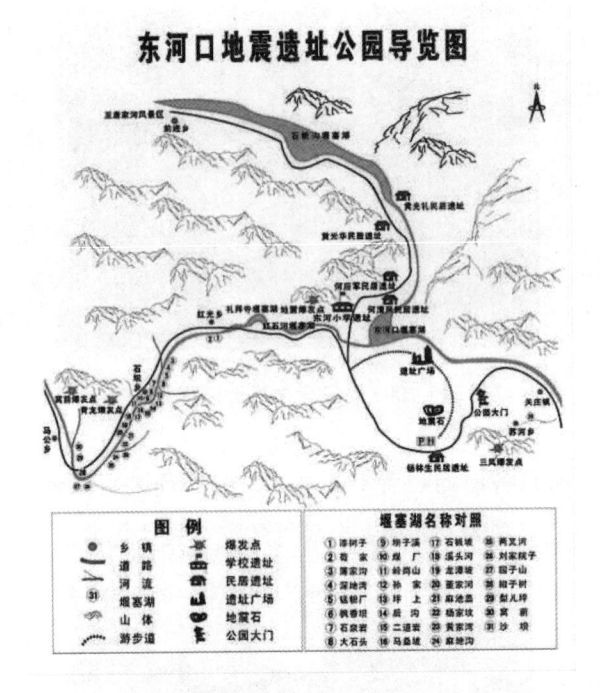

图 26　规划中的遗址公园导览①

图 27　遗址公园门②

目前，东河口遗址公园尚未建成，但前往观看的游人已络绎不绝，灾民既往的苦难与援助者当下的爱心交织为一体，形成了独具特色的"悲情旅游"。

---

① 资料来源：绵阳市旅游局官网，http://www.mysta.gov.cn/web/t10/main.jsp?gonews=Detail&cid=6478&id=120330。

② 资料来源：新华网，http://big5.xinhuanet.com/gate/big5/news.xinhuanet.com/photo/2009-04/29/content_ 11279612.htm。

多难兴邦与灾难记忆

图 28　技术人员在东河口地震遗址公园勘测①

图 29　纪念碑前的悲伤母女②

相关的报道说：

>极重灾区青川县红光乡东河口村原是一座山清水秀的村庄，现在只剩下连绵的砂石和土丘，看不到人类曾经生活过的痕迹。去年（2008年）11月12日，这里被开辟为地震遗址公园。春节黄金周期间，东河口地震遗址公园共接待游客6.43万人次，接待自驾游车辆3000余辆。③

在这样的活动中，经过灾难记忆与传统节日结合，修建中的地震遗址公园在2009年清明出现了"万人祭祀"的场景。目睹现场的记者写道：

---

① 资料来源：新华网，http：//big5. xinhuanet. com/gate/big5/news. xinhuanet. com/photo/2009 - 04/29/content_ 11279612. htm。
② 参见《汶川地震一周年：建设中的东河口地震遗址公园》，新华网，http：//news. xinhuanet. com/society/2009 - 01/30/content_ 10735426. htm。
③ 参见陈健、江毅《汶川地震遗址成为四川旅游新热点》，新华网，http：//news. xinhuanet. com/newscenter/2009 - 02/01/content_ 10745057. htm。

来自广元的何女士是一位年轻的妈妈,当看到公园石刻地震语录"孩子,你听到了吗?妈妈在外面喊哑了嗓子!也听不到你的回答,妈妈的心都碎了!"时,年轻的何妈妈失声痛哭,何女士说,作为天下母亲中的一员,我能切身感受到这位妈妈的伤痛……①

图30 青川清明万人祭

至此,从映秀的"周年祭"到青川的"清明祭",在四川区域性"灾难记忆"的整体表述中,体现出的正是"忧患人生"的文化传统;而借助集体祭祀这样的仪式性行为,参与者的伤痛悲情亦能在记忆中得到宣泄和升华。这就是说,灾难时有发生,出其不意,给社会人生造成巨大伤害。其重创每每让人悲哀不已,有时甚至伤痛欲绝。但是若能直面灾难,正视悲伤,存留的后人会由此获得警醒和凝聚;反之,若是掩盖灾难,粉饰悲情,乃至堵塞言路,抹杀记忆,后果往往适得其反,会导致社稷不安,人心不宁。

(三) 建川:藏品展示和博物馆陈列

在规划中最大的北川"国家地震博物馆"建成之前,截至2010年春季,以博物馆陈列方式对"5·12"地震留下的灾难记忆予以最完整表述的场所,是位于建川博物馆群落内的"汶川地震博物馆"。

建川博物馆在大邑县的安仁镇,2008年5月地震发生时当地也受到冲击,包括博物馆藏品在内的不少地方财物都遭受不同程度的损毁。地震之后,在一些有识之士的发起下,该馆迅速组织人员投入到对有纪念意义的地震遗物的征集存留工作的进行之中。2009年5月12日,正值地震灾难一周年之际,

---

① 参见刘斌《清明万人祭》,青川旅游局官网,http://qclyj.com/Article.asp?id=413。

多难兴邦与灾难记忆

由建川博物馆兴建的"汶川地震博物馆"在安仁镇落成并向世人开放。该馆强调的展出宗旨是"两个见证"——见证汶川地震的巨大破坏力，见证这一悲剧的事实。

图31　博物馆外观①

见证破坏和见证悲剧，这样的阐释已表明当代社会对自身忧患传统的连接和承继。与此同时，这个征集实物5万多件、展馆面积达3000平方米的地震博物馆，还力图凸显与"两个见证"并置的"两个存留"，即留下"沉痛的灾难记忆"，留下"灾难中的民族精神"。不过位于大邑安仁的"汶川地震博物馆"前后修建了两个展馆，一个记录灾难，另一个歌颂救援，仿佛是力图整合华夏传统中有关灾难表述的两条路线。然而仔细对照，效果未必尽然，因为二者之重心和走向在内在取舍上实在有很大不同。

图32　展馆中重现的灾情场景②

---

① 图片拍摄：徐新建，与此相关的图文资料均来源于2010年2月课题组的实地考察。
② 图片拍摄：徐新建。

总而言之，2008年的"5·12"地震发生以来，四川灾区陆续修建的地震博物馆或遗址公园，记录苦难，直面悲怆，将世人关注的四川灾情载入历史，不但使国民在对人生坎坷的警醒上广泛凝聚，更体现了对本土文化中忧患传统的再度回归。此传统的核心理念是"生于忧患"，"居安思危"。如今在建川博物馆群落里与呈现自然灾害冲击的汶川地震展并列的其他系列，讲述着社会冲突中的"人祸"。其中的历史塑像在向观者提醒另一条警句，那就是："哀兵"必胜。

图33

如若去掉"必"字所含的鼓舞之意，改为哀兵"才胜"，便可呈现汉语传统对艰难困苦的体认逻辑。

四 中外视野：灾难中的人类情怀

对于灾难记忆，无论是口头传说、文献记载还是现代博物馆陈列，并非一地独有，而是四海皆存。其中的异同，值得参考比照。

1999年中国台湾南投、台中一带发生的"9·21"地震，造成数千人伤亡，若干财物损毁。之后，岛内不仅在原有的自然博物馆专设了"9·21地震教育园区"，还在受到地震重创的遗址地兴建了颇具特色的地震博物馆。

图 34　园区外观

图 35　遗址残楼展示

其"地震教育园区"的宗旨强调的是：（1）保存地震原址、记录地震史实；（2）提供关于地震教育的活教材。如果说此构想还只是体现了设计者单方面愿望的话，其于社会产生的实际效果如何呢？不妨看看民众的评述。有观者以"保留共同记忆　体会天地无情"为题发表过亲历后的感言：

  这个地震博物馆的整体设计，知性及感性兼具。让人印象深刻的是，不像在其他博物馆，是将遗迹一块块搬进现代大楼内，放在展示橱窗中，辅以照片让游客体会当时场景。这里是将部分遗迹直接以灾后原貌，巧妙融合在新建的建筑物上，使两者合而为一，又不令人感到冲突。使得你能在获取新知的同时，还保有对"9·21"共同的记忆，也能从中体会无情天地给世人的考验。

地震展馆记录已经历的灾难。而通过遗址展示，其不但让人缅怀悲苦，更能使人珍惜现今。前引文字的同一作者继续说道："走出最后一个展馆，会看到一大片绿油油的草地，可能是下过雨的关系，感觉空气异常清新，让刚刚沉重的心情稍稍舒缓，令人有股重生的喜悦之感。"

以笔者之见，这种"重生之感"或许正是灾难记忆的功效所在。

相比之下，作为地震多发国的日本，其类似的展馆和纪念地种类繁多，比比皆是。或许因为震灾太多，冲击频繁，日本地震博物馆体现的突出特点，不太注重以往悲苦而是强调对未来的防范。例如，阪神大地震纪念馆强调的便是"防灾减灾"和"防患于未然"，以警醒后人"千万不要重蹈覆辙"①。馆里耸立着一座由三个金字塔形状联体建筑组成的纪念碑，名叫"没什么大不了"。设计者力图向观众表达的意图是，一个社会需要注重平时的相互联系，否则一旦灾难来临时，就难以互助。

图 36　展馆场景

此外，在馆内叫作"记忆屋"的墙上，张贴着一篇小学生写的日记。上面写的内容是：

> 我一回忆地震，就会想起死去的好朋友。以前我总会想"只要不地震……"
>
> 不过现在我不这么想了，我开始思考"如果地震来了的话，我该怎么办……"②

---

① 参见李泓冰、姜泓冰《日本阪神大地震纪念馆参观记》，《人民日报》2009 年 2 月 19 日。
② 参见郭一娜等《走进废墟上的地震博物馆》，《国际先驱导报》2008 年第 47 期，图片来源相同。

对此，管理员对前往访问的中国参观者解释说："我们更想告诉大家的是如何在日常生活中提高防范意识。"

欧洲的事例中最突出的应是庞贝古城。这座兴建于纪元前 600 多年的西方古城，一度是希腊人和腓尼基人使用的良港。虽然距今 2000 多年，但其城市建筑和街道布局均已达到相当水平。不幸的是其先在纪元 63 年遭遇地震损毁，刚重建不久又被一场更猛烈的火山灾难给吞没。对这起极为惨烈的灾难，自 1748 年其遗址被重新发现后，便不断受到人们的关注和述评。也成了后世反思自然威力和人间坎坷的突出案例。

回首中国，时间进入 21 世纪。在台湾南投修建的地震教育园区里，保留着一段灾难造成的扭曲铁轨。设计者竖立的标牌取名为"大自然的惊叹"。有观者写道：

> 有空闲的时候，可以到纪念园区来看看。虽然"9·21"已经慢慢地消失在记忆中，但大地的伤痕却仍潜伏在我们生活的土地上，不可不慎。①

图 37　人与自然：扭曲的铁轨

---

① 参见 http：//www.mobile01.com/waypointdetail.php？id＝599，图片来源相同。

对照古今中外的历代灾难及其相关记忆，看来还需追问的是：何谓"我们土地上的伤痕"？如何能做到"不可不慎"？

五 结　语

在我们生活的这个地球上，人是既强大又脆弱的物种。人类社会以自然生态为基础。自然世界，潮涨潮落，阴晴自在。万物自生自灭，不以人类为中心。而在自然威力的冲击下，以文化损毁乃至生命丧失为标志的各种灾难古今伴随。

不过同样可以看到的是，在直面灾难的态度、立场上，古今中外有着诸多分别。大多数成体系的宗教，都视其为必然甚至直接就是世间的原本命运。无论是基督教的"原罪说"还是佛教的"苦海论"，对灾难的阐释都是命定，只不过提倡的态度在于拯救和悲悯，希望都在彼岸。相对来说，华夏源流的灾难记忆偏重忧患，虽有点"知其不可为而为之"的沉重特征，但在直面灾苦的态度上，确也起到了警醒人心的历史功效。进一步看，由于始终有另一条"粉饰"路线与之并存，此传统便呈现为复线交错的历史结构。经过努力和斗争，终究是忧患路线取得道义上的总体胜利。

通过对四川灾后重建地以物象存留及其展馆陈列为特征之灾难记忆的考察分析，我们见到华夏源流之忧患传统在当代的复归。这是值得关注的。作家冯骥才认为："将来的汶川地震博物馆一定会为我们的后代永远地留下这个黑暗又光彩的今天；它将成为中国人心中一份继往开来的精神遗产。"[①] 而"汶川地震博物馆"的展示前言则以四川为例统计了包括2008年"5·12"在内的4次地震，并总结说：短短75年间"家乡连遭震魔四度重创"，而"遗憾的是，前面的大灾难都未能留下警世的场馆"。其明确提出修建"汶川地震博物馆"目标，不为其他，只为提醒世人——

---

① 参见《关于建立北川地震博物馆的种种建议》，文化传播网，http：//www.ccdy.cn/pubnews/533544/20080527/542173.htm。

> 我们知道祖国多灾多难；
>
> 我们也知道多难才能兴邦；
>
> 但前提是：汲取教训，铭记灾难。①

此番话的意义还在于依稀透露出当代中国在文化复归意义上的深层转型。在我看来，灾难记忆的历史功绩并非单一的悲情重现。从文化的深层次看，其还称得上一种达观的生存方式和智慧。灾难经由记忆唤起警觉，提高防范，改进技术，凝聚社会，同时增强对自然的理解、共处和敬畏。

---

① 资料来源：汶川地震博物馆《前言》。此《前言》所提四川近代数次地震包括1934年的叠溪地震。该地震发生在今阿坝藏族羌族自治州境内。当地民族至今对其记忆犹新，日常生活亦深受影响。笔者1998年在当地考察时亦有所闻和记述。参见拙文《阿坝之行》，《民族学通报》（昆明），云南大学出版社2001年版，第49—92页。

古城的生命在文化

2008年初夏,中国南方古城保护与开发研讨会在贵州贞丰召开。与会者主要是来自南方多省区的官员、学者和媒体及企业界人士。① 扩展到整个中国的情形来看,类似的研讨已非头一回。随着旅游大业在市场经济推动下的蓬勃兴起,中国各地早已掀起了由中原到边疆的古迹开发浪潮。黔西南贞丰古城的跟进不过是晚到的一朵新浪而已。但也恰恰因为晚到,在此的研讨便有了一种特别的意义,那就是立足长久的保护而非短暂的开发,总结已有的经验和教训,为那些待开发地区探寻更为合适的路径。

为此,我认为需要重新回到问题的起点和根本,再次追问:对于古城,为何保护?如何保护?谁来保护?

一 为人类文化的多样和传承而保护

关于古城的保护理由,回答无疑会有多种。在我看来,面对如今全球一体化的巨大冲击,唯有一个理由最为重要,那就是为人类文化的多样性与传承性而保护。

---

① 该届会议由贵州的《当代贵州》和广东的《南方月刊》等发起主办。本文系笔者在会议发言稿基础上修改而成。

图38　世界遗产标志①

1972年，联合国教科文组织在巴黎通过了《保护世界文化和自然遗产公约》（以下简称《公约》），其宗旨在于促进各国和各国人民之间的合作，为合理保护和恢复全人类共同的遗产做出积极的贡献。在《公约》中，国际社会首次将文化遗产与自然遗产的概念结合在一起，强调"各民族的文化特性是在他们所生活的特定环境中形成的"。这就为整体看待特定地方的自然环境及其所在地居民相应的生活方式提供了坚实依据。为了保护，一方面需要珍惜与地方社区紧密关联的生态环境，另一方面同样要维护使这些环境得以世代存留的地方生活方式。

此项联合国教科文组织《公约》的主要任务，是确定世界范围内的自然与文化遗产，通过有约束力的条文将那些被认为"具有突出意义和普遍价值的古迹和自然景观"特别提示出来，"让全人类承担起保护的责任"。②中国自1985年成为该公约成员国，由此加入了为全人类保护其境内自然与文化遗产的行列。在这个意义上，包括贵州贞丰在内的中国南方古城，如若果真值得保护的话，其价值和责任都既在本土同时又超越国界，上升到了人类的范畴：为人类并作为人类多样性的地方财富而坚守、维护。

面对全球性日趋迅猛的现代化大潮，当代人的生活在消费水平不断提高的同时也逐渐陷入了诸多困境。其中的最突出表现，便是大众的日常生活日益遭受单一化和速朽化的威胁：一方面，"地球村"里的景观越来越趋同，人类花费千百年、数万年积淀下来的地方多样性每日在世人眼前迅速消逝；另

---

① 中英文对照的世界遗产标志现已常见于中国各地的世界遗产地。其来源于"世界遗产公约"标志，象征着文化遗产与自然遗产之间相互依存的关系。中央的正方形是人类创造的形状，圆圈代表大自然，两者密切相连。这个标志呈圆形，既象征全世界也象征着要进行保护。

② 参见《联合国教科文组织保护世界文化公约选编》（中英文对照本），法律出版社2006年版。

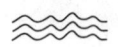

一方面，各行各业日新月新的激烈竞争和高速发展致使人们的基本生活再难有传统的形成和世代的延续。而对于没有传统的人类，后果将是可怕的，因为一旦那样，所有的存在都稍纵即逝，一切都是过眼云烟。社会都不再稳定，一切价值也就失去意义。

如果感受到这样的威胁，我们还能说不要保护吗？

二 把古城视为活态文化来保护

与此相关的第二个问题是：怎样保护？自从 20 世纪 80 年代改革开放以来，主要出于经济发展目的而对地方古迹大举开发的现象在中国层出不穷。其中的成功案例和失败教训并存，并由此引发了社会各界强调加强保护的呼声与举措。为了使问题具体呈现，不妨联系中国古城开发的几个突出事例来略加分析。

首先来看丽江。丽江位于云南西北部，紧靠玉龙雪山，是一座居民以纳西族为主的历史古城。1996 年 2 月，当地发生 7 级地震，致使古城遭受巨大损毁。然而这不幸的事件却因随后的重建得当——其中当然经过激烈的论争和反复的对比，最后不仅使世居民众的生活逐步恢复而且还使古城的"申遗"在次年便获成功，被列入了联合国教科文组织的《世界遗产名录》。丽江为何被列入世界遗产名录？不单凭风景也不靠房屋，靠的是"一座活的古城"。可惜自从丽江被列入"世遗"名录后，过度的旅游和商业化开发致使这座千年古城濒于消亡。

图39 过度开发的丽江景象：商家和游客正在取代世居民众的日常生活

古城的生命在文化

1993 年以来，我前后去过丽江多次，目睹当地如何在十余年里从鲜活的古镇变为僵化的"游乐园"：古城居民大多被外来商家置换，数量饱和的游客成天在每一条街上喧闹拥挤，一座自在自足的古城和一种世代延续的生活就这样被生生割裂。这样的结果，用当地纳西人宣科的话来形容，那就是"丽江死了"。① 这是一个教训。

图40　宣科为"纳西古乐"的听众签名

第二个例子是四川的洛带。洛带在成都东郊，也是一座独具特色的古镇。这里的特点是居民以客家居多，并保存着不少具有湖广等地风貌的古建筑和古院落。其中的好几处近于完整的会馆，不但外貌依旧，而且在功能上至今延续着为当地客家民众提供处理公共事务的必要场所。也就是说，该古镇以其独有的空间布局、社区结构及人际网络保存和持续着自古相承的地域文化，因而称得上一座"活的古镇"。当地部门的宣传网页这样介绍说：

> 洛带……上千年的悠久历史和多种文化相互交融，留下众多民间传说、历史遗留、古老建筑、客家会馆。保存完好的有千年老街、明清民居、客家会馆建筑群和金龙寺等众多历史古迹，一年一度的"水龙节""火龙节"更是几百年来客家人传承下来的特色民俗活动。②

---

① 相关报道可参见《宣科：丽江死了！》。文章描述说：宣科是"对着黑压压的听众说这番话的。他说，现在居住在丽江古城里的，80%都是外地人，当地人把铺面房租给这些外地的生意人，自己搬到远离丽江的地方，盖别墅奔小康去了"。（宣科古乐网，http：//www.xuanke.com/wz/list.asp?id=107）

② 参见成都市龙泉驿区洛带镇政府网。其中打出的口号是："世界的洛带，永远的客家。"（http：//www.luodai.gov.cn）

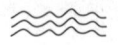

近来当地也搞旅游和开发，提出"文化兴镇"的口号。但与丽江不同，当地的开发尚未过度，最明显的标志之一，是尽管"门户开放"，古镇开始时常迎来外地游客，但当地居民的主人公地位并未改变，传统习俗依旧被尊重。古镇的日常生活也没有蜕变成全然为招揽游客的舞台表演。

图 41　适度开发的洛带古镇①

第三个例子是贵州的小黄村。相对于云南、四川来说，贵州的开发较为晚进；与之对应，对于文化资源的保护，这里的危机相对就不那么突出。在这点上，位于黔东南从江县内的小黄可视为特别的例子。小黄是一个较为典型的侗寨，由于交通不便，长期与外界阻隔。

图 42　小黄村景：歌师传承

但也正因如此，当地的"人类遗产"无论是周边树木成荫的风景，还是全

---

① 资料来源，洛带政府网，http://www.luodai.gov.cn。

用木头建成的民居、鼓楼和花桥，抑或是如今已远近闻名的多声部合唱及与自然和谐相处的耕作方式，无一不令初来乍到的外客赞叹不已。对于中国西部面积广漠的地域来说，小黄这样的古村，构成了与过去的丽江、洛带等古镇对照生辉的乡土景致，同样值得在继承人类文化多样性的前提下倍加珍惜和保护。

通过以上滇、川、黔三个分别代表"过度开发"（丽江）、"适度开发"（洛带）和"尚未开发"（小黄）的事例，不难看出，对于"怎样保护"问题的回答，结论只有一个，即把古城视为活的文化来保护；否则就会像丽江那样，难逃命运跌宕的三历程：被热爱、被开发、被异化……

三　只有当地文化传承人才是古城的有机保护者

那么，什么才叫活的文化？简单地说，有世代传承的文化才是活的文化。古城不是博物馆，更不是沙盘、舞台和化石，不是专供外宾观光的公园、游乐场；古城是世代居民的住所和家园。它拥有自己的邻里乡亲、生命记忆以及社区网络和历史传承。一句话，一座活着的城市，其生命和灵魂便是城里的居民——是活着的居民创造、充实并延续了城市的根基与底气。相比之下，那些表面壮观或幽深的城墙、旧街、故园、古迹充其量只是古城的形，一旦离开古城的神：活着的居民及其文化，所谓的古城便将骤然蜕变为徒具外表的空壳、道具[①]。

遗憾的是，近来的古城保护，从南到北，由上至下遍布着重形轻神的潮流。本来与古城文化、古城生活与古城传统等相关的古城保护变成了仅仅对古城建筑——也就是说古城外客的保护，更有甚者干脆变成了借保护为幌子的恶性开发。于是古城保护的队伍里，四处可见的是更多与物打交道的建筑家、工程师、绘图员和房地产商，极少见到文化工作者的身影，更难出现作为主人的古城居民。这样的保护，连对当地传承人的尊重和对古城活文化的认识都谈不上，也就是连古城生命都已弃之不顾了，何以能够保证古城的发展，还要奢谈可持续？

---

① 关于城市风貌的形神关系，笔者曾有过讨论，参见《成都：一座城市的形和神》（《清华美术》2007年总第5期，第150—152页）。

古城的生命在于文化，文化的生命在于传承。这是一个重大的原则问题。如今每一个从外面进入的人士，无论是官员、学者、媒体人还是开发商，只要其言行影响到古城命运，就都要对此做出严肃回答。就中国南方分布的众多历史古城而言，无论它们的地位被定为"待开发"抑或是"待保护"，只要具有独特和普遍的自然与文化价值，便都是值得珍爱的财富。然而如若因其珍贵而拟施保护的话，首先就要尊重那些世代生活其中的古城民众。一旦在保护中剥离了古城民众，不仅古城的生命难以维系、古城的风貌难以全保，即便短期成功，时过境迁，被保护的古城空壳也会因缺乏灵魂而无声死去。

图 43　贞丰古井

这几年我也走过南方不少古城、古镇和古街、古村。在有限的观察中，对于保护与开发的结合，较为有效的事例有重庆的瓷器口和黔东南黄平的旧州古街区等。当地令人印象深刻的是其古镇、古街不但房屋院落布局完好，最重要的是充满人气。相比之下，像成都市内的锦里和文殊坊，一个挨着武侯祠，另一个紧靠文殊院，虽然白日里游客甚多，生意兴隆，可入夜之后却人去楼空，一片死寂，实在称不上古街或古镇，充其量只是经过仿古包装的旅游景点和商业街区而已。此外，引起争议的是曾号称亚洲首座"生态博物馆"的六盘水梭嘎苗寨。由于内外交往的力量极不均衡，那里的村寨生活在被"上面"着力打造成世人关注的博物馆后，受到了很大影响。苗民自身的日常生活再难在原有轨道上平静自如地延续。[1]

---

[1] 相关论述可参见拙文《梭嘎记事：国家和底层的关联与互动》(《民族艺术》2005 年第 3 期，第 13—26 页)。

以此为鉴,我们来看贞丰。这座地处今黔西南布依族苗族自治州腹地的历史古城,若谈保护和开发的话,首先还得对其文化定位加以商讨。就目前的状况而论,你说它是老街、旧城,还是古镇?似乎都是都不是。从族群区位和内部风貌来看,你说它是布依古城还是移民屯地?同样皆可皆不可。因此,在这种定位不明确的情况下,对于地方的期待目标,也就难免陷入含混模糊。从目前展示的规划图景等来看,其选择至少包含了三种可能:旧城改造、公园观光以及古镇开发。其中每种都指向几乎截然不同的方向并将带来相互抵牾的前景。但是,依据在现场的初步考察和对政府规划的局部了解,让人感到其最大不足,依然是对当地文化传统的忽视和古城居民在主动参与方面的明显缺席。

图44 贞丰老街古迹

当然应当承认,由于历代战乱和社会变迁,中国南方(北方想必也如此)几乎每座古城的活态文化都经受了无数次冲击。城里的民众生活无论是社会结构还是日常习俗都很难再现一成不变的古旧传承。居民成员不断搬进迁出,致使在许多古城都难再找到真正的世代家系。大部分地方都从内部掏空,徒有其表。因此,要想做到从基本精神上保护、恢复古城的活态传统,绝非易事。

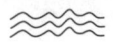

但不易不等于不能和不做。对于真要保护古城的有志者而言，面对此情此景，办法之一就是尽力和尽快在档案文献和古城生活中，找寻那些能够认知、体现并延续古城传统的历史脉络及文化传承人，尊重而且扶持他/她们，使一个地方的文化血脉得以在即便是市场大潮滚滚的今天，也"可持续"地世代存留。

图 45　小黄少女歌班的日常歌唱

图 46　游人如织的丽江

这条活路的确不易，但值得努力。不然我们的保护，哪怕是对于尚未开发的小黄，过不了多久就会又成为后人的废墟。

第三编　跨文明的人类学

异邦的田野：剑桥札记

【题记】 2009年1月起，笔者到剑桥大学社会人类学系访学一学期。其间陆续记下一些人类学方面的相关札记。现奉上其中几则，供参阅并盼指正。

一 "回归"中心？

UK——大不列颠与北爱尔兰联合王国的意思，若从其对现代世界的最大影响来说，是空间和时间上的。如今你从地球的任何地点出发前往伦敦，对离家而言是告别，从经度与时差的划分来说却是回归。

这样，当中国国航CA937航班2009年1月20日当地时间12：20由北京起飞，经过10多个小时到达伦敦机场，全体乘客不得不把自己的表拨到伦敦的16：00。表面上看，这类似于任何一次国际旅程，实际不然。伦敦的时间是全球的起点，亦即所谓的"格林威治标准时"（Greenwich Mean Time, GMT），而个中原因始于其拥有对人类现代空间划分的决定权。尽管地球是圆的，用汉语古话说"无处非中"，但位于伦敦郊外的格林威治，依然是全球时空的中心与准绳①。于是，无论你从其东西哪个方向抵达，在经度上都意味着

---

① 根据科学的说法，"经度"指的是地球上一个地点离"本初子午线"南北走线以东或以西的度数。与"纬度"之赤道不同，经度没有自然的起点。作为"本初子午线"的那条线是人为选出来的，过去并没有统一标准。直到1884年，在华盛顿举行的国际本初子午线大会上，1851年由艾里（Sir George Airy）确定的格林威治子午线才被正式定为全球经度的起点。参见维基百科，http：//zh.wikipedia.org/wiki/%E7%BB%8F%E5%BA%A6。

"回零",即回到格林威治子午线,或称"本初子午线"(prime meridian)。也就是说,无论你的故乡多么遥远,也不论你曾自以为多么的独特、辉煌,在 UK 人眼里,都像乡下人、外来者、孩童;对他们而言,都是归家。

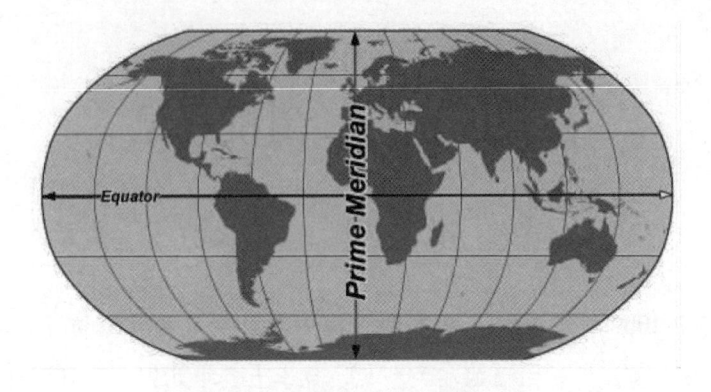

图 47 本初子午线(格林威治)

图 48 巴黎子午线(巴黎天文台)①

很久以来,这样的印象不但进入世人的普遍日常甚至成了历史。然而当我以"入乡随俗"一类的警句告慰了心里深处的丝丝不平后,乘火车从伦敦

---

① 在本初子午线的选定过程中,巴黎一直与格林尼治相持不下。直到国际本初子午线大会投票选出格林尼治子午线后,法国代表仍坚持使用巴黎子午线作为经度起点。时至今日,仍有法国的制图学家在地图上标示巴黎子午线。

到剑桥，途中所见的景色却令人对"中心"的信念产生了游离。时值冬日，由成都动身时天气就寒冷交加，到北京后更是寒风凛冽；可此时的英伦，尽管纬度超过北纬五十度，较中国境内大多数城市高出许多，其四周的景象却远比前者温暖。稍微查询后得知这番差别并非近来的"全球变暖"所致，而在于 UK 自身的海洋性环境。

图 49　夕阳下的剑桥国王学院

此外，也由于高纬度的原因，这里冬季的白昼短得出奇。1 月 20 日飞机在伦敦机场降落的时候刚到下午四时，可眼前却夕阳垂落，全然一幅临近夜晚的黄昏景象了。由此看来，格林威治虽然可以人为地垄断文化上的东西分别和时间起点；孤悬一隅的岛国地理却无法从自然上替代全球风貌。就南北景观而言，即便依照近代西学的标准，也是赤道是非洲中部，才称得上地球的中心。而那样的划分，依据的不是权势和人为，而是太阳和地球的关联，以及人类生存的自然之根。

二　另外的历史

从 2009 年 1 月 17 日下午 3 时开始，剑桥的镇中心、英伦本土以及纽约等其他相关地方的教堂钟声一同响起，由此宣告剑桥大学 800 年纪念日的到来。纪念活动中向世人强调的剑桥校友有两位：牛顿和达尔文。而在现场拍摄的短片镜头里首位出现的则是霍金。Clare 学院毕业的校友 Phil Earis 特地制作了用钟声奏出的音乐，其中包含的 800 种变化隐喻着剑桥 800 年来的漫长历程。

图50　剑桥校庆800年

面对800年之久的不间断历程,你不能不承认它已开创了另外的历史。中国人常夸自己的传统悠久,放眼全球,不会觉得800年会有多了不得。可如今看来,除了衣、食、住、行等日常方面外,哪还存有未曾间断的东西?教育何尝不是如此,清以前的书院或许谈得上漫长,可西学进入后便也日落西山,不复存在了。前几年国内高校大搞校庆,川大还自得地以其"110年"的历史比北大古老而颇为自豪。可与剑桥的800年比,就不仅是时间长短的差异,更值得反思的是起点区别:就连那引以为豪的100多年,也不过是由外引入的,若要说历史的话,也算不到自己头上。只可惜的是,同一时刻无论川大、北大都没有敲钟,其成员也大都对彼此实存的关联显出无知和默然。

图51　2009年冬天的康河

可见,有两种历史:活着的和死去的。彼此的区别不仅仅是时间的延续或表面的长短。活着的历史,其意义更在于有某种特别的东西能穿越世间风云——无论政治、经济或战争——留存下来,并久远地传承下去。换一个说法,活着的历史,就是传统。

三 时钟、航海与威权

伴随剑桥800年校庆的特别纪念物之一,是名叫"时间吞噬者"(time-eater)的金钟。钟有一人多高,临街挂在圣体学院(Corpus Christi College)楼前的橱窗里,任来往行人驻足观看。它的特别之处有很多,如造型新颖、没有指针和数字、造价昂贵(百万英镑),但最突出的是制造者赋予它的理念。

制钟者泰勒博士(Dr. John Taylor),剑桥校友,20世纪50年代毕业于圣体学院。此钟是回馈母校的礼物。泰勒认为目前世界上的钟几乎千篇一律,令人沉闷,而且未能表示出时间的本性。依照他的看法,时间是一种毁灭者:一旦逝去,永世难回。其原话是这样说的:Time is a destroyer - once a minute is gone you can't get it back。所以他造的金钟便由两个部分构成,下面是金色的时间刻度——寓意时间是金(?);其上趴着一只黑色蚂蚱:时刻逐一逝去,也即被蚂蚱逐一吞噬——象征岁月无情(?)。

图52 the Time Eater

不仅如此,泰勒还表示把这只金钟献给18世纪的英国钟表匠哈里森(John Harrison),因为是哈里森在1772年通过其发明的计时装置解决了当年困扰西方航海者们在海上测量经度的难题,而在其装置上便有表示时间刻度的蚂蚱(grasshopper escapement)。哈里森装置的特点是把经度与时间连为一体,使航海者通过时间差异换算地理距离。今天的史学家认为哈里森的发明不亚于牛顿,因为促成了不列颠的海上事业和帝国霸权。或许这也是为何在当年西方各国围绕"本初子午线"纷争的情况下,大英帝国能够独占鳌头一举胜出的原因之一吧。

史料记载,1883年以西方强国为主的国际机构在罗马举行有关大地测量的会议,并通过了关于经度统一的决议,称"考虑到有90%的从事海外贸易的航海者已经以格林威治子午线为基准来计算船的位置(经度)这一实际情况,各国政府应采用格林威治子午线作为本初子午线"。这样的倡议在后来的华盛顿会议上获得通过。可实际上在此之前,则有许多不同的子午线做过经度起点,如罗马、哥本哈根、耶路撒冷、圣彼得堡、比萨、巴黎和费城等。当时,来自25个国家共41位代表参加了1854年的华盛顿会议,"法国代表在投票时弃权",故而直至今日,仍有法国天文学家把巴黎子午线标为经度起点。

时至今日,在临近自己800周年校庆时,剑桥校方为金钟启用举办了特别典礼,专门请出其另一位名人、撰写《时间简史》的物理学家霍金为钟"开光"。

对于时间,霍金又怎么说呢?霍金说,时间的本质在于无中生有。

图53 霍金与"时间吞噬者"[1]

---

[1] 资料来源:http://www.dailymail.co.uk/sciencetech/article-1058317/1m-timepiece-hands-numbers-eventually-unveiled-Stephen-Hawking--15-minutes-late.html。

图54 位于街头的时钟

四 Anthropology at Cambridge

　　这个标题是从剑桥大学的一个专门网页上转引的。上面的介绍很简短，但仅从其中提到的弗雷泽、布朗以及李奇、杰克·古迪等人的大名，就足以表明它的重要性了。作为名著《金枝》的作者，弗雷泽在现代中国，从文学界到社科界几乎无人不知。布朗和李奇在人类学学界是转折性人物，他们的著作被引进不少。20世纪前半叶布朗到过中国，在北大授课，对现代中国的人类学创建起过作用。在今天中国的通行教材里，他与马林诺夫斯基一道，被视为人类学"功能学派"的代表。最后一位古迪与我们的文学人类学关系密切，写过不少关于口传与书写方面的书，2004年还到过四川，参加我们承办的第8届国际饮食文化研讨会，其间在川大做过专题演讲，还接受过我们学生的访问。

　　不过网页上一开始提到的两位人物却不清楚：Alfred Haddon 和 W. H. R. Rivers。查询后才知道二人都鼎鼎有名，并且在剑桥乃至英国或欧洲人类学史上起过主要作用。原因是英国的人类学传统被认为由泰勒和弗雷泽奠基，但两人都重文献轻田野、重历史轻现实。直到19世纪末（1898年）由哈登（Alfred Haddon）带队和瑞维斯（W. H. R. Rivers）作为心理学家参加的多学科田野考察团，前往澳大利亚的托雷斯海峡（Torres Strait Islands）深入考察，才使方向发生改变，并由此创立了英国人类学转向实地的新传统。难怪此网页的一开头就说：

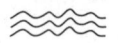

人类学最为伟大的现代贡献只有一个,那就是长时段的第一手田野考察。而这一传统的形成,起源于剑桥两位人类学家:哈登与瑞维斯。

这样来说,我们对人类学学科史的介绍需要改写,有关田野方法的创立不能归功于马林诺夫斯基,而要提前,上溯到他的老师一辈。

不过这还不够。再仔细查看有关"人类学在剑桥"信息,情况又有新的拓展。初抵剑桥之时,我就在想,剑桥明明有达尔文,一个被认为因创立"进化论"而影响世界的人,其怎么能不与人类学相关呢?在最根本的意义上,人类学不也是因"进化论"才奠基的吗?

果不其然,人类学在剑桥还有另一道大门,或曰另一个传统:生物人类学,即"The Department of Biological Anthropology"。其关注的领域十分宽广,从灵长类的行为到人类进化与遗传,再到人口生物学和生态学以及旧石器考古和进化人类学(evolutionary anthropology)。① 沿着这条与达尔文紧密相关的传统,该系所属的机构"人类进化研究中心"特别主办了有关达尔文与人类学的另一个系列讲座。该系列以"文化、性和选择"为题,内容涉及很广,从《亚洲不同语族的遗传差异》《从采猎到农耕:人口与自然选择的影响》到《精子的竞争和选择》和《人类的肤色、健康与性选择》等,丰富多样,而且与其作为邻居的剑桥社会人类学系形成鲜明对比和遥相呼应。

图55 纪念达尔文诞辰两百周年的系列讲座现场

---

① http://www.bioanth.cam.ac.uk/bioanth.html.

在对该系列的宗旨阐释里,这样写道:

In addition to publishing his fundamental ideas on natural selection, Charles Darwin also introduced the concept of sexual selection and the role of sex differences in the evolutionary process, as well as writing extensively on how human behaviour itself could have evolved. This series will explore how far Darwin's insights are still being explored.

由此方可见出剑桥人类学的基本由来。这恰恰是被中国人类学所忽略的。也难怪美国学者的《中国与达尔文》出版后,有人批评说其标题只能叫作《中国与达尔文主义》。① 在我看来,原因就在于此:作者与严复以来的中国人一样,都未能看清作为生物学家的达尔文之全貌,或言之,未能真正理解由生物学出发的人类学。

五 蒙古与"内亚"研究所

到"蒙古与'内亚'研究所"参加本学期系列学术报告会。主题是关于草原族群的马鞍研究,由一男一女两位剑桥学者合作主讲有关古代技术发展对游牧族群的影响。话题由新疆地区的考古文物出发,通过采集到的不同时代和地区的实物样本,集中讨论各种形状马鞍的结构与功能,在物理及生理学图示的帮助之下,重点分析了特定马鞍对马背骨骼产生的压力及适应问题。

由此或许可以见出一点人类学与族群研究在当下的所谓"物质文化"转向。另外就是对人与动物及其他生态要素之联系、对比的关注,比如人类学系讲座里有关"鼹鼠社群化"的话题。二者的共同点是:(1)需要多学科合作;(2)需要大量经费支持。

剑桥的蒙古与"内亚"研究所还很年轻,1986年成立,机构名是"Mongolia and Inner Asia Studies Unit",简称"MIASU"。其研究的区域是以蒙古为

---

① 参见冯聿峰《达尔文的中国脸谱》,http://big5.china.com.cn/international/txt/2008-11/28/content_16867533.htm。

中心的草原地带，关注范围涉及阿尔泰和喜马拉雅区域，包括中亚诸国、内蒙古、蒙古国、新疆、青海、甘肃，以及西藏、云南、四川等在地图上连成一片的广大地区。

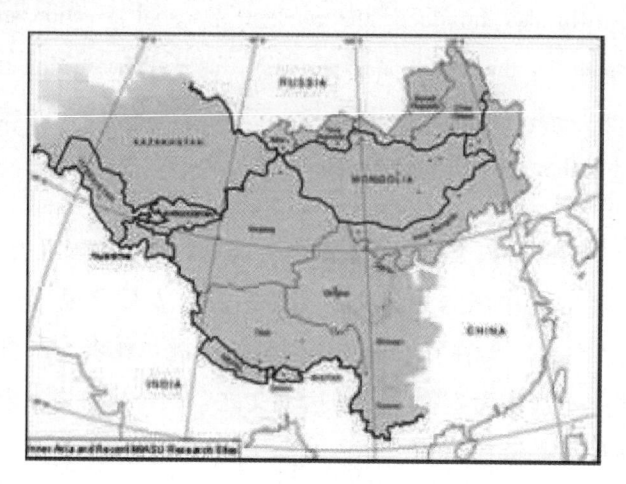

图56　Inner Asia and Recent MIASU Research Sites①

从我做的西南研究来看，该所的这一空间布局是很有启发的。其中尤为关联的有：（1）西南与喜马拉雅地区以及"藏彝走廊"的关系；（2）拉铁摩尔当年提出的长城与亚洲内部边疆问题；（3）游牧与农耕文明的对峙与相交；（4）从更大范围看"五族共和"的地缘结构。

这样来看，此次到该所似乎确实选对了地方。有意思的是，这些内在关联其实事前并不知道。

回来后细读秘书丽碧（Libby Peachey）第一天就给我的"MIASU"简介，发现其中强调的几个重点很有意思。首先，简介中指出：内亚并非一个远离中俄的偏远地带，而是多种文明的汇合处及欧亚大陆的连接桥梁；其次，这个区域具有语言、社会和宗教、政治等多方面的文化多样性和丰富性，值得认真关注和深入研究；最后，该所还要关注"内亚"作为研究对象的演变史，比如从19世纪的"东方主义"到如今对经济和文化变迁的批判性反思。

而通过该所近期课题的目标与范围，则可见出主持者的宗旨与意图所在。

---

① 资料来源：http：//www.innerasiaresearch.org/gallery.htm。

1. 政治与经济上的民族主义崛起（the rise of political and economic nationalism）；

2. 市场与新财富观念的引入（the introduction of markets and changing concepts of property）；

3. 宗教复兴（the reemergence of religions）；

4. 族群与认同的新较量（the negotiation of ethnicity and identity）；

5. 城市化与人口增长（urbanisation and demography）；

6. 现代性与后现代的观念问题（concepts of modernity and post－modernity）；

7. 环境的适应与保护（environmental adaptions and conservation）；

8. 社会主义统治后果的历史及其书写问题（the history and historiography in the aftermath of decades of socialist governance）。

更值得留心的是，由于具有世界性的学界网络以及向英国政府提供咨询的特点，简介强调说，（就蒙古与"内亚"问题而言）MIASU 的学政结合优势与欧美相比是独一无二的。

六　人类学的域外性

剑桥人类学系本期系列讲座的讲题是《土地法：作为统治关键的原住民土地权——以印度尼西亚的加里曼丹岛为例》（*The lows of the Land：Indigenous land rights as a key to government in East Kalimantan, Indonesia*）。

我注意到本期八次讲演多以不同区域的个案为例，空间范围涉及很广，从莫桑比克到亚马孙河流域，再从马其顿、黎巴嫩、巴勒斯坦到巴布亚新几内亚，跨越了地球上的几大洲（Amazonia, Mozambique, Panapompom, Papua New Guinea, Macedonia, West Bank Palesitine, Lebanon）。这说明什么呢？说明人类学在起点和核心上是西方的一门世界性学问，其全球性和域外性特征至今保存。在达尔文那里，其表现为人类与自然；而自泰勒、马林诺夫斯基、布朗以来则是欧洲与世界、西方与非西方，以及白人与原住民。相比之下，在这个意义上,中国有人类学吗?

这是值得追问和细想的。近年来国内学界对此有两个提法:一是"人类学本土化",二是"本土人类学"。如果说前者还带有某种批判、改造和超越意味的话,后者则是暧昧的。什么是本土人类学?难道只是先把西方范式照搬进来,然后再让学术和社会都自我人类学化?由此反观作为马林诺夫斯基学生的费孝通,其当年被"马老师"盛赞的所谓人类学转折,即从研究的域外性到本国性,到底对中国的人类学建设起到什么样的根本影响,或许还须重新反省。其中一个明显的后果是,自那以来,中国的人类学,如果有的话,似乎便走上了一条只看中国不顾世界的狭窄之路。其结果之一便是有人类学之名的研究大多演变为关在国门内的汉人社会学和少数民族学。

如今也有人开始对此检讨,并把原因归结为国力不足。果真如此吗?现在国力强了,还在"和平崛起"着,为什么仍然看不到人类学有"域外转向"的明显迹象呢?

我想问题关涉人类学源头及其相关理念的差异,那就是说,在共同拥有"人类学"学科名称的后面,其实深藏着不同的国家观和世界观。在诸国林立的人类社会里,如果说人类学称得上"帝国学问"的话,从英国出发的人类学与如今的中国人类学显然不一样。原因之一也在于二者后面的帝国其实不同,一个更具世界性,另一个只有区域性。

中国的传统"天下"破碎之后,至今未能完整适合地建立重新看待域外与自我的世界体系,从而影响到了包括人类学在内诸多学科对全球认知的空间基础。若想改变,尚待时日,而且尚待新人、新知。

七 城市历史

每个城市都有自己的历史,同时又有各自不同的述说。

去伦敦,人们通常会去看塔桥——那是这所城市的著名"地标",也是伦敦当局向各地旅客推荐的必到景点。如果乘地铁,在 Tower Hill 出站,一出来见到的第一个景点是一座通过阳光指示时间的地钟。地面有一个金属的圆圈围着。圆圈上刻着一组按年代排列的画面，一个连一个，图文并茂，述说着不同时期的城市故事，也就是伦敦的简史。

图57　伦敦一景：Tower Hill

圆圈的直径大约五米，空间很小，画面十分有限。在这有限的篇幅里，讲述人会选择什么样的故事告诉世人呢？我从头到尾看了一遍，从公元初罗马人入侵开始，到20世纪"二战"结束，在前后近2000年的时间里，"故事"向人们呈现的可谓福祸并置、荣辱兼半。其中虽然也有"公共照明""消防设施"等大众福利的内容，但关于灾难的描述也差不多占了一半。其中包括若干次战争、火灾和瘟疫（黑死病、鼠疫）……

图58　伦敦：塔山一景　　图59　铜盘：刻在地上的历史

通常的城市故事都会突出自己的光荣与梦想。在这里，却让人也看到痛苦、挫折和灾难。

对于一度曾是世界最大帝国的都城，这有点让我意想不到。

理解他者的文明：族群间的跨文化对话

图60　2009年6月2日剑桥"蒙古与'内亚'研究所"为阿兰教授举行招待会，感谢他对该所工作的多年支持

一　文明需要理解

2009年5月14日，剑桥大学的人类学教授麦克法兰·阿兰①应邀为剑桥研究学会的访问学者做了专题演讲，内容是如何理解不同文明。

"文明"是人类学的关键词，也可说是西方学术最根本的基点。自古希腊以来，"civilization"就成为识别和区分不同社会及人群的标志。在城邦制度的基础上，希腊人以"文明"为起点，并以此为界，划出了认知世界的自我

---

① 阿兰的全名很长，叫作 Alan Donald James Macfarlane。为了简便，本文有时称为阿兰教授。

中心及其区别异邦的内在边缘。后来的进化主义更上一层楼，将此发展成可解释整个人类历史的时间阶梯，然后把各地人群纳入对比，在单线上升的坐标里区分排列，也就是将人类不同的状态及类型硬性地挤压到一个单数的文明框架里，在文明之前或之外，充斥的都是被叫作"barbarian"或"savagery"的"蒙昧""蛮夷"。

这样的状况持续了若干世纪。关于"文明"的表述也几乎成为谈论任何人类问题的常识和根基。

图61　演讲中的阿兰教授

然而自20世纪末被哈佛大学的亨廷顿以"冲突""危机"等新特征强调以来，"文明"再次成为世人关注的大问题。① 而其中的一个突出改变是，文明成了复数：即从大写和不可数的"Civilization"变成了小写和可数的"civilizations"。这个改变的意义是深刻的，影响必将深远。它不仅意味着建立在单数文明模式上的"西方中心论"或"西方唯一论"的消解，还标志着以把文明视为复数的眼光审视人类社会之新格局的诞生。在此背景下，人们对文明问题的关注不但有所扩展而且彼此不同。亨廷顿的观点是要世人警惕"文明的冲突"。杜维明等积极倡导"文明的对话"。与之相应，阿兰教授在剑桥演讲里强调的则是"文明的理解"。

阿兰教授是人类学专业出身，担任过"RAI"（The Royal Anthropological Institute of Great Britain and Ireland）等机构的要职，早期主要研究英格兰历史，然后转向"东方"，先是尼泊尔，然后是日本，最近则开始关注中国。在演讲中，他以自己的经验反复告诫大家的是，文明的理解是很困难的，理解自己的文明都极不容易，更不用说理解众多不同的文明了。他说，作为本土生长的英格兰人，在做了几十年的"自我研究"之后，本以为对英格兰的文化和历史已够理解的了，其实不然。当他去尼泊尔，遇到与之截然不同的另一种文明之时，回头一看，忽然发现许多原来没看到（没意识到）的英格兰特点，于是才知道其实自己一点不了解英格兰。就像在剑桥工作了几十年，

---

① 参见［美］亨廷顿《文明的冲突与世界秩序的重建》，新华出版社1998年版。

如今越来越觉得不了解剑桥一样。我想阿兰是在强调：文明是相对的，只有通过比较才能获知其意。

由此，阿兰提出了理解文明所需要跨越的几个鸿沟（gaps），比如"文明间的差异""历史的演变"（the past is a foreign country）等，以及可能有效的一些方法，比如长时间深入其中，尤其是人类学的参与式观察，以及到另一种文明中去广交朋友等。关于相互认知，他提到一个十分有趣的例子，在与自己多年交往之后，他的一位日本朋友有一天告诉他终于得出了自我理解的结论。那位日本朋友说：I am a Shaman。阿兰解释说"Shaman"（萨满）就是巫师。那意思是日本的文明核心或许就是萨满……

由他的例子和讲解引申，可以提出的问题是：面对不同文明，"理解"的含义是什么？文明真能被"理解"吗？由此可推演出：文明是需要理解的，但何其难啊。因为理解不仅包括了"知道"而且包含了"懂得"和"体认"，也就是"在其中"而不是"在其外"。[①]

二 "中国中间论"

阿兰教授当日演讲的标题叫作"*Understanding Other Culture: Some Reflections in Relation to China and the West*"，可译成汉语的"了解另一种文化：有关中西关系的思考"。[②] 在具体讲述中，他提出了不少值得重视的观察视角和比较看法，比如地理的相似与相异、文明的渐变与突变，以及"中国中间

[①] 关于"理解"，阿兰用的英文是"understanding"。其本身就是一个难下定义的术语。有意思的是，西方学界有一个关于是否存在人工智能的著名试验，叫作"汉字屋"（Chinese Room）。其内容大致是把不识汉字的被试者请进有汉字符号使用手册的房间，让其根据手册提示对外面给予的汉字字条做出回应，以此证明一个表面看似乎可以"认识"的人其实并不理解——"understand"汉语。参见塞尔《心、脑与科学》。Searle, John (1980), "Minds, Brains and Programs", *Behavioral and Brain Sciences* 3 (3): 417 – 457, http://web.archive.org/web/20071210043312/http://members.aol.com/NeoNoetics/MindsBrainsPrograms.html.

[②] 需要说明的是，此处所引阿兰讲题的汉语翻译是活动组织者写的。其中把"understanding"译成"了解"而非"理解"，体现了其对英语该词的何种"understanding"。这或许就是个需要考虑的问题。对此，在汉语使用者内部的其他人极可能会有不同的说法。而这样的差异本身即在表明要做到"understanding other culture"是多么不容易。

论"等。

首先,通过地理方面的对比,阿兰提出了英格兰与日本的类似,即彼此都是规模不大的海岛,而且强调不若此就不能很好地理解其文化。作为海岛,其与大陆式文明的确不同。在这方面,日本学者梅棹忠夫在其著名的"文明的生态史观"理论里有过专门的论述。依照该理论,欧亚可视为一个整体,在其东西两端,是两个对称的海岛:英格兰与日本。二者之间才是几个彼此相关的大陆文明。① 梅棹忠夫的文明生态史观影响很大,在一定程度上甚至可以说为日本跻入欧洲诸强及其19世纪晚期以来日益增强的"脱亚"意识提供了文明生态上的理论依据。

可惜阿兰教授没在此展开,因此不知他对梅棹忠夫的理论作何评价。联系到不久前剑桥的东方系邀请耶鲁博士周婉窈来做讲座,内容也关涉海岛地理,即强调从海事角度为台湾写史,看来此话题还值得关注。②

其次,除了大小区分以外,阿兰教授提到了文明类型中的长短之别,亦即各自不同的历史关联。对此,他不仅指出相对于仅有几百年历史的美国而言,理解英格兰与中国这种"长文明"的难度,而且进一步分析了彼此因"进化"(evolution)或"革命"(revolution)所导致的渐变与突变。他用树木的生长作比喻,说英格兰的历史好比看不见的生长,其虽然也在变化,但慢慢地、慢慢地……直至蔓延到美国——其间你看不到明显的间断。中国等类型则不同,就像被刀拦腰劈断一样,其树干每每被革命整个地截掉了,然后再艰难地从树桩上重新长出来……

应当说,这是十分诱人的比喻,令人产生联想的地方也很多。不过从长时段历史的角度来看,学界以往的观点似乎恰恰相反,大多认为包括中国在内的东方社会是超稳定乃至停滞不前的;唯有西方才是断裂和突变的。也正是通过如此的对比,在哈佛任教的考古学家张光直才提出了著名的"玛雅—

---

① [日]梅棹忠夫:《文明の生態史観序説》,《中央公論》1957;中译本《文明的生态史观》,王子今译,上海三联书店1988年版。

② 周女士当日的讲题是 Taiwan in View of Maritime History,译成汉语,可叫作"以海事史的视角看台湾"。有关该活动的介绍可参见剑桥网页,http://www.ames.cam.ac.uk/news_events/chuan-lyu-2009.htm。

中国文明连续体"理论。①

接下来，对于从不同文化的角度思考中西关系，阿兰演讲里还有一个很有意义的对照模型，我把它称为"中国中间论"。他以印度和日本作为对照，提出日本是相对统一和单纯的文明；印度呢，更像一个众多文明的混合体（a union of civilizations）。相比之下，中国正好夹在中间，既非日本那样统一和单纯，也不像印度那么混杂并立。由此，他以自己在中国的游历为例，力图说明中国的文明如何从东北的辽宁到西部的云南让人感到十分类同，同时又如何在新疆、内蒙古等地之间保持着不同的民族文化多样性。

我想，能够把中国置于世界版图里进行观察对照，而不是像其自身过去那样紧紧地自锢于天下中央，其本身就标志了很大变化。只是这样的"置于"，究竟是该把中国放在日本和印度之间，还是摆到海岛与草原，亦即海事与游牧之间，倒还可以研讨，或许都值得一试。

三 视觉领域的异国认知

在接下来的问答阶段，有人向阿兰提出了如何看待在认识不同文明的过程中，大众媒体的影响问题。下来以后同去听讲的文杰也希望和笔者讨论。根据资料，这又说到阿兰的专长之一了。他本人据说就是著名的电视节目制作人，并在许多有名的电视频道担任顾问。所以这方面他当是大有话说，可惜也没太展开。在笔者的了解中，目前的人类学专业已扩展出一个相关的新领域，叫作视觉人类学或媒体人类学——visual anthropology, media anthropology。国内一些学校如中大、川大还设立了相应的学科方向。不过相比之下，做得较为热闹的是"文化批评"，即近来十分走红的"cultural studies"。这一派关注对当代大众媒体和流行文化的社会批判，即不断揭开所谓"知识"——包括由官僚、老板与精英等提供的诸产品——如何与权力"合谋"，从而制造出特定的话语垄断，并由此实现对民众思想的掌控。在这个意义上，报刊、电视及其背后的国家、精英往往是一体的。

---

① 参见张光直《考古学六讲》，文物出版社1986年版。

当然也正因如此，也就出现了不甘于受垄断和被掌控的诸多反抗，其中之一就是积极参与。在这方面，笔者不清楚阿兰具体做了些什么，反正已有越来越多的人士注意到，在对民众认识（谈不上"理解"）另一种文明的问题上，美国的《国家地理》杂志、好莱坞电影以及 BBC、CCTV 频道的相关节目，其影响力和塑造力是远在学者们严谨枯涩的专著之上的。例如，同样是纪念达尔文诞辰 200 周年，在剑桥这里举办了如此多的学术活动，可其对公众的影响全部加起来——至少在短期里，未必就超得过前不久 BBC 播出的一部专题片。当然值得庆幸的是，笔者看过那部片子，或许是其中的参与学者还算负责的缘故，该片给人留下的还是反思胜于浮夸。

所以，如何看待形象和视觉领域的异国认知以及在此过程中学者与媒体的作用，眼下已成为被普遍关注的问题，有人甚至将其关联到大国之间"软实力"的竞争高度，大有以国族为界全面反攻之势。这也是值得注意的。

四 "文明的简约"与"文明的对比"

回来后整理笔记，发现在阿兰的演讲里还有两个不应遗漏的主题。我概括了一下，一个可以叫作"文明的简约"，另一个是"文明的对比"。

文明的简约是很必要的。在人们与客观世界的接触过程中，具体的认识对象是分大小的。一个人、一个村落或社区与一个国家或一种文明的差别很大。如果说对前一种相对较小的类型尚可以采用人类学传统的个案研究方法予以观察了解的话，对于后者，即一个国家或文明，这种定点式的个案田野基本无效，因为即便你能将若干个不同小点组合起来，也不能够把握其文明的整体。怎么办呢？人类学家找到一种方式，即从"文化模式"（the cultural pattern）的视角出发，对大型的对象予以认知和把握。20 世纪以来，此方面最为出色的例子是阿兰教授在演讲中也提到的本尼迪克特及其研究日本的经典作品：《菊花与刀》[①]。该书以"国民性"为基点，从两个高度象征并且又

---

① 参见本尼迪克特（Ruth Benedict, 1887—1948），*The Chrysanthemum and the Sword: Patterns of Japanese Culture*。该书出版于"二战"以后，被认为从根本上改变了美国人对日本的理解。

对立互补的角度，对作为整体的日本文明加以概括。本尼迪克特的分析和结论得到了包括不少日本人在内的学者的广泛认可，甚至影响了美国处理战后日本的国策。不过由此回溯，西方世界采用此种方式对文明进行简约化处理的不乏其人。其中影响深远的有尼采提出的"酒神"与"日神"的对照、冲突，再就是后来斯宾塞、汤因比以及雅思贝斯等人以复数文明为单位所做的多种对照与概述。

在这样的简约观察中，不少学者免不了把"中国"添加进去。我印象里值得关注的是从心灵起点上对中西文明所做的相关概括。根据本尼迪克特等人的"文化模式"理论，西方文明以基督教为根基，属于"罪感"类型（"guilt" culture）——相信人人有原罪，由此建立起一套从信仰到经济到法制的制度；日本是"耻感"的文化（"shame" culture），所以有"武士道"和"神风队"，也有"艺伎"与"切腹"。但后来也有学者对此提出了不同看法，比如日本的心理分析学家土居健郎就指出，对日本文化模式而言，其国民性特点不是"耻感"，而是"依赖"，即"amae"（日文写作"甘え"）。①

那么对于中国这个庞大而漫长的文明，可否也能通过文明的简约来加以认知呢？有人做过尝试，即把中国也添补到上述框架之中，通过简约化处理，使之形成对照。比如李泽厚就提出，中国的文化既没有"原罪"，亦非"耻感"，是什么呢？是"乐感"（不知英文怎么译），特点是审美和陶冶，讲求"物我交融""天人合一"云云。② 且不管这样的概括是否有争议，其在方法上所做的努力，同样是对文明的简约，值得注意。笔者在这里加以转述，是想提醒阿兰教授的演讲中对"理解文明"之方法的强调，这是十分重要的。尽管文明的简约容易挂一漏万，以偏概全，但毕竟已成为一种认识的方法。真正问题在于如果没有恰当的方法，连对文明的认识都几乎不可能，遑论理解？

与此关联，在能够对不同文明加以简约化处理之后，接下来的工作自然就进入另一个程序：文明的对比。其实这也是把文明视为复数之后的必然结

---

① 参见土居健郎（1920— ）：甘えの構造 Amae no kōzō, 1971。英文本的书名译为 *Anatomy of Dependency*（1973）；中译本则叫《日本人的心理结构》（商务印书馆 2006 年版）。土居健郎认为以"罪感"和"耻感"来对比西方和日本的做法，"从道德上贬低了日本"。

② 参见李泽厚《实践理性与乐感文化》，生活・读书・新知三联书店 2005 年版。

果。既然是复数，文明便表现为多样和不同。问题只是你该如何看待并评价各自的特点和差异。阿兰的演讲没有对此特别展开，但通过其分析依然让笔者感到了他采用的是一种当代人类学立场，即"文化相对主义"（cultural relativism）。这种立场的根本之处在于视所有文明为平等存在，不分高下，各有长短。这样一来，一个由其引出的重大挑战就出现了。被挑战的对象便是长久以来被视为真理的庞大体系："进化主义"。

与进化主义分优劣、比强弱以至于导致祈望单一的人类走向不同，文化相对主义强调的是文明的共时性组合及其互补性特征。也就是说，"文明"因人与自然、社会的调适而出现，其不论大小，皆只有相对的价值，而无绝对的是非，因而也没有绝对的标尺和"中心"。换用人类学的汉语表述来说，则既要"各美其美"，又能"美人之美"。①

---

① 此种"各美其美"的观点在当代汉语世界传播甚广。其最早由费孝通提出，并被有的人概括为"十六字箴言"或"三美一同"，即"各美其美，美人之美；美美与共，天下大同"。不过费孝通本人在阐述过程中一直有所修订，最后一方面继续呼唤对"天下大同"的希望，同时更表达出对"和而不同"的认可。参见费孝通《"美美与共"与人类文明》。该文原为2004年在"北京论坛"上的演讲稿，刊发于《群言》2005年第1—2期，又被《新华文摘》2005年第8期收录。

人类学与博物馆
——华盛顿"国立美洲印第安人博物馆"考察报告

新华网华盛顿电讯[①]：

……头上戴着插有羽毛的头饰、胸前佩戴各种纪念章的近万名印第安人21日聚集在美国首都华盛顿的国家广场，欢庆期待已久的美洲印第安人国家博物馆开馆。

在宽阔的广场上，人们敲打着手鼓，唱着古老的歌曲，表达心中的喜悦。据组织者称，共有8900多名印第安人参加了游行，他们来自北美各地。土著人卡罗尔对印第安人博物馆开馆表示欢迎。他说，他参观过全美绝大多数博物馆，但在这些博物馆里没有任何土著人物品的陈列。现在印第安人博物馆开馆了，这表明美国终于接受这个国家有土著人存在这个事实。

一 前 言

从政治、经济到文化和艺术，多民族国家的族群关系体现在多个方面。博物馆的收藏和展示是其中重要窗口和场域之一。为了探寻和比较作为多民族大国的美国在博物馆展示方面的相关情况，笔者于2012年5月底至6月初，

---

① 新华网2004年9月21日华盛顿电。

对设在华盛顿国家广场的"国立美洲印第安人博物馆"和"非洲人博物馆"进行了短期的专项考察;与此前后还选择费城"黑人博物馆"和纽约"大都会美术馆"做了对比。根据课题需要,"国立美洲印第安人博物馆"是本次考察重点。故本报告亦以该馆为中心来描述和展开。

"国立美洲印第安人博物馆"的英文名称为"National Museum of the American Indian",本文简称"NMAI"。报告的内容主要包括"NMAI"的缘起、组织、展出结构和预期功能,顺带介绍该馆的开放情况与各界评论。此外还可根据考察议题之需,再与其他几个不同和类似的博物馆做简要对比。

在进行了前期基本的资料收集和目标设计后,笔者确定了本次考察三个相关问题:(1) NMAI 为何创建?(2) 如何不同?(3) 有何意义?

(一) 考察路线:费城—纽约—华盛顿

第一站,费城(2012 年 5 月 24—28 日):(1)"独立纪念堂"(Memorial Hall),重点了解对"国家历史"表述和陈列;(2)"非裔美国人艺术博物馆"(The African American Museum of the Arts),重点了解对"美国黑人"的描绘和评价。

第二站,纽约(2012 年 5 月 29—31 日):(1)"大都会艺术博物馆"(Metropolitan Museum of Art),重点了解对不同族群的文化传统及其贡献的收集、区分和展示;(2)"现代艺术馆"(The Museum of Modern Art),重点考察该馆如何处理"现代性"创作中的族群问题。

第三站,华盛顿(2012 年 6 月 1—3 日):(1) NMAI("国立美洲印第安人博物馆"),考察内容如前述;(2)"美国国立非洲艺术博物馆",与 NMAI 作为对比,考察博物馆对待"非裔美国人"(African–American)与"本土美国人"(Native–Americans)的展示区别。

(二) 收集资料

(1) 美国国会有关修建"NMAI"的国会法案(National Museum of the American Indian Act, 1989)等背景材料;

(2) 华盛顿国家广场地图(全景和俯览图,采自相关资料);

(3)"NMAI"的相关图片(部分由笔者在馆内拍摄,部分采自其他资料);

(4)"NMAI"出版的英文期刊(在馆内购得)及自我介绍(NMAI网页);

(5)一部关于"NMAI"的专著及各界有关"NMAI"的报道和评论(中英文);

(6)作为对照的其他场馆资料。

(三)考察的成果

成果包括:一份考察报告、一篇专题论文、一次小型研讨会以及若干相关资料。

二　背景介绍

(一)缘起

NMAI 选址在美国首都华盛顿国家广场的显要位置上,与国家艺术馆(National Gallery of Art)相对,距国会大厦只有几百米,从 1989 年正式筹建以来总投资超过 2 亿美元。如此重大的举措,如果没有从政府到民间的参与支持几乎不可能。这些因素包含了印第安人士和团体为争取民族话语权的长期奋斗、政府在原住民政策方面的改善,以及知识界、工商界对美国作为多民族国家在族群文化与历史表述方面既有缺陷的检讨与弥合。其中值得特别关注的有如下机构。

1. 印第安人团体

如"易洛魁联盟"(Iroquois)和"美国'第一民族'研究中心"(the Center for the Study of the First Americans)等。"易洛魁联盟"是北美最早的土著民族组织,在 16 世纪末创建时,主要由五大部族摩和克人、奥奈达人、奥农达加人、瑟内萨人和卡尤加人组成,被视为美国东北部和加拿大东部最强大的原住民力量。自创建以来，他们通过自治政府和武装，英勇开展了反抗法国、荷兰和不列颠殖民者的长期抗争。他们的存在不仅启迪了摩尔根（L. Henry Morgan）式的人类学探索、民族志撰写及印第安文物收藏，而且开拓了美洲印第安人对殖民者长期和有组织的反抗。

"美国'第一民族'研究中心"是设在高等学府的机构，1981年创建，目的在于确立美洲原住民的首要地位。该机构提的问题是：谁是美洲最早的开创者？谁才称得上美洲本土的"第一民族"（The First Nation）？为此，中心组织了多学科的综合研究，从基因与考古等角度加以阐释，答案是："第一民族"就是被误称为"印第安人"的美洲土著。①

更为重要的是，自20世纪60年代波及全美的民权运动后，越来越多的印第安人积极参与教育、学术、传媒及博物馆业等社会领域。正是由于他们的长期奋斗和卓越实践，才为NMAI的成功创建打下了坚实的社会基础。

2. "史密斯松尼安协会"

该组织创建于1846年，英文名叫"Smithsonian Institute"，自19世纪英国科学家史密斯松（Smithson）捐赠给美国的一笔遗产发起创建后，如今已发展成为全球最大的博物馆联合体，拥有包括"美国自然史博物馆""美国航空航天博物馆"和"国家动物园"等在内的19家著名机构，以及若干个专门的研究中心。如今在华盛顿国家广场四周分布着十多座展览场馆，其中有10座隶属于史密斯松尼安体系。在这个意义上，该协会几乎成了"国家广场"的主创人，乃至被一些报道描述为美利坚"国家形象"的构成部分。②

经过多年经营，史密斯松尼安协会的博物馆系统已演变为超大规模的联合体，从庞大分布及广泛影响看，堪称美国乃至世界的"博物馆帝国"。在史密斯松遗志激励下，还在继续扩张。什么样的遗志呢？那就是：扩展人类知识，成为世界公民（world citizen）。

有鉴于此，便不难理解该协会为何要涉足并积极参与"NMAI"的创建了。经了解，自1989年筹备到2004年开放，"NMAI"的最终建成，在很大

---

① 资料来源：美国"第一民族"研究中心网页，http://www.centerfirstamericans.com/about.php。
② 资料来源：史密斯协会图书馆网页，http://www.sil.si.edu/Exhibitions/Smithson-to-Smithsonian/intro.html。

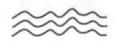

程度上应归功于史密斯松尼安协会的努力。

3. "海伊博物馆"（Heye Museum）

海伊博物馆与出生于1874年的收藏家乔治·戈斯塔夫·海伊（George Gustav Heye）有关。海伊的父辈是从德国移民到美洲的。他本人学的专业是电气工程。由于长期不断地收藏美国印第安人的文物，海伊成了世界上个人收藏印第安文物的最多者。1908年，这些藏品被汇集到以海伊命名的博物馆，并提供给滨州大学的考古学与人类学博物馆展出。后来，总数超过百万的这些印第安文物被统称为"海伊藏品"（Heye Collection），1916年破土动工的"美洲印第安人博物馆"（The Museum of the American Indian）就是以它们为基础兴建的。该馆设在纽约的155大街上，靠近"百老汇"。1922年建成开放，馆长就是海伊本人。该馆关闭于1994年，当年在史密斯协会接管下成立了"国立美洲印第安人博物馆海伊中心"（the Heye Center of the National Museum of the American Indian）。从此，"海伊藏品"如数移交史密斯协会后成了NMAI的核心部分。①

图62　华盛顿国家广场

在这个意义上，NMAI可视为"海伊博物馆"的升级版。

4. "国家广场"（National Mall）

位于首都华盛顿的国家广场堪称美利坚合众国的核心象征。"Mall"的原意是林荫大道，因此有的汉译也称为华盛顿"国家大草坪"或"国家公园"。

---

① 参见国立美洲印第安人博物馆馆刊1997年1月号上的文章。"George Gustav Heye"。"*National Museum of the American Indian*"，January 1，1997。

这里是举行总统就职典礼等国家性重大庆典的场地，也是马丁·路德·金"我有一个梦想"的发表地，以及举行众多历史性示威游行的地方。在长达三公里的绿地周围有一圈重要建筑和地标，其中包括华盛顿纪念碑和国会大厦等。由于受美国国会的广场保护法案限制，任何一座能够入选其中的"地标"——无论是纪念碑还是博物馆，都具有举足轻重地位并产生全国性影响。截至2004年，整个广场拥有的地标共16个，除了华盛顿纪念碑和国会大厦外，还有国家历史博物馆、国家自然史博物馆和国家艺术馆、国家航空航天博物馆等，每一个都非同小可。可见，能在2004年增列其中的NMAI是多么的值得重视和意味深长。

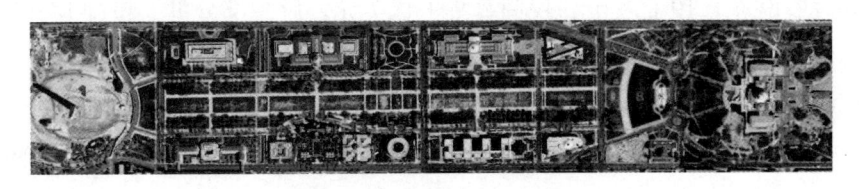

图63　华盛顿国家广场俯览①

（二）兴建

1989年12月，经由印第安裔（夏安族）议员坎伯贝尔（Ben Nighthorse Campbell）与夏威夷日裔参议员井上健（Daniel Inouye）的提交，美国国会通过了筹建"NMAI"的法案"National Museum of the American Indian Act"（NMAIA，Public Law 101-185）。其中的内容十分丰富，从创建宗旨、法律依据以及集资分配和分工管理等，几乎无所不包。对于建馆原因和目的，国会法案的第2款是这样陈述的：

国会意识到（The Congress finds that）：
（1）迄今为止尚无一家国立博物馆专门关注美洲原住民的文化和历史；
（2）尽管史密斯协会曾大量资助过土著美国人（Native American）

---

① 资料来源：http://en.wikipedia.org/wiki/National_Mall。其中的数字1、7、5、11的标记之处，分别是华盛顿纪念碑、国会大厦、国家艺术馆及航天馆。数字10为已建成的国立美洲印第安人博物馆。

项目，但它所拥有的 19 所博物馆及相关研究机构还排外性地尚未关注土著美国人的历史和艺术；

（3）纽约州的"海伊博物馆"拥有世界上品种最多的土著美国人藏品，种类包括建筑、艺术品和民族学物品，可惜其场地有限；

因此倘若把"史密斯松尼安协会"与"海伊博物馆"的力量联合起来，就能创建一所国家性的印第安人博物馆，让全美国人都能由此参观和了解印第安人的文化遗产——包括他们的历史成绩与当代创造。①

随后，"NMAI"开始兴建，前后历时 15 年，总投资 2.19 亿美元。其中，联邦政府出资 1.19 亿美元，民间募集 1 亿美元。后一部分里，超过 1/3 来自各印第安部落的捐赠。

参加设计和修建"NMAI"的人员中，有不少是来自美洲各地的印第安人。设计师是加拿大的原住民道格拉斯·卡迪纳尔。在他的强调下，博物馆的建筑风格充分展现了印第安人的传统特色。

负责监制景观的唐纳（Donna E. House）来自印第安的纳瓦霍部族。他说：景观与建筑融为一体，与之相关的环境标志着我们是谁。"我们是这些景观中的植物、岩石和水流。它们全都是博物馆的组成部分。"② 另一份相关报道则描述道：

（NMAI 的）外观呈雄浑的曲线形结构，再现了美国西南部的风化山岩地貌……环绕博物馆四周的 4 英亩园地布局，更是体现出自然有机的设计主题：一块见方不大的农地上种植着大西洋沿岸中部地区原住居民的传统植物（玉米、大豆、烟草）；一片湿地说明天人合一的重要；还有 40 块被称为"始祖岩"的大卵石，以及环绕着一个篝火坑的露天演出场。

按照许多印第安人的传统，博物馆面向正东，迎接旭日初升。

---

① 资料来源：*National Museum of the American Indian Act*, Public Law 101 - 185, 101st Congress (28 November 1989), http://anthropology.si.edu/repatriation/pdf/nmai_act.pdf。
② Francis Hayden, "By the People", *Smithsonian*, September 2004, pp. 50 - 57.

图 64　NMAI 的正面

报道的结论是：正是由于突出的印第安风格，NMAI 的建筑特征与华盛顿国家广场两侧的传统地标形成了"鲜明的、也是刻意的对比"[①]。

2004 年，位于华盛顿 DC 的"NMAI"展馆正式建成，地址是"Fourth Street and Independence Avenue, Southwest, Washington D. C."；占地面积为 1.72 万平方米（约为国立美国历史博物馆——6.97 万平方米的 1/3）。主体建筑高 37 米，共 5 层，总面积 2.3 万平方米。其中各楼层的平面如图 64 所示。

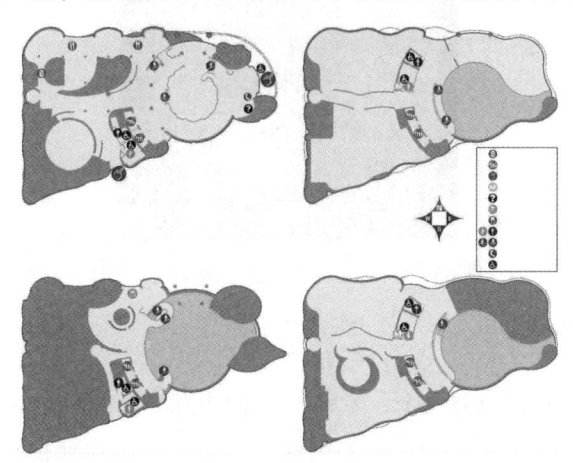

图 65　上左：第一层；下左：第二层；上右：第三层；下右：第四层[②]

[①] 资料来源：Lauren Monsen，《国立美洲印第安人博物馆定于 9 月 21 日落成开放》，《美国参考》，2004 年 9 月 24 日。引自"学术交流网"（www.annian.net）/美国社会生活，2004 年 9 月 22 日。

[②] 资料来源：Smithsonian 官网，http://www.si.edu/Museums/american-indian-museum。

三 NMAI 简述

由于内容丰富、涉及面广,"NMAI"值得观察分析的方面很多。本报告从几个主要层面展开。

(一) 命名含义

"NMAI"的全称是"National Museum of the American Indian",汉语可译为"国立美洲印第安人博物馆"。不过其中的每一个词语都需要解释。

"国立":在这里,"National"是指国家而非民族,"国立"的意思不是官办而是指联邦,亦即超越了地方州、社团或某一印第安人的单一部族。因此,"National"在此的含义实指"The United State of American (Nation)"。

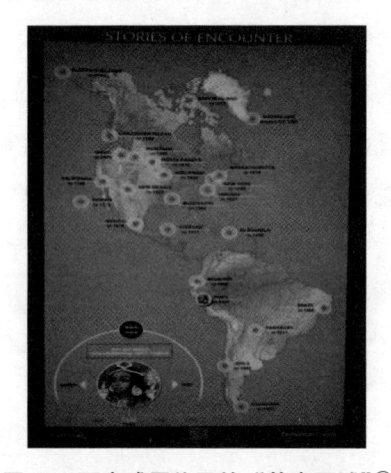

图 66 西半球原住民的"故事区域"①

"美洲":"American"本可译为美国,但从该馆涵盖的范围看,译成"美洲"更准确些。在一定意义上,它还与"西半球"(the Western Hemisphere)的含义等同,包含了北美洲、中美洲和南美洲。在美国的情景里,还包括了位于北太平洋的夏威夷原住民区域。

"美洲印第安人":这个词值得深究一番。在美国官方文献里,对于使用

---

① 资料来源:笔者摄于 NMAI。本文图片未加说明者均为笔者拍摄,下同。

什么词语来称呼所谓的"印第安人"是经过长期论争的。演变至今,保留了两个常用的名称:"Native American"和"American Indian"。自从20世纪60年代以"政治正确"为标志的民权运动兴起后,"印第安人"一词日益受到非议,故用得较多的是前者;但NMAI选后者,估计主要是出于对其涵盖面超越了美国的实际考虑。对于汉语而言,"Native"一词可译成"土著的"或"本土的"。二者都有缺陷,后者含义模糊,前者略带贬义,故需要在使用时视情况而定。例如,在与NMAI相关的美国国会法案里,就对"Native American"有专门的说明。其中陈述道:

> The term "Native American" means an individual of a tribe, people, or culture that is indigenous to the Americas. ①

译成汉语,意思是:"Native American"指的是美洲各地的原住民,包括不同的部落成员、族群和文化。此时,"Native"一词译为"本土"或"土著"都没错。

当笔者刚接触到NMAI的名称时,见其仍保留"印第安人"一语,感到与该馆的初衷明显矛盾。经过查阅各方解释及论辩后才明白这看似简单其实复杂的命名,其实是多民族国家深陷难离的普遍难题,只有通过族群互动的积极实践方可求解。

(二) 总体布局

因为最初是由上述的"海伊博物馆"(包括海伊基金会和海伊藏品)等延伸而来,"NMAI"就与一般博物馆不同,在布局上不仅限于华盛顿国家广场一处,还包括了设在纽约和马里兰的两个中心,即"海伊中心"[George Gustav Heye Center (GGHC)]和马里兰的"文化资源中心"[The Cultural Resources Center (CRC)]。三者各负其责,相互补充:以华盛顿"总馆"的展览为核心提供多项服务并实现博物馆预期的各项功能。此外,还有一支以网页、巡展、馆刊和会员项目为特色的团队,被称为"NMAI"的"第四馆"。

---

① 资料来源:*National Museum of the American Indian Act*,Public Law 101-185,101st Congress (28 November 1989),http://anthropology.si.edu/repatriation/pdf/nmai_act.pdf。

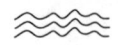

纽约的"海伊中心"偏重关于印第安文化的影视制作和播映。马里兰中心则负责学术研究，主要功能是为印第安裔和非印第安裔的学者提供图书馆和档案库服务。

图67　观众实拍的纽约"海伊中心"场景

（三）主要功能

根据1989年通过的国会法案（NMAIA），NMAI的主要功能是对"本土美国人"（Native American）的文化传统进行活态呈现。其中的任务包括三个方面：

1. 提升对美国原住民的研究（To advance the as "a living memorial to Native Americans and their traditions"）；

2. 收集、保护及展出美国原住民藏品（To collect, preserve, and exhibit Native American objects）；

3. 提供研究美国原住民的项目（To provide for Native American research and study programs）。

为此，NMAI将利用博物馆拥有的一切现代手段提供服务。根据分工，位于首都华盛顿的NMAI"主馆"（The museum on the National Mall in Washington D.C.）负责的是专题展出、舞台表演、讲座和研讨会、出版馆刊《美洲印第安人》（*American Indians*），以及开展学术研究和安排相应的公共教育等。用史密斯松协会的话说，NMAI 的功能即"致力于保护、研究和展示西半球原住民的生活、语言、文学、历史和艺术"。

2004 年 9 月 21 日，NMAI 向公众正式开放。首期推出的系列展览，如同一出完整的"博物馆剧"，在主题、称谓和结构上具有浓郁的印第安人自我意识和人类学意义上的"主位"特征。该"剧"由三个部分构成，分别是：

第一幕，"我们的天地：传统知识形成的世界"（Our Universes: Traditional Knowledge Shapes Our World）；

第二幕，"我们的族人：让我们的历史发出声音"（Our Peoples: Giving Voice to Our Histories）；

第三幕，"我们的现实：当代生活和身份"（Our Lives: Contemporary Life and Identities）。

这种主体性的博物馆叙事一改以往其他司空见惯的"他称"和"陪衬"样式，使美洲印第安人的文化传统得以由缺席的"被表述"向主动的"自表述"转型和提升。

与此同时，设在纽约的"海伊中心"［George Gustav Heye Center (GGHC) in New York City］设置有专门的影像机构"Film and Video Center"，负责拍摄和演播表现印第安文化的影片，并通过关联性网站"native networks"展开印第安题材的影像节活动——Native American Film + Video Festival。

在华盛顿主馆，观众们的参观是由先到四楼演播厅观看影片《我们是谁?》开始的。影片长约 13 分钟，配有西班牙语、法语和德语、日语。播映厅以美洲原住民风格建成，并以印第安语的一种取名为"勒拉威"（Lelawi）——意思是"不偏不倚"，另外又配置有四面对称的银幕和立体音响等高科技设施，体现出将传统与现代在精心设计和高投资的结合下融为一体的企图。在 NMAI 的众多场馆中，仅此一处据说就耗资百万美元。相对随后几幕重要的博物馆大戏来说，观众们在此看到的短片相当于整个展览的"序曲"。它通过对美洲印第安人的身份提问——我们是谁? 引出了接下来的完整诉说。借助一位美洲土著的视角，影片揭开了印第安人文化的帷幕。其中既有各部族的起源、印第安人与大地和环境的关系，也包含了他们对宗教信仰与传统知识的重视，以及原住民的自我管理和自我表现。①

图 68　Lelawi 演播厅②

2012 年 6 月初，在笔者参观 NMAI 时，馆内的布展有所调整。除了常年开放的"序幕"电影和上述三大主题的展示外，又增添了三个新专题，分别是：

1. "世界最佳：奥运会中的土著运动员"（Best in the World：Native Athletes in the Olympics）；
2. "骑马民族的颂歌"（A Song for Horse Nation）；
3. "重返印第安土地：切萨皮克的阿尔冈昆人"（Return to a Native Place：Algonquian Peoples of the Chesapeake）。

其中第一个专题是为纪念 1912 年的斯德哥尔摩奥运会 100 周年而设的。100 年前，美洲原住民运动员 Jim Thorpe 赢得了奥运会的五项全能和十项全能奖牌；夏威夷的 Duke Kahanamoku 夺得百米自由泳奖牌。

（四）开馆庆典

2004 年 9 月 21 日举行的 NMAI 开馆庆典格外热烈。据报道，活动从上午 9：30 开始，来自西半球各地的印第安部族成员身着传统服饰在国家广场举行

---

① 资料来源：NMAI 的官网介绍及其他媒体的相关评论，如 Sara Malone, Lelawi Theater, National Museum of the American Indian, 参见 http：//www.buildings.com/tabid/3334/ArticleID/2625/Default.aspx。
② NMAI 官网图片。

盛大游行，从史密森学会总部所在地出发，经国会大厦后抵达新落成的博物馆。除了印第安人的部族代表、演艺家和各界人士外，还有美国政府的各级政要。此前的头一天，时任总统的布什在白宫举行的仪式上致辞，强调了印第安人的历程"是美国历史的核心部分"，并指出这座最新博物馆的开放表明了一点，那就是印第安人及其自治政府具有"强大勃勃的生机"。[1]

开馆仪式上，印第安裔的馆长韦斯特（W. Richard West）在致辞中说，如今世界各地的原住民终于有了团结为一体的场地，在这里向全球展示我们对于人类的贡献。[2]

为配合庆祝新落成的博物馆正式开放，从9月21—26日还在国家广场举办了持续6天的"美洲原住民节"（First Americans Festival），内容包括音乐舞蹈表演、讲故事、演示印第安乐器、服饰、食品和传统工艺的制作。

图69　印第安裔的馆长致辞　　图70　开馆庆典上来自新西兰的土著游行[3]

当日《纽约时报》的报道是这样形容的：

周二（2004年9月21日）上午，来自美洲半球（the American hemisphere）500多部族的20000多名印第安人聚集在华盛顿国家广场，举行国立美洲印第安人博物馆开馆的庆典游行。这一由NMAI组织，或许称

---

[1]　资料来源：《美国参考》2004年9月24日报道，《布什总统祝贺美洲印第安人博物馆落成开放》，http://www.annian.net/show.aspx?id=10289&cid=8。

[2]　Shauna Lewis, Grand Opening of the Smithsonian National Museum of the American Indian. 转引自 http://firstnationsdrum.com/2004/06/grand-opening-of-the-smithsonian-national-museum-of-the-american-indian/。

[3]　图片引自新华网的报道资料。

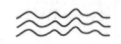

得上当代美洲土著人民的最盛大壮举,与其说仅是为了庆祝隶属史密斯松尼安博物馆体系的又一新建筑落成;不如说是在举行全美洲原住民的自我欢庆。①

(五) 运作模式

经过与美洲原住民人士和团体的多方沟通,为了凸显对印第安文化的活态展现,NMAI 在运作上采用与其他博物馆不同的模式。

早在 NMAI 兴建之前,通过与印第安各界人士的交流和沟通,筹建方就了解到印第安人所希望的不仅是静态地展示 1 万年来的部族生活和文化,更希望把博物馆当作窗口和平台,使自己及更多的人接触到印第安的文物和当代文化。例如,切罗基族(Cherokee)前酋长威尔玛·曼基勒就表示说:"我们应该利用这个重要的机会来告诉人们,印第安人是一个生机勃勃的文化的参与者,而不是博物馆或历史书里的事物。"

因此,NMAI 选择了别具一格的运作模式,其中最突出的一点是对来自美国和全美洲的印第安族裔成员提供特别优待。在这里,印第安各部落不仅可以接触到 NMAI 三个藏馆的展品与文物,而且还可根据需要借走其中自己需要的东西。有报道说:

> 加利福尼亚中部的印第安部落米卓普达(Mechoopda)发现博物馆的藏品中有一件本族的舞衣,而那种舞蹈在 1906 年之后就再也没人表演过了,于是他们就向博物馆商借这件舞衣。(NMAI 负责文化资源的馆长助理)伯恩斯登先生随即带着这件鹿皮衣服去到了米卓普达部落所在的地方,让部落里的人照着它的样子进行复制,由此使这种舞蹈重现生机。

布鲁斯·伯恩斯登解释说:"每一件物品在我们眼里都是有生命的东西,它们不仅仅是样本或者文物。"②为了遵循事物皆有生命的文化传统,博物馆

---

① Rothstein, Richard, "2004 Museum with An American Indian Voice", *The New York Times*, September 21, weekend pp. 1–5. 译文由笔者提供。

② [美]伊丽莎白·奥尔森:《印第安人自己的博物馆》,秦苑文编译,《中华读书报》2004 年 10 月 27 日。

还向参与合作的数十个印第安部族成员承诺，同意他们定期来向本族的圣物致祭或献礼。比如说，新墨西哥的圣克拉拉部落（Santa Clara）就可以"按照滋养圣物的传统"，在本族的物品周围"抛洒玉米粉"。与此同时馆内的员工也需接受专门的培训，以正确应对此类情况。①

（六）相关评论

自1989年开始筹建以来，有关NMAI的评论很多，称赞和批评者都有。前面提过的《纽约时报》那篇报道选择以"发出印第安人的声音"为题，突出创建NMAI对印第安人的意义。文章写道：

> 数百年来，在经历了无数的战争、毁灭、退让以及失败和复兴之后，这座面对东方、朝向国会大厦的印第安人博物馆本身就是一个象征，仿佛在向世界表明一个真理："我们仍然在这里！"②

对于NMAI的缺点，报道认为在于或许为了要平衡每一个不同的印第安部族，导致展出的方式过于单调、表面化和说教味过浓。

《美国参考》Lauren Monsen的文章转引了管理人员的自我评价，强调NMAI是"美国第一座专门为美洲原住民建立的博物馆，也是第一个从原住印第安人的角度安排所有展览的博物馆"。作者评述说："观察人士一致认为，史密森学会兴建的国立美洲印第安人博物馆是一件建筑杰作，博物馆中陈列的美洲印第安人的珍品彰显了西半球印第安人不断取得的成就以及不断发扬光大的传统。"③

其他的学术性文献也有不少，较为重要的是库伯等主编的专题文集：《国立美洲印第安人博物馆：评论对话集》（*The National Museum of the American Indian: Critical Conversations*, Edited by Amy Lonetree, Amanda J. Cobb, U of

---

① ［美］伊丽莎白·奥尔森：《印第安人自己的博物馆》，秦苑文编译，《中华读书报》2004年10月27日。

② Rothstein, Richard, "2004 Museum with An American Indian Voice", *The New York Times*, September 21, weekend pp. 1–5. 译文由笔者提供。

③ Lauren Monsen，《国立美洲印第安人博物馆定于9月21日落成开放》，《美国参考》2004年9月24日。引自"学术交流网"（www. annian. net）/美国社会生活/2004年9月22日。

Nebraska Press）以及 2012 年出版的另一部专著《去殖民化的博物馆：国立与部族展示中的土著美国人》（Amy Lonetree, *Decolonizing Museums*: *Representing Native America in National and Tribal Museums*, University of North Carolina Press, 2012）。主编者库伯把 NMAI 的创建与"文化主权"（Cultural Sovereignty）联系在一起，指出应把 NMAI 视为继白人与印第安人打交道过程中先后出现的"军队"（暴力）、"教堂"（教化）和"条约"（政府）之后的"第四种力量"，由此见出印第安人对博物馆功能的日益重视以及在"文化主权"意识上的觉醒。①

至于中国官方和观众的意见，通过网络搜寻，也查询到部分报道、评论和观感。我国主流媒体多以客观报道的方式做了介绍，其中不少持的是肯定性态度，如前文所引的新华网消息。此外，对 NMAI 提出褒贬兼顾的评论也有。一篇题为《国立美洲印第安人博物馆——美国人的自我安慰》的文章先称赞"站在原住民的角度，通过原住民的思维来向大众推介这个美洲大地上的古老文化"，接着对该馆似乎有意回避白人的殖民罪恶提出了批评：

> 在美国创建者们的先辈出现之前，印第安人在美洲大陆已经生活了一两万年，然而在美国的历史上，除了被屠戮和掠夺外，几乎看不到他们的身影……
>
> 不过如果留心的话可以注意到，对于那段印第安人的惨痛历史，NMAI 似乎是含糊其辞，而在国家广场另一端的国家历史博物馆好像也没有相关的内容。可能没人想提起那段令人难堪的过去吧。②

一名来自贵阳的退休教师参观了设在纽约的"海伊中心"和华盛顿"主馆"后，在博客里写了如下意见：

> （1）博物馆（指纽约的"海伊中心"）坐落在美国海关原址，虽然服务人员不多，但却有很多让游客自己动手的装置。长年如此的"金碧

---

① 参见库伯《作为文化主权的美洲印第安人博物馆》。Amanda J. Cobb, The National Museum of the American Indian as Cultural Sovereignty, *American Quarterly*, Vol. 57, No. 2 (June 2005), pp. 485 - 506.

② 夫子：《国立美洲印第安人博物馆——美国人的自我安慰》，《数字商业时代》2009 年 9 月 4 日。

辉煌"（指展出时一直开灯照明的蜡像区），想来光是电费也要开支不少。由此可见老美对于宣传自己的历史，是不惜本钱的。

（2）尽管这个博物馆不收门票，但和华尔街口的铜牛、"自由女神"相比，显然有点门前冷落车马稀。此外，用这座"移民局"的旧址来作美国印第安人国家博物馆，仅仅是一种偶然的巧合吗？我怎么会感觉到耳边掠过一丝丝嘲讽的冷风呢？！

……

（5）要想了解美国，就不能忽略印第安民族的历史。我想，我看印第安人，大概就像老美看我们的藏族一样远古而神秘吧。可惜我们这代人在过去有限的课外读物中，只读到过关于这个民族的极为有限的描述，现在算是补课吧。

针对博主的观点，有网友回应说："印第安人是原住民族。时代的变迁，回归了历史。从这一点说，美国人还是很实事求是的……"至于博主本人，虽自称看不懂英文解说词，却对史学界公认"印第安人是从亚洲迁徙来美洲的蒙古人种"之说产生了广泛联想，认为他们"说不定还是我们中华民族的远祖亲戚呢"。[1]

四 与其他博物馆的比较

2004年建成开放的NMAI特色鲜明、影响广泛，却并非孤立的事件和现象，需要结合美国社会的族群问题和博物馆展示体系才可获得全面深入的理解。为此，笔者选择了不同地点的几个相关场馆来做比较。

（一）费城（Philadelphia）

费城是美利坚合众国历史最悠久的城市之一，是《独立宣言》和《美国

---

[1] 资料来源：署名为"黄月亮红月亮"关于2008年8月24日参观的博客文章，《美国印第安人国家博物馆》。http://blog.sina.com.cn/s/blog_58908bff0100gn2s.html。

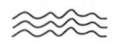

宪法》的起草地，还曾是比华盛顿特区更早的美国首都。作为一种重要的纪念和传播方式，在这里修建的每一座展览场馆无不具有开创性象征意义。针对与多民族展示相关的问题，笔者主要考察了其中的两处："独立纪念堂"和"非洲裔美国人博物馆"。

"独立纪念堂"的英文名叫"Independence Hall"，资历很老，最早是18世纪30年代作为殖民议会的议场而修建的。1776年7月4日，来自大不列颠殖民下的北美十三州的代表在这里签署独立宣言，宣告美利坚合众国诞生。1948年后，经国会批准，以纪念堂为核心修建了"独立国家历史公园"。公园由四个街区组成，包括的景点有独立广场、卡本特厅（第一届大陆会议召开地）、富兰克林故居以及格拉夫厅（重建，《独立宣言》起草地）、酒馆城（革命战争核心区域）等，堪称规模宏大的博物馆群。然而在对待美洲土著人民的态度上，这里的纪念可以说仍充满空白和偏见，除了大肆宣扬的"独立钟"及"独立堂"之外，不但几乎看不见"印第安"文化的身影，甚至在彰显人权平等的《独立宣言》里也保留着异常的傲慢，将本土原住民称为"残忍的印第安野蛮人"（merciless Indian savages）。

本来，《独立宣言》的宗旨是要宣告独立自由及人人平等，提出的主张是"人人生而平等，造物者赋予他们若干不可剥夺的权利，其中包括生命权、自由权和追求幸福的权利"，然而却又明确将印第安土著排除在外。为何如此？原因在于在进化论观念影响下，印第安土著被划成了文明之外的"野蛮"种类。①

费城的"非洲裔美国人博物馆"（The African American Museum in Philadelphia）离独立纪念堂不远，建于1976年，是展示美国黑人文化的专题馆。我去的那天，参观者的稀少与独立纪念堂形成强烈对比。后者免费参观，形成差别的原因不知是否与这里要花10美元的门票钱相关。快中午的时候，阳光炙热，上下几层楼里几乎仅有笔者一人。不过该馆的展示目标引起了笔者的注意。在致观众的简介中，博物馆声称：在费城，如果缺少了对黑人的纪念和展示是不可思议的。为什么？因为没有黑人就没有美国。由此可以见出在博物馆领域的文化展示和表述上，美国社会对自身多元构成的一种反思。

---

① 相关评论可参阅刘仰《"美国人民"不包括印第安人》，《环球视野》2010年9月9日，http://www.globalview.cn/ReadNews.asp? NewsID=22147。

图 71　博物馆的解说语（笔者拍摄于 2012 年 5 月 29 日）

该馆的解说词这样叙述道：

> 费城的非洲裔美国人迫使美国乃至世界面对一个严肃问题：自由的真意是什么？谁该拥有自由？

此外，这所博物馆体现的另一个特征是在整个展出的表述里，出现了凸显黑人主体的第一人称叙事。观众通过触摸 1∶1 的多媒体显示屏，即可看见事先录制好的黑人历史人物（由现代人装扮），听见他/她们讲述以"我"开头的故事。男女皆有，形形色色，直接面对，生动可感。

（二）纽约（New York）

作为美国的最大城市和世界性大都会，纽约的文化展示可谓应有尽有。除了著名的"百老汇"外（那里有常年上演的各种舞台剧，其中不少便与族群话题有关），还有"大都会艺术博物馆""美国自然历史博物馆""纽约科学馆"以及"现代艺术博物馆"和"古根海姆美术馆"。

"大都会艺术博物馆"（Metropolitan Museum of Art）堪称世界最大的艺术博物馆。自 1872 年开展以来，全馆的展出面积已达 20 多万平方米，藏品超过 300 万件。一方面，馆内虽然也设了"非洲、大洋洲、美洲艺术部"，并把"藏品研究与教育公众"视为办馆根基，声称要教育的对象是"所有的人"[①]；另一方面，其中展示美洲土著的文物只占极少比例，与全馆的整体相比可谓寥寥无几。

[①] 参阅曾任大都会艺术博物馆馆长的菲利普·德·蒙特伯诺著作《大都会与新千年》，转引自段勇《美国博物馆的公共教育与公共服务》，《中国博物馆》2004 年第 2 期。

纽约的"现代艺术博物馆"（Museum of Modern Art）位于离"百老汇"不远的53街，在许多方面与大都会博物馆齐名，而在收藏和展现的现代性与国际化上则遥遥领先。也正是在此前提下，该馆陈列了一系列举世著名的艺术家及其现代经典，如凡·高（《星月夜》）、毕加索（《亚维农的少女》）、达利（《记忆的坚持》）、莫奈（《睡莲》）以及马蒂斯（《舞》）和塞尚（《沐浴者》）等。然而在这修建在美国、号称人类代表性艺术展出地的博物馆里，更是几乎见不到本土美洲人的痕迹。

值得反省的是，这些自诩展现了人类现代艺术的博物馆虽然忽略甚至无视土著人民的存在和贡献，但由著名艺术家创作出来的不少作品却体现出彼此间无可分割的紧密联系。其中最具代表性的是荷兰画家高更（Paul Gauguin）有关太平洋群岛土著的一系列作品，如《塔希提岛的少女》和《我们是谁？从哪里来？到哪里去？》等。在其中，土著民族不仅充满健康丰满的美，而且被描绘为指引人类的未来榜样。

图72　《塔希提岛少女》①

图73　《我们是谁？从哪里来？到哪里去？》②

---

① 作品作于1899年，现陈列于纽约大都会艺术馆。资料来源：http://en.wikipedia.org/wiki/File：Paul_Gauguin_-_Deux_Tahitiennes.jpg。

② 资料来源：http://zh.wikipedia.org/wiki/File：Paul_Gauguin_142.jpg。

如今，名为《我们是谁？从哪里来？到哪里去？》（*Woher kommen wir? Wer sind wir? Wohin gehen wir?*）的油画陈列在波士顿美术馆（Museum of Fine Arts, Boston），被誉为现代艺术的杰作。2002—2003 年笔者在哈佛访学期间前往参观过，当时就对它的构图和寓意深感震撼。在笔者看来，这幅西方杰作的意义在于，在源于太平洋原住民生活的启迪下，揭示了文明社会的现代性危机及其应从人类原始性中重获拯救的可能。随着岁月的消逝，后世观众在络绎不绝地前往大都会艺术馆这样的场馆缅怀一个个被誉为大师的现代艺术家时，更应当记住为他们提供源头活水般灵感的世界原住民。如果现代艺术真给予后人有效启迪了的话，大洋洲、美洲等地的原住民及其生活世界才称得上真正的原创。

（三）首都华盛顿

在华盛顿的众多博物馆、美术馆中，最值得提出来与 NMAI 对比的是"美国国立自然史博物馆"和"国立非洲裔美洲人博物馆"。

图 74　NMNH 俯览①

与 NMAI 一样，"美国国立自然史博物馆"（National Museum of Natural History，简称 NMNH）也隶属史密斯松协会并也设在华盛顿的国家广场内——位置就在 NMAI 对面，但资历和规模都超过很多。遗憾的是，这座力图从整体上

---

① 资料来源：http://en.wikipedia.org/wiki/File: National_ Museum_ of_ Natural_ History,_ Washington. jpg。

述说人类进化史的大型博物馆，对于美洲原住民的存在竟也几乎不著一词，出现了不应有的空白。倒是设在纽约的另一座自然史博物馆以相当篇幅对此予以了一定的弥补。

纽约的自然史博物馆（AMNH）虽说不是国立的，但却以对各大洲哺乳动物标本及人类学物品的馆藏、研究和展示的多样完整而著称，其中最突出的是以进化论为框架呈现全球的人种分布与进化历程。由于其中陈列了不少选自美洲的"土著文物"，在NMAI建成以前，这里称得上印第安文化最完整的展出地。同时，由于设有高层次的研究院，这里还是美国第一个、也是唯一授予博士学位的博物馆，也即从人类学角度研究和阐释族群文化的高级机构。

对于纽约自然史博物馆有关印第安文化的展示，有来自中国的观众评价说：

> 美国人在自己的博物馆里没有回避对原住民印第安人的侵扰的那段历史。我为他们敢于承认自己过去所作所为并不是一贯正确而喝彩。
>
> 一个人，一个民族，只有敢于认识和承认自己过去认识的不足和所犯下的错误，才能够尽快总结经验，并放下包袱大踏步前进。[①]

图75 纽约自然史博物馆

[①] 《纽约和华盛顿的博物馆》，http://hi.baidu.com/axiong2007/item/20f68ef7d92233 0cd99e720d。

图76　纽约自然史博物馆内展示的印第安人像①

如果把纽约自然史博物馆与国立美洲印第安人博物馆（NMAI）加以对比的话，可以见出二者在展示印第安文化上的异同。

1. 相同之处

- 都通过文物的收集和陈列，关注并展示了美洲印第安人的历史和文化；
- 都体现了美国族群和文化多元性；
- 都通过文化表述的方式参与了美国社会的国民教育并对多样化的身份认同产生了特定影响。

2. 不同之处

纽约自然史博物馆：

- 印第安人在整体结构中只是"少数民族""陪衬民族""边缘民族"；
- 印第安人在展览中"被表述"；
- 展览陈述采用第三人称；
- 门票收费。

国立美洲印第安人博物馆：

- 印第安人在整体结构中作为"主体民族""第一民族"（The First Nation）；
- 印第安人在展览中"自表述"；
- 展览陈述采用第一人称；

---

① 《纽约和华盛顿的博物馆》，http://hi.baidu.com/axiong2007/item/20f68ef7d92233 0cd99e720d。

• 门票免费。

有了这样的比较,可再回头来审视华盛顿的"国家广场"与"史密斯松体系"。尽管存在上述种种遗憾,在以博物馆方式展示美国多民族的文化共存上,首都华盛顿还是走在了全美前列。除了本文重点评述的 NMAI 外,另一个在国家广场诞生的新成员即是值得在此补充的案例。它就是已于 2012 年 2 月奠基的"国立非洲裔历史和文化博物馆"(National Museum of African American History and Culture)。据美国媒体报道,该馆也是由美国国会授权建造的,同时是史密森尼学会的第 19 座博物馆,在 2015 年开馆。

图 77　奥巴马总统在奠基仪式上致辞

2 月 22 日,美国总统奥巴马出席了在华盛顿国家广场举行的奠基仪式并致辞,强调兴建此馆的意义在于彰显美国历史进程中的一个重要组成部分,即"美国黑人在国家生活中所发挥的核心作用"。奥巴马还说,他希望自己的女儿和其他参观博物馆的人"不仅仅将这座博物馆视为悲剧事件的记录,也将其视为一个生命的庆典"。这一点可以说正好体现了该馆的宗旨。用馆长朗尼·邦齐(Lonnie Bunch)的话说,那就是:"这个博物馆将有催人泪下的时刻,但它也将是一个弘扬一个族群百折不挠的精神的博物馆。"[1]

---

[1] Louise Fenner(从华盛顿的报道):《纪念美国非洲裔历史文化的新博物馆奠基》,2012 年 1 月 22 日。转引自 http://iipdigital.usembassy.gov/st/chinese/article/2012/02/201202231282.html#axzz23E1pYqzS。

这意味着到了 2015 年,在华盛顿国家广场的文化象征体系中,将形成一个既包括林肯纪念碑、国会大厦及"国立美国历史博物馆"和"国立美国航空航天馆",同时还有"国立美洲印第安人博物馆"和"国立非洲裔历史和文化博物馆"等在内的多元大家庭。

五　几点分析

对于美国博物馆如何展示族群文化的诸多问题,笔者自 2002—2003 年在哈佛大学访学期间就已开始研究了。除了到波士顿、纽约以及芝加哥和夏威夷等地不同的博物馆现场考察并在大学博物馆里旁听人类学授课外,还拜访有关专家并与其他学者一道组织过专门的研讨会。其间积累了一批田野笔记并写过数则考察心得。2003 年 1 月到芝加哥考察当地的艺术博物馆时做了如下记录:

> 艺术博物馆的藏品也是遍及全球,主要以大洲和时代分类。China 占了很大部分,从石器说起,直到明清的字画。在标举瓷器的同时,也把日本和韩国连带了进来,并置在紧挨着的展室之中,体现出所谓的"东亚"文明。有意思的是,这种源自西方的"博物馆叙事",数百年来,仍旧不断地向西方观众宣教着少数学者所勾画出来的"世界史"。对于中国,这种以视觉贯穿的"史",便是沿着石器、陶、青铜、铁……直到瓷、丝、字画等演化的直线来呈现的。由于这里的藏品丰富,布置精美,对于未能去到中国的人们来说,"中国"便在眼前留下了某种被组合过的器物式印象。

同年 3 月在哈佛参与杜维明、李欧梵等教授组织的"剑桥新语"和"文化工作坊"活动,与日本民俗博物馆的韩敏及中央民大的潘守勇等一起,以博物馆为题做过专门讨论。笔者的发言强调了如下几点。

(1) 讨论和比较东西方博物馆的文化展示问题,需要关注学术界针对博物馆理念与实践方面而提出的"后学"批评,比如什么人、把什么、为什么并且怎么样"博物馆化"?

(2) 如果要做历史性比较的话,中国在西学东渐后陆续引进的博物馆,大约可以看作现代"孔庙",其功能在于营造以现代国家为中心的知识崇拜及其"视像体系"。

(3) 在这种东西交会的体系中,隐含大量的等级差异和话语"霸权"。若借用英语世界的学术话语来表述的话,至少包括了这样几个方面:Writing Culture(写文化)、Making History(造历史)和 Creating power(生产权力)。①

在当时的参考文献里,有一篇《纽约时报》针对现代博物馆演变的反思专文,题目是《超越文化多元主义:自由与否?》(*Beyond Multiculturalism, Freedom?*)作者提道:

> 过去 20 年来,多元文化主义已成为美国文化的推动力……对于美国的黑人来说,在 20 世纪 60 年代他们或许是"美丽的",20 世纪 70 年代是"有权的",然而事到如今却仍被文化史家们变本加厉地视为社会建构物:一种刻板式的种族形象。这一现象近日在(纽约)哈勒姆博物馆(the Studio Museum in Harlem)的展出中再次呈现出来。

作者提出的观点是,在讲述博物馆故事时要超越"黑人"与"白人"的种族界限,应从整体的视角出发,讲述"人类故事"(people story),亦即能够体现个人选择自由的故事,从而创造出世界主义式的新美国文化和艺术。②

联系 10 年来的变化,应当说《纽约时报》在当时就提出的问题与观点依然值得反思。如今,面对"国立美洲印第安人博物馆"的崛起及"国立非洲裔美国人博物馆"的诞生,有关多民族国家如何展现不同族群的文化共存,仍将是需要深入探讨并不断实践的重大议题。结合这次对 NMAI 的考察,可

---

① 此处引述的内容出自笔者记于 2002—2003 年的《哈佛笔记》(未刊稿)。
② 参阅《纽约时报》2001 年 7 月 21 日"艺术与建筑"栏目里的文章。HOLLAND COTTER, Beyond Multiculturalism, Freedom? *The New York Times*. July 29, 2001.

稍做分析的有如下几点。

（一）"国立"下的平等

如前所述，此处"国立的"一语是对英文"national"的翻译。对于这个既核心又多义的关键术语，100多年来的汉语世界可谓煞费苦心，作为限定性的形容词，还将其同时译成和分别使用为"民族的"和"国家的"，都对，又不全对。在解释NMAI时，我选用"国立的"而非"民族的"和"国家的"，是为了一方面强调其在合众国层面的超民族性，另一方面力图消除在"国家"与"官办"间的可能产生的误读式关联。所以，这里的"国"是指美利坚合众国，所谓国立，便是指在联邦（federation）而非某民族、某一州（state）层面的创立。对于具有"原住民"特性的美国印第安人而言，正因为有了这种联邦层面的"国立"，其以博物馆展示为载体的文化表述才享有了多民族国家内多元并存的话语平等。毫无疑问，美洲印第安人博物馆"国立"地位的获得是本土原住民身份的提升和对以往在联邦层面遭受歧视性空缺的反弹。

不过由于曾深受以往殖民式历史叙事的局限，这种依托"国立"的话语平等在目前还表露出明显的政治抗争痕迹，也就是有点过度凸显某一人群的族裔身份和界限。随着"国立非洲裔历史文化博物馆"的奠基以及对"国立亚裔历史文化博物馆"的呼唤，在不久的将来，说不定在美国创建"国立欧裔美国人博物馆"的愿望也会实现。到那时，多元民族间的文化并存、交往和对话或许才称得上真正的平等。

（二）并存中的区分

如果说并存体现平等的话，区分则彰显了权利。因为倘若平等的结果只是趋于同化，则无异于消灭了共存。由此观察，NMAI的最突出创意就在于在文化呈现上与其他族群形成的明显区分。就本次考察的情况来看，无论是它所展示的内容、表述的价值观念，还是叙事的人称，都表现出突出的美洲土著的文化特性和布展者的主位立场。其中最具代表性的是被笔者称为"博物馆剧"的"第一幕"——"我们的天地：传统知识形成的世界"。这一幕以

"太阳时代"为背景,力图向观众展示西半球原住民古今相传的生命智慧。这些智慧表达出人与自然的紧密关系,体现在仪式、语言和艺术里,存留在超验和日常中。在展览中,一段以彼得·雅可波(2000)署名的图片解说表述说:在我很小的时候就目睹过族人击鼓跳舞,向 Ellam Yua 神表达感恩的情景。为什么呢?"正如如今我们信仰上帝一样,我们的祖先相信万物源于 Ellam Yua 神。"

图78 "博物馆剧"第一幕

这一幕的展厅序言告诉观众说:

……我们的生活哲学源于我们的祖先。他们教给我们与动物、植物、精灵世界,以及周围的人们和谐相处。在"我们的天地"展厅里,您会遇见来自西半球的原住民,他们依旧在仪式、庆典、语言、艺术、宗教和日常生活中保留了这种古老的智慧。

我们有责任将这种教诲世世代代传承下去,唯有这样,才能使我们的传统永葆活力。

正是这种以第一人称及古今相连方式表述出来的土著世界观,使得 NMAI 的博物馆叙事在凸显美洲印第安文化特性的同时,也体现了与基督教信仰等其他文明的并置、交融和区分。

(三) 族群"自表述"

在2004年9月21日的开馆仪式上,身为印第安族成员的首任馆长韦斯特

(W. Richard West) 做了重要致辞。他以美洲原住民的第一人称语气向世人宣告：

> 从今天起开放的博物馆，不仅将向世人展示早在外来者们来此之前本地人民伟大的文化成就，而且要表明跨越西半球的土著族群及其丰富多姿的文化仍在生动地存活着。在这里，印第安族人将用自己的声音，讲述美洲原住民的故事与历史，展示过去和现在。①

在笔者看来，如果要说 NMAI 取得了某些突破性成就的话，最重要的就是第一人称的使用和叙事主体的转换。前面提过，在它的陈述结构里，常年展出的主题均用"我们的"来彰显和呈现：从"我们的天地"（Our Universes）到"我们的族人"（Our Peoples），再到"我们的现实"（Our Lives）。所有这些，想要表达的也是我们的思想、意愿和声音，即"传统知识形成我们的世界"（Traditional Knowledge Shapes Our World）和"让我们的历史发出声音"（Giving Voice to Our Histories）。

相对于以往长期的被表述、被代言乃至被污名化，这种第一人称的文化自表述，象征着美洲原住民在博物馆世界的主体性崛起。

（四）交往中的传递

NMAI 的创建功能除了美洲印第安文化借助加入国家形象整体中的便利而自我彰显外，还有一个重要方面，那就是力图通过与以往国家级博物馆系列的对等并列，来进行族群文化的相互对话和代际传承。上节举的例子已同时说明了这两点。此外，由于有了自己的展示场域和叙事舞台，NMAI 的创建意味着印第安人获得了主体性的历史表述权。在展厅里有一段关于"制造历史"（Making History）的表述。其中的内容不仅体现出表述者鲜明的印第安主位立场，而且显示了与当代主流话语中后殖民、后现代观念的回应和连接。

---

① W. Richard West, "Remarks on the Occasion of the Grand Opening Ceremony", National Museum of the American Indian, Washington DC, September 21, 2005. Available at http://newsdesk.si.edu/kits/nmai/.

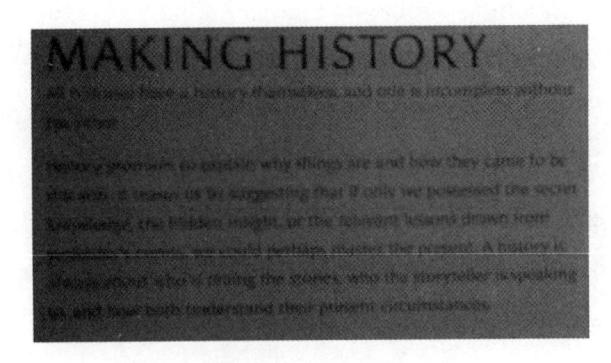

图 79 "制造历史"

　　这段陈述首先强调人类历史的多样性和依存性，揭示出"所有的历史都自成一体。如若缺少'他者'，没有任何一种历史还能完整存在"。接着指出历史的要义在于三个方面：（1）谁在讲述？（2）讲给谁听？以及（3）听讲双方在多大程度上明白各自的处境？由此引出土著历史的通常处境：

　　　　对于土著人民来说，历史意味着另一个战场和另一种征服武器。以往的官史通常置土著于不顾。其他人则把我们描绘成原始人和残暴者。只有在那些视印第安人为人类正常成员并拥有同等智力的历史书写者笔下，有时——尽管概率很小，才会呈现出历史丰富和复杂的一面。①

　　以这样的历史观为基础，通过 NMAI 体现的文化交往和族群传递就有了重大的突破。在笔者的观察中，其整个布展和陈述，在很大程度上就是在追问和回答上面提到的历史三题：（1）我们，美洲印第安人在讲述；（2）讲给包括"印第安"和"非印第安"裔的全体观众们听；（3）希望通过我们的陈述能够使听讲双方都明白彼此不同的处境。
　　如图 79 所示的内容出现于"21 世纪的印第安人"展厅，象征着印第安文化的古今并置和传承。图 80 展示的是早期殖民者与美洲印第安人相互关系的一种类型。以友好姿态排列的雕像力图呈现双方在入侵和反抗的暴力冲突之外的另一面；在塑像前张望的白人女孩则反映出此种和谐的意愿在展览过程中通过互动而获得认同的可能。

---

① 图片为笔者 2012 年 6 月 1 日摄于 NMAI，汉语翻译由笔者提供。

图80　"21世纪的印第安人"展厅　　图81　早期殖民者与印第安人

正如有人在 NMAI 开设的博客中留言说的那样，美洲印第安人博物馆提供的展示和交流平台，能够帮助参与者了解本土美国人的真相和观点。①

（五）博物馆与人类学

在美国，博物馆与人类学的相互配合可谓源远流长，但使之与印第安文化展示发生关联的缘起要追溯到摩尔根（Lewis Henry Morgan，1818—1881）。作为美国的"人类学之父"，摩尔根将一生都投入对美洲印第安人的研究之中，还获得过印第安族人起的名字："Tayadaowuhkuh"，意思是"搭桥在鸿沟上"，也就是介于土著与白人之间。作为能够连接并影响双方的中介者，摩尔根发表了一系列有关印第安人的著作，其中代表作之一就是《易洛魁人的民族志》。自 20 世纪 40 年代末 50 年代初，摩尔根收集了 500 多件印第安文物并作为民族志材料用于自己的研究之中。这些文物如今收藏于纽约的州立博物馆，并向公众开放。值得强调的是，尽管提出过影响深远的人类历史三阶段说，即从所谓"蒙昧时代""野蛮时代"到"文明时代"并由此引出对美洲土著的有偏见划分，摩尔根对美洲印第安文化的研究并非仅充当那时欧洲既有白人历史的远方注脚，而是开拓了使美洲也成为主角之一的人类史。在这个意义上，被他收集并借给博物馆展示的印第安文物，就具有了书写人类共同体的

---

① 资料来源：NMAI 网页，http：//blog.nmai.si.edu/main/american - history/。上传时间：2011 年 11 月 24 日。

普世意义。

图 82　摩尔根收集的印第安文物：易洛魁人的竹编①

这些在后来被称为"摩尔根藏品"的印第安文物被不断用于美国民族学与人类学家的研究之中，如阿瑟·帕克的《易洛魁人对玉米和其他食物的使用》（1910）等。阿瑟·帕克的先辈是摩尔根的挚友。他本人担任过美国一系列著名博物馆的人类学和考古学家，还参与创建了美洲印第安人组织（Society of American Indians，National Congress of American Indians）。

在 NMAI 创建前的很长时间内，阿瑟·帕克曾经工作过的美国自然史博物馆（AMNH）不仅也陈列有印第安文物，而且号称是全球藏品最丰富的人类学重镇。在创建四年后的 1873 年，该馆的人类学部就成立了。其中汇集着代表非洲、亚洲、欧洲、太平洋岛屿和美洲人群的 50 万件藏品。据介绍，如今它的人类学部拥有数十名专业的人类学家，创办有定期的人类学刊物 *Anthropological Papers*，工作范围涵盖生物、社会文化、考古和语言四大领域，关注的范围不仅涉及人类行为的方方面面，并且指向人类的过去、现在和未来。②

法国的人类学家列维·斯特劳斯曾对美国自然史博物馆提出过赞赏，并且还预见说其中专门为印第安部落而设立的展览——范围从阿拉斯加到英属

---

① 资料来源：纽约州立博物馆网页，http：//collections.nysm.nysed.gov/morgan/background.html#use。

② 参见 AMNH 网页，http：//www.amnh.org/our-research/anthropology。

哥伦比亚的太平洋北部海岸，也许用不了多久就会从民族志博物馆迁入一般美术馆——同古埃及、古波斯以及中世纪欧洲的藏品一样占据一席之地。因为，"即使跟最伟大的艺术相比，这种艺术也毫不逊色"。

如今，"国立美洲印第安人博物馆"的出现，使事情发生了进一步变化。在对于美洲原住民文化的展示上，包括 AMNH 在内的老牌博物馆都遇到了极大挑战者。有评论认为，即便是"国立自然史博物馆"（NMNH），如果不抓紧对其中有关美洲印第安人的项目加以改革，修补早已过时的展览，就会面临因新竞争者的出现而倒闭的危险。①

总体而论，自摩尔根以来，直到 AMNH 和 NMNH 等若干场馆的创建，美国博物馆与人类学结合对印第安文化的展览都是一种外部参与，也就是我所称的文化"他表述"。只有"国立美洲印第安人博物馆"才体现了真正的原住民立场，即印第安文化的"自表述"。或许正因如此，《纽约时报》的评论才会特别提出这样的看法：

> 印第安人要自己讲述自己的故事，而无须外来人类学家的干扰。②

2012 年夏季，几乎与笔者到华盛顿 DC 考察 NMAI 的同时，美国国会图书馆颁布了供暑期阅读的一批书目，共 88 种，命名为"塑造美国的图书"（Books That Shaped America）。其中唯一一部关于印第安人的作品被列在第 83 的位置上，是非印第安裔的作家迪·布朗出版于 1970 年的小说，名为《魂归伤膝谷》（Bury My Heart at Wounded Knee）。③ 作品通过大量史料的查阅和使用，用小说手法揭露了在美国所谓的"西进时期"联邦政府派遣军队对印第安人的残暴屠杀。在我看来，尽管提出要排除各种外来干扰，但恰恰是一批批早于 NMAI 面世的非印第安裔作品——从文学、史学到人类学，与美洲原住民在 NMAI 里自我讲述的故事一道，构成了表述美洲印第安人文化的复调，彼此呼应，互为补充。

---

① Holland Cotter, Beyond Multiculturalism, Freedom?, *The New York Times*, July 29, 2001.
② Ibid..
③ 参见署名慷慨的专题报道《国会图书馆发布 88 部"塑造美国的图书"》，《中华读书报》2012 年 6 月 24 日第 4 版。

六　结语

在人类学写作的意义上，遍及世界各国的现代博物馆堪称规模最大、影响最广的民族志。从多民族国家的文化表述角度看，一部博物馆的创建和展示史，既是国家形象的形塑史，也是族群关系的演变史。

早在1880年，《博物馆之功能》一书的作者就曾指出：博物馆应成为普通人的教育场所。一百多年后，美国博物馆协会将"教育"与"为公众服务"并列视为博物馆的核心要素。在此基础上，博物馆甚至被视为美国社会的"道德储存库"。[①] 印第安族裔的学者库伯（Amanda J. Cobb）认为，在展现族群身份及其社会地位方面，博物馆扮演了基本定义者角色。他指出，长期以来，通过对印第安文物的系统性收集和研究、阐释，美国的博物馆一直在"对象化"（objectifies）美洲原住民，视他们为原始和走向绝迹的种群。博物馆表述的这种作用不可低估，它的影响与殖民暴力如出一辙。[②]

正是由于整个美国对博物馆及其身份表述、文化传承与国民凝聚等多重功能的重视，加上美洲印第安人长期不懈的卓越奋斗，NMAI 终于在2004年诞生。它的出现，可以说是美国多民族互动与社会合力的体现。前面提到过参与提交国会180号议案的议员除了一位就来自印第安族裔外，另一位来自夏威夷的日裔议员井上健不但代表美国另一类型的少数族群——亚裔美国人（Asian Americans），而且还担任印第安事务委员会主席和国会拨款委员会主席。他们的政治地位和积极努力无疑对促成 NMAI 的筹建起了重要作用。

来自法国民族学家若埃尔·罗斯科斯基（Joëlle Rostkowski）对 NMAI 等同类机构的创建做了专门分析，指出：作为一个渐进的过程，它的成果里既有来自外部的人类学家、艺术评论家以及历史学家扮演的先驱和协调者的作

[①] 参见段勇《美国博物馆的公共教育与公共服务》，《中国博物馆》2004年第2期。

[②] Amanda J. Cobb, The National Museum of the American Indian: Sharing the Gift, *American Indian Quarterly*, Vol. 29, No. 3/4, Special Issue: The National Museum of the American Indian (Summer – Autumn, 2005) pp. 361 – 383. Published by: University of Nebraska Press.

用，同时更应视为美洲印第安人文化重建的产物。为此，作者特别强调说：

> 要理解原住民声音的意义和规模，理解他们重新掌控本族文化和形象的策略，我们就必须重构北美印第安人在国内和国际舞台上的行动。正是这一点，让他们从为人忽略的少数族群，转变为本族历史的参与者和本族文化的阐释者。①

有了这样的相关理解和阐释为背景及引申之后，我愿意摘录作为 NMAI 重要自述的相关片段作为本报告的结语。在题为《族群叙事》的文章中，主创者们写道（引用顺序略有改变）：

> 我们在这里呈现的物品，旨在证明作为西半球上的原住民，我们的生存斗争史，堪称人类的最非凡历史。
>
> 长久以来，有关 1492 年前美洲原住民文化、人口数量以及导致其遭致灭顶之灾的疾病影响等事项的历史叙述充满了虚伪。现在这种已习以为常的历史终于被颠倒了过来。
>
> 从前，我们一直被认为是没有历史的人民。
>
> 我们曾被视作未开化的野蛮人、高贵的野蛮人、"人类进化的最低等级"；有时，我们甚至被视为非人。
>
> 虽然作为主体，但我们的形象一向由外人刻画；故事被他者讲述。而他者的刻画和讲述，只是为了对自己的历史动机提供解释或辩护。
>
> 过去从未改变。随时改变的，是我们理解它、学习它、了解它的方式。
>
> 如今我们充满激情，不惜代价，为夺回对过去的解释权而战斗。
>
> 你所站立的这个博物馆，就是这种力量的完成品，也是这种力量的见证。

---

① ［法］若埃尔·罗斯科斯基：《表现与阐释他人的艺术：以美洲印第安人为例》，周小进译，《国际博物馆》2010 年第 3 期。

我们所做的，正如其他人已做——是将事件转写为历史。因此，请你对它心存敬意，也希望保留质疑。①

这样的表述，既代表美洲原住民通过博物馆叙事发出的主体声音，也传递着愿与多民族共同体成员和谐共处的真诚期盼。由此凸显的关键词是：不忘过去，直面未来；交互表述，多元共生。

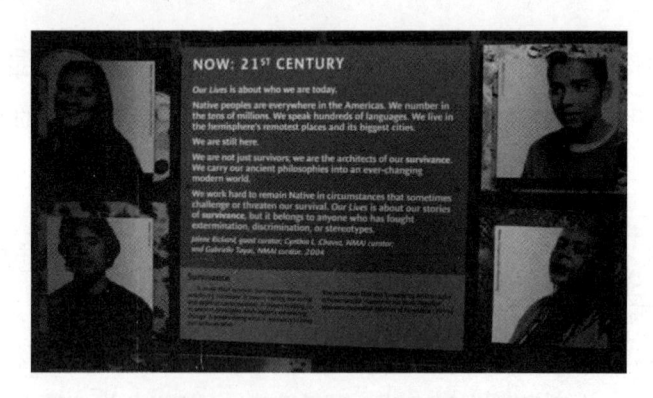

图83　NMAI"第三幕"展示之一：21世纪的印第安人

自20世纪二三十年代，继李方桂的语言学研究之后，由早期留美的李安宅开启了汉语世界对印第安文化的人类学研究。接着，又有乔健等对祖尼人及拿瓦侯部族的民族志考察以及张光直从考古学的比较角度提出的华夏—玛雅"文明连续体"学说等成果面世。②

转眼若干年过去，尽管世事变异，希望笔者以美洲印第安人博物馆为题的此项报告，无论选题还是目标，都还能延续在一条相通的路上。

---

① NMAI展览陈述词：Narration。撰稿：Paul Chaat Smith（科曼奇族），Herbert R. Rosen。执行：Floyd Favel（平原克里族）。概念设计：Kathy Sutter。指导：Jeff Weingarten。由笔者根据现场图片加以摘录并译成汉语。

② 参见乔健编著《印第安人的颂歌：中国人类学家对拿瓦侯、祖尼、玛雅等北美原住民族的研究》，广西师范大学出版社2004年版。

英国不是"不列颠"
——多民族国家的身份认同比较研究

本文的写作源于 2009 年 1 月至 7 月在剑桥大学社会人类学系的访问和考察。其间笔者带着"多民族国家的文化身份"的课题到英格兰、苏格兰及威尔士和北爱尔兰考察。本文是课题的阶段成果,目的在于为多民族国家的跨族认同提供国际视野,同时为中国的"中华民族认同"提供比较的参照和借鉴。

一 国名的翻译

在剑桥重温汉语世界对"英国"的不同书写,联想颇多。出于近期研究的重点,思考渐聚焦于跨国界的"帝国与多民族比较",展开的参照便是东亚的"天下"与"夷夏王朝"。由此进入之后,相关问题便接踵而来。其中最关键的是:何谓"英国"?深入梳理,发现汉译的"英国"在今天已成一个错误。

就如美国与联合国常简称为 US 和 UN 一样,今日汉语所谓的"英国"简称 UK,是"United Kingdom"的缩写,另一个类似的案例是欧盟(EU)和苏联(USSR)。不过作为简称,UK 省略了一个重要的关键词组,即介词"of"后面的"Great Britain"。此外还有另一个被连接词"and"所关联的"North Ireland"。这样,如今被叫作"英国"的主权政治单位,其完整的名称是"United Kingdom of Great Britain and North Ireland",译成汉语就是"大不列颠联合王国及北爱尔兰"①。从字面来看，压根不是"英国"所能包含。

汉译的"英国"从何而来？简单而论，来自英语的自称"English"和"England"。其中蕴含情节几乎遍及地中海与西欧的漫长故事。如今的 UK，除了"北爱尔兰"外，其实包括了被"联合"进来的威尔士与苏格兰。后二者分别位于不列颠海岛的西南与北部，加上中部作为主体部分的英格兰（England），共同组成现今国名里被叫作联合王国的"大不列颠"。

为什么叫"不列颠"？据文献记载，"不列颠"即"Britain"，源于"Britons"及"Britannia"，是罗马帝国征服时期的称呼，当时既代表征服者对本岛土著的他称，亦指罗马帝国新扩张的一个省。前一个词汉语译作"布力吞"（人），后者译作"不列颠"。如今的威尔士与苏格兰都在其范围之内。再后来，欧洲大陆来的另一批入侵者逐渐占据此岛并掌握统治大权，本土的不列颠"土著"便退为边缘。这批新来者即史上著名的"盎格鲁—撒克逊人"（Anglo-Saxon）。

盎格鲁—撒克逊人不仅带来了新的权力分割，也带来了新的地理命名。他们自称为"Angelcyn"或"Engle"，同时把所占领的土地叫作"Englaland"，意思就是"盎格鲁人的领土"，后来才又再演变为"England"。1707年，英格兰与苏格兰两个王国合并，组成"联合王国"，差不多 100 多年后又扩张到爱尔兰岛，又把那里的一些地方如 Derry，加上盎格鲁人的标志，改称叫"London-derry"，等等。

图 84 中上方：苏格兰；中下：威尔士；右下：英格兰；左面：北爱尔兰。可见，用汉语的"英国"简称"大不列颠联合王国及北爱尔兰"是不确切的。所谓"英国"，其核心词源是"英格兰"，若返本溯源，代表的是盎格鲁—撒克逊人的扩张和殖民。

时至今日，面对主要由四大地区和人群组成的多民族共同体，为保障版图统一和国民共存，UK，即大不列颠联合王国做出了种种努力，既有成功经验也有失败教训。其中最突出的措施之一是力图通过"不列颠认同"（British Identity）来凝聚四大族群。如今，经过历届政府的努力，此认同取得了明显

---

① 至于 UK 全称的汉译是叫"大不列颠联合王国及北爱尔兰"还是"大不列颠及北爱尔兰联合王国"需要斟酌和讨论。下文再说。

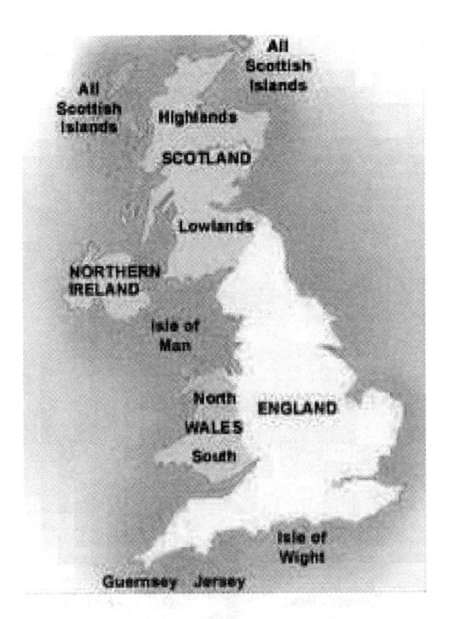

图 84　UK 的四大板块

成效，同时也面临一些值得关注的问题。据 UK 民调机构的考察（2007 年）表明，在主权统一的 UK 范围内已有相当数量的国民更愿意让英格兰、苏格兰和北爱尔兰自治。①

回到汉语视角，需要追问的是：何谓"英国"？从最早的"红毛番"到"英格兰"再到"英吉利"（"英咭唎"），为什么汉语会选择此类名称，而且演变至今已名不副实之后仍然沿用？自习惯了以"天下"之中心看自我及"四夷"以来，这样的命名和沿用是否隐含特别的文化和心态？

总之，在今天，汉语的"英国"是指 UK。但这个 UK 不是"英国"。若要简称，也该叫作"联合王国"。在汉译沿用的"英国"之称里，其本有的三个重要指代——从"联合"到"王国"再到"大不列颠"都被遗憾地漏掉和遮蔽了。就沉淀于汉语传统的人们而言，如若要完整认识人类演化至今的多样化国家种类及其所构建的现代体系，这无疑是种损失。

与此相关：除去语词与事实的关联还须辨析不说，从人类结群的角度观察，面对当今所谓的"民族—国家"体系，"联合王国"亦即被汉语称呼的

---

① Lucy Stone and Rick Muir, *Who are we? Identities in Britain*, 2007, Institute for Public Policy Research. 转引自 www.ippr.org。

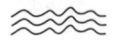

"英国",其历史变异其实是世界的一种缩影。值得由此引申的追问是:何为国家?什么是民族?"英国"是王国、帝国,还是"民国"(民主国家、民族国家)?

二 国旗的象征

图 85 是 UK 现在的国旗。汉语叫作"英国"旗,有时还俗称"米字旗"。这样的汉译是否正确呢?需要对照 UK 的自称。在英语的解释里,该旗叫作"Union Flag"或"Union Jack",说起来都意味深长。

图 85 UK 国旗

从符号上看,该旗的构成并非"米"字,而是"十字架",或者说是三个十字架的叠加。居中的是红十字架,代表英格兰及威尔士;然后是两个斜十字架,代表苏格兰和北爱尔兰(如图 85 所示)。

图 86 UK 国旗中三个构成图案代表地区依次为英格兰、苏格兰、北爱尔兰

作为国旗的象征,这些"十字架"醒目地表明了该"Union"的宗教因缘以及各自的差异。英格兰的红十字旗,也叫"圣乔治旗",符号取自"圣乔治十字架"(St. Georgia Cross)。"圣乔治"据传是公元 3 世纪的罗马士兵,因保护基督徒而被迫害,5 世纪时被教皇封圣,并成为许多地方的保护神——其中包括英格兰。作为保护神的"圣乔治"在英格兰文化中有很重要的地位,乃至于在莎士比亚剧作《亨利五世》里被特别强调的三个英格兰象征,除了国名、

国王便是"圣乔治"。①

苏格兰的十字符同样来自基督教信仰,不过若从与耶稣接近的程度看,作为其代表人物的"圣安德鲁",起点似乎比"圣乔治"还高。依照《圣经》故事,圣安德鲁(Saint Andrew)是耶稣的十二门徒之一,保罗的兄弟,比圣乔治更早死于罗马当局对基督徒的迫害。据说受害时他要求以与耶稣不同的方式钉死,故死于 X 形(或斜形)的十字架。此后,世人便把斜形的十字架称为"圣安德鲁十字",同时也有包括苏格兰在内的许多地方把圣安德鲁视为保护神。不过提到苏格兰与圣安德鲁保护神的联系,说起来还与其对英格兰的长期抗争有关。在传说中,在苏格兰与英格兰之间激烈对抗的紧急关头,天空里出现了斜形的"圣安德鲁十字",于是保佑了苏格兰民族的胜利。根据如今苏格兰的官方网站(中英文都有)所说:

> 1314 年,罗伯特·布鲁斯在对抗英格兰的班诺克本之战中取得了辉煌胜利,之后圣安德鲁被正式定为苏格兰的保护神。1385 年,蓝底白色 X 形十字旗成为苏格兰的旗帜。就这样,一位充满男子气概的圣人始终庇护着这样一个粗犷、质朴的伟大民族。②

1707 年,经过很长一段时期的磨合,并且主要依靠王室力量——也就是说从上到下而非自下而上,英格兰与苏格兰合并为大不列颠联合王国,两国国旗也随之合二为一,组合为新的样式(如图87所示)。

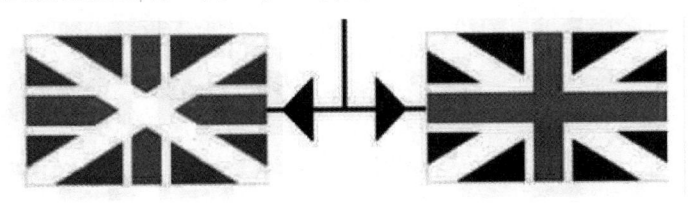

图87 "联合王国"新国旗

有意思的是,由于主体地位的不同,作为"联合王国"的这面新国旗在

---

① 莎士比亚(Shakespeare,1564—1616)该剧中的原话是:"God for Harry, England, and Saint George!" William Shakespeare, King Henry V, in The Cambridge Dover Wilson Shakespeare, Vol. 10, edited by John Dover Wilson, Cambridge University Press, 2009, p. 38.

② http://www.scotland.cn/china/199.html.

具体使用时，被苏格兰和英格兰所强调的组合是不同的，彼此都把自己的符号放到了突出的位置。

再后来，1800 年，爱尔兰的"圣帕特里克十字"（St. Patrick）融入进来，再度使 UK 国旗发生改变，演化为当今的式样。

（苏格兰　　英格兰　　北爱尔兰）

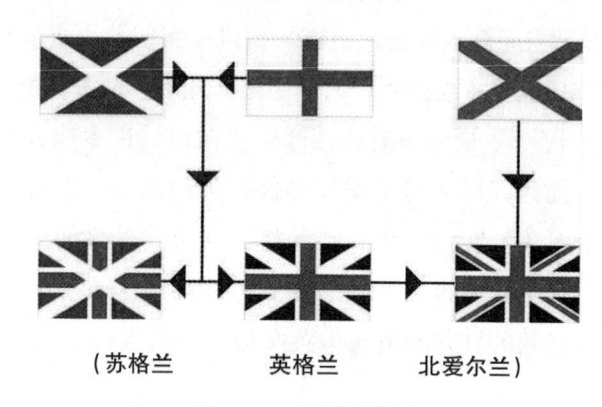

图 88　UK 国旗的组成

可见，对于 UK 来说，其国旗组合标志着多地区和多民族的联盟，而其中突出象征及基本关联在于基督教文化。汉语将之俗称为"米字"旗，不仅掩盖了其内在的多元构成，而且可谓离"旗"万里。离的是什么呢？十字架。

在如今的世界，以十字架符号作为国旗的国家不少。UK 只是其中之一。这代表的是宗教信仰在全球的覆盖，同时体现出其中基督教文化所占的比重。若对此视而不见，只能加深对人类文明总体认知上的欠缺和误解。

在今天，不但英格兰仍然视"圣乔治"为其本土传统的主要象征，苏格兰人更是日益把安德鲁奉为神圣。在今天的苏格兰，不仅国旗还是以"圣安德鲁十字"为主要符号、圣安德鲁的圣像四处可见，而且有圣安德鲁镇、圣安德鲁大教堂，以及一年一度的"圣安德鲁节"——每年的 11 月 30 日。在高等教育上，苏格兰最古老的大学也以"圣安德鲁"命名。其创建于 1411 年，历史仅次于牛津大学和剑桥大学。2009 年，苏格兰官方举办的"回归苏格兰"系列活动中，最终的高潮便设置为在"圣安德鲁日"的寻根与朝圣。[①]

相对而言，北爱尔兰的情况更为复杂。由于当地的天主教传统有别于英

---

① 参见《2009 回归苏格兰之年》，苏格兰官方中文网，http://www.scotland.cn/china/210.143.html。

格兰新教，民族来源又不同于苏格兰人，故而在表征上被三个十字架组合起来的"联合杰克"旗，其能否真正对创建超越不同民族和信仰的"国族认同"起到特有的凝聚和促进，目前还难下结论。国旗——以及其他同类标志——设计者们的理想还在验证中。

　　值得对照的是汉语世界的近代演变。在以往漫长的岁月里，东亚大陆的政治经验里可以说是有天下和王朝而无现代意义上的民族国家。当17世纪大不列颠海军高扬着以"十字架"为表征的旗帜闯荡而来时，大清王朝也随之制作了自己的龙旗。或许因为最初双方主要从海上交遇，此"龙旗"最早便使用于大清海军。然而令后者料所未及的是，或许是出于蔑视或敌对，西方人把大清旗上的"龙"译为"Dragon"，指代着西方文化中的一种邪恶之兽。于是这样的指代有意无意间便与闯入者自己的"圣乔治十字符"连在了一起。

图89　大清"龙旗"

　　回溯历史，"圣乔治十字"的标志源于基督教信仰。其延伸为国旗象征，最早的记载是出现于公元5世纪时期的热那亚王国（The Kingdom of Genoa，位于今意大利境内）。英格兰人大约在12世纪时才由其引进。不过在西方文化传统里，"圣乔治"之所以有名，还与另一则著名的"圣乔治屠'龙'"传说有关。其用英语的原文表述，也就是"the story of Saint George killed Dragon"。此"Dragon"乃传说中的毒兽，勇猛邪恶，为害四方。圣乔治勇猛顽强，将其剪除，于是成为传说者和艺术家心目中的英雄和保护神。十字军东征前后，画家拉斐尔等均创作过以此为题材的油画或雕塑：Saint George and Dragon。

　　在基督教盛行的地区里，类似的作品比比皆是。如2006年UK发行的金币，上面便有这样的图形。值得反思的是，"Dragon"和"龙"本是不同的两种物象，一旦互译就出了问题。且不说汉语用"龙"去翻"Dragon"是否在

· 239 ·

美化，英语把"龙"视为"Dragon"无疑容易引起警惕乃至敌意。于是当晚清之际"大英国"① 的舰队以其"圣乔治十字"面对大清国"龙旗"，或作为 UK 特使的马嘎尔尼面见乾隆而看到后者满身的"Dragon"（龙袍），真不知会在他们心里激起何种反应……

三 国歌的对比

再看 UK 的国歌。

国歌是用来奏唱的，其功能在于塑造国民，凝聚人心。与其双层政体的结构对应，不列颠联合王国的国歌也有两类，一类代表整个 UK，另一类代表四个构成国。前者最通行的是《天佑吾王》（God Save the Queen）。其歌词英汉版本如下：

God save our gracious Queen!	上帝保守吾王，
Long live our noble Queen!	祝她万寿无疆，
God save the Queen!	天佑吾王！
Send her victorious,	常胜利，沐荣光；
Happy and glorious,	孚民望，心欢畅；
Long to reign over us	治国家，王运长；
God save the Queen.	天佑吾王！②

自 18 世纪问世至今，《天佑吾王》既作为 UK 的国歌也作为英联邦的皇室颂词被广泛演唱，但并没有正式法律条文明确其国歌地位。与此同时，在许多正式的国际场合，若"大不列颠联合王国及北爱尔兰"内部成员一同出现时，如体育赛事的颁奖之际，则需要单独地演奏威尔士、英格兰和苏格兰

---

① 1842 年签订的《南京条约》，清政府在汉文版中自称为"大清"，称 UK 为"大英国"。后者则在英文版里分别称为"the government of British"和"the government of Qing"。

② 歌词译文参见维基中文百科，http://zh.wikipedia.org/w/index.php?title=%E8%8B%B1%E5%9B%BD%E5%9B%BD%E6%AD%8C&variant=zh-cn。

各自的"国歌"。它们分别是《我先贤之地》《苏格兰之花》和《耶路撒冷》。①

2008年8月24日,北京奥运会闭幕。在与伦敦奥运会的交接仪式上,主持人宣布演奏的"英国"国歌,便是《天佑吾王》。如果说《天佑吾王》以女王作为国家表征,与UK的王朝传统及君主立宪体制较为吻合的话,另一首以赞颂不列颠女神而著称的歌曲则凸显出"不列颠"对于联合王国的重要。这首歌曲便是 Rule Britannia! ——《统治吧,不列颠尼亚!》:

> When Britain first at Heaven's command
> Arose from out the azure main
> This was the charter of the land
> And guardian angels sang this strain
> Rule, Britannia!
> Britannia rule the waves.
> Britons never, never, never shall be slaves
> ……

歌词大意是:

> 秉承上天的旨意,不列颠尼亚从蔚蓝的海平线上率先崛起
> 护卫天使众声齐唱:统治吧,不列颠尼亚!
> 不列颠尼亚统领四方,不列颠人绝不为奴,绝不,绝不!②

在很多场合也被当作国歌之一的《不列颠尼亚》,其所唱颂的并非世俗君主而是神圣女神。"不列颠尼亚"(Britannia),是罗马人在一千多年前入侵时对不列颠岛的拉丁语之称。据后世学人考证,其可能源自凯尔特神话中的橡

---

① 参见 UK 官方网站"The British Monarchy"的有关条文,http://www.royal.gov.uk/Home.aspx。
② 歌词原文可参见维基百科词条,歌词汉译由笔者提供,http://zh.wikipedia.org/wiki/%E7%B5%B1%E6%B2%BB%E5%90%A7%EF%BC%8C%E4%B8%8D%E5%88%97%E9%A1%9B%E5%B0%BC%E4%BA%9E%EF%BC%81#. E6. AD. 8C. E8. A9. 9E。

树之神"布里基德"（Brigid），或是古凯尔特人部族艾西尼人的女王"布迪卡"（Boudica）。无论怎样，是"不列颠"而非"英格兰"才是如今 UK 国名中"Britian"（Briton、British 等）的初始来源。

与此相应，如今的 UK 钱币，尽管绝大多数是女王头像，但仔细辨析，其中仍可找到"不列颠尼亚"女神的痕迹。

图 90　刻有"不列颠尼亚"女神像的两英镑钱币（2005 年发行）

到了不列颠最强盛的时代，也就是经过不断的海外殖民扩张，其由四个构成体组成的"联合王国"演变为"日不落帝国"（the empire on which the sun never sets）时，大不列颠的疆界和组成更是成了跨越大洋的超体系。而这时它的名称依然以不列颠为根基，叫作"British Empire"，译成汉语，应是"不列颠帝国"，而非"大英帝国"。

这个帝国的疆域及其组成关系如图 91、图 92 所示。

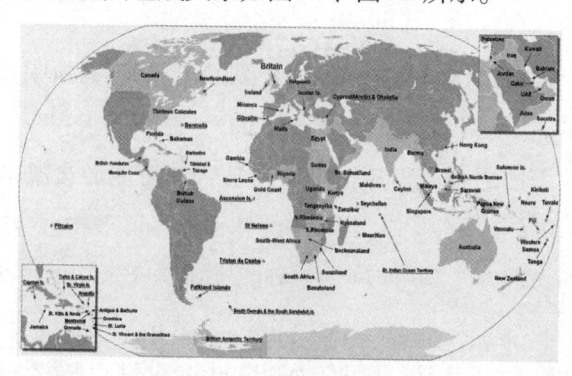

图 91　不列颠帝国的疆域

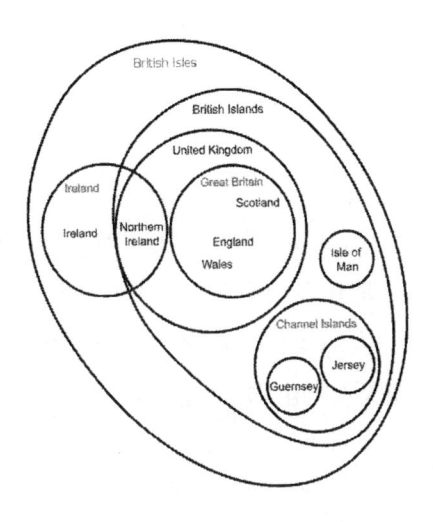

图 92　不列颠帝国的构成

可见 UK 的核心是"不列颠"而不是"英格兰",不能简称为"英国"。BBC 也不是"英国广播公司"而是"不列颠广播公司"的缩写。其全称是"British Broadcasting Corporation"。所以把 BBC 视为"英国"广播公司的标志也是有问题的。中国古代的一种习俗是"名从主人",意思是给人起名要依照对方的本意。那么 UK 的国民又是怎样看待"英国""英国人"这样的简称呢?

答案是不一致的。因为其既体现着多重的身份融通,也意味着不断的历史演变。

四　"国族"的认同

20 世纪的第一次世界大战期间,诗人布鲁克(Rupert Brooke,1887—1915)在题为《战士》(*The Soldier*)的诗篇里因表示愿献身于"永远的英格兰"而备受称赞,因为其表达了炽热的"爱国"情怀。布鲁克写道:

If I should die, think only this of me:
That there's some corner of a foreign field

That is forever England

（如果我死了，请谨牢记：有一个异国他乡的角落/永远属于英格兰）①

布鲁克写作此诗的年代，UK 已包括了爱尔兰。也就是说在既有的国家整体看，被布鲁克强调的只是其中一个部分，一种表征，或者说是一种浓郁的"英格兰情怀"，即英格兰人的英格兰认同。对于英格兰之外乃至 UK 的整体的国民来说，这样的强调是有局限和分歧的。②

近一个世纪又过去。2006 年，《星期日电讯报》委托英国的权威民调机构 ICM 对 UK 的国民认同问题进行调查。该公司于 11 月 22—23 日对 1003 名苏格兰人和 869 名英格兰人进行了电话采访。结果出人意料：

- 52%的苏格兰人支持苏格兰完全独立；
- 59%的英格兰人也希望与苏格兰分手；
- 60%的英格兰选民抱怨苏格兰人均占有的公共开支过高；
- 48%的英格兰人不仅希望与苏格兰说再见，还希望与威尔士和北爱尔兰分家。

可见，在身份认同的区分上，无论对英格兰、威尔士还是苏格兰，彼此的界限是十分清楚的。英格兰人不会把自己混淆于苏格兰人或威尔士人，反之亦然——后两者也不会认为自己是英格兰人。面对这样的局面，按理说在 UK 历史上也不是没找到过有效办法。其中最显著的是在英格兰（和威尔士）与苏格兰合并时，双方都曾超越各自表征，找出"不列颠"这一可将彼此黏合的共享符号，从而在相当程度上解决了身份难题。然而，或许正由于长期以来受到其国民内部像诗人布鲁克之"英格兰情节"这类持续不衰的"我族

---

① 布鲁克《战士》的原作见其诗集：Rupert Brooke, *The Complete Poems of Rupert Brooke*, London : Sidgwick & Jackson, 1961. 汉译部分由笔者提供。相关论述可参见陈光明：《格兰切斯特及诗人鲁珀特·布鲁克》，《中华读书报》2004 年 4 月 21 日。

② 有意思的是，创办于剑桥大学的汉语杂志《剑河风》在 2009 年出版的一期上也刊登了纪念布鲁克的专文。其中特别提到了这位"英国"海军军官的诗作《战士》。参见盛湘渝《永远的英格兰》，《剑河风》2009 年 3 月总第 11 期。

认同"冲击和淡化，才致使国家层面的"不列颠"认同也日益动摇。

ICM 的调查还显示：虽然与苏格兰人相比，相当数量的英格兰人会倾向于自己的国家认同；而 26% 的苏格兰被调查者却更愿意称自己是苏格兰人，不是"不列颠"①。

与此相似，另一个官方的权威机构 IPPR 也在近期公布了相关的专题报告。报告题为《我们是谁？2007，不列颠人的纷繁认同》，研究的主题是不列颠人的国民认同。②《报告》强调了 UK 作为"多民族国家"的复杂性（in this complex multi-national state），然后对国家与民族做了两层区分：一是"不列颠"——Britain、British，其可称为"国族"；二是"英格兰""威尔士"与"苏格兰"，其被叫作"构成民族"（constituent nations，也称"constituent countries"——"构成国家"）。

图 93 表示的是 IPPR 对英格兰、威尔士和苏格兰人的调查。结果显示，自 20 世纪 20 年代以来三地民众的"不列颠认同"均在下降，而各自不同的族群意识则日趋上升。③

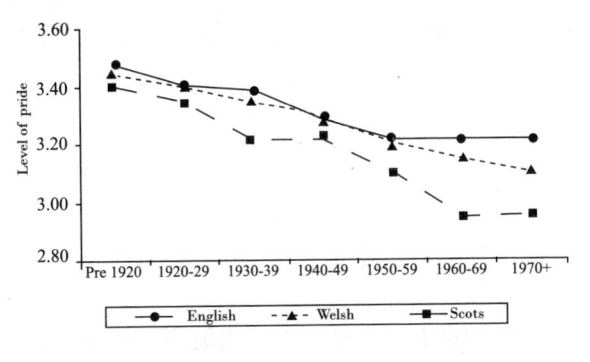

图 93　IPPR 调查结果

由于情况相对复杂，《报告》撇开了"北爱尔兰"问题。研究的结论是：

---

① 参见《民调显示多数英国公民支持苏格兰从英国分离》，《环球时报》2006 年 11 月 29 日。不过该文用汉语表示时，把作为与英格兰人和苏格兰人等相区分的"国民"写为"英国人"，其实应为"不列颠人"，即原文的"British"。详见下面一段的相关分析。

② IPPR 是 "The Institute for Public Policy Research" 的缩写，其是 UK 具有官方背景的高级"脑库"。此处引述的《报告》由该机构的研究人员撰写。Lucy Stone and Rick Muir, *Who are we? Identities in Britain*, 2007, Institute for Public Policy Research. www.ippr.org.

③ 同上。

从威尔士、英格兰到苏格兰,对"不列颠"认同的减弱已成为威胁国家稳定的新挑战。如今越来越多的 UK 国民不希望、不愿意或无所谓成为"不列颠人",而更愿意做威尔士、英格兰或苏格兰人。站在统一的"联合王国"官方立场来看,这样的倾向是危险的,因为有可能导致 UK 的族群离散和国家分裂。被汉语称作"英国"的这个国家,其完整构成即"大不列颠联合王国及北爱尔兰",如果内部的国民均不以统一的身份相互认同而纷纷以各自有别的族群——构成国自称,那么,结果或许将印证亨廷顿曾经说过的预言。

2004 年,身为哈佛大学教授的国际关系学者亨廷顿在《我们是谁?对美国国族认同的诸多挑战》里,根据不列颠联合体内族群相分的状况,表达了对其有可能解体的担忧。亨廷顿认为,由于"超国家特性的出现加剧着身份认同的狭窄化"——这导致越来越多的苏格兰人自称为"Scottish"(苏格兰人),而不称为"British"(不列颠人),联合王国到 21 世纪上半期某个时候有可能继苏联之后成为历史。①

有鉴于此,IPPR 的报告认为,唯有能共同分享的"不列颠性"方可团结国民、跨越宗教并联结族群,因此呼吁面对新的挑战,克服现有局限,重新创建"新不列颠性"——A New Britishness。②

五 "中""英"的对比

面对 UK 如此纷繁复杂的联合体,汉语为何会一直把它称为"英国"呢?事情还得回到晚清。

1792 年,首批大不列颠外交使团由乔治·马戛尔尼带领,到北京觐见乾隆,要求通商但被拒绝。皇上的理由是"大清"作为天朝上国,不需要外国

---

① Samuel P. Huntington, *Who Are We? The Challenges to America's National Identity*, Simon & Schuster, 2004. 中译本《我们是谁:美国国家特性面临的挑战》,程克雄译,新华出版社 2005 年版。对亨廷顿论述的相关评论,可参见笔者的书评《"我们"反对"我们"?——评说亨廷顿的"新国族主义"》,《中国书评》总第 5 期,上海人民出版社 2006 年版。

② Lucy Stone and Rick Muir, *Who are we? Identities in Britain*, 2007, Institute for Public Policy Research. www.ippr.org.

的商品即可自给自足，云云。然而随着后来在彼此交战中的一败涂地，天朝心态骤变，立志奋发图强、赶超西夷。其中最想效仿（当然也是最要提防）的，便是UK。可惜当时的国人闭关太久，对域外事情所知无几，对于西洋的知识，不少是从"东洋"——日本借鉴而来。日本与西洋的交往早于"大清"，从16世纪中期起就与西班牙、葡萄牙等国开始贸易往来。16—17世纪时，英格兰王国还未与苏格兰王国合并，故荷兰语和葡萄牙语称英格兰为"Engels"和"Inglês"。日语的翻译由此而来，叫作"イギリス"，用汉字表示，就是"英吉利"。①

不过汉语对"England"和UK的称呼又另有因缘和演变。从最早利玛窦等传教士引入的"諳尼利亚"到康熙、雍正年间的"英圭黎""英机黎"或"英鸡黎"，直至魏源在《海图国志》里所称的"英夷"等，无不反映出不同时期汉语世界对"England"和UK的特定认知和交往。到了"鸦片战争"之后，随着清朝的战败，汉语称呼中"英吉利""英国"这样的名号才逐渐占据上风，取代了以往略带贬义的"英夷""红毛番"等旧称。这一方面体现了外交领域里的政治修辞学转变，另一方面也符合大清作为"战败国"力图奋发的历史处境。

可见汉语把大不列颠联合王国（UK）简称为"英国"关涉着一段漫长而多变的历史。但从演变至今的名实关联角度看，其已隐藏了不少由浅及深的历史错位和文化误读。今有学者把其中的错位归结为误把"English"等同于"England"，即误把"表示人民的称呼当作了表示国家的称呼"②。其实问题远不仅于此，其中的要害更在于误将早期单一的"英国"（England）指代为后来联合的"大不列颠"（The Great Briton）。

19世纪中叶，清王朝与大不列颠帝国爆发战争。清朝屡战屡败，朝野震撼，自信动摇，随后才唤起了对域外的一系列被动了解和接受。照魏源的话

---

① 日语的"英国"名称一说是从葡萄牙语的"Inglez"衍生而来。在江户时代，也被称为"エゲレス"。用汉字表述的"英吉利"（イギリス），则据说是由汉语引入的。参见维基百科相关词条的日文版（Wikipedia），http://ja.wikipedia.org/wiki/%E3%82%A4%E3%82%AE%E3%83%AA%E3%82%B9。

② 龚缨晏:《鸦片战争前中国人对英国的认识》，黄时鉴主编《东西交流论谭》第1辑，上海文艺出版社1998年版，第230—264页。

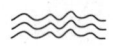

说，即"欲制外夷者，必先悉夷情"①。这期间出现的"英国"认知，先后有陈逢衡的《英吉利记略》（1841）、汪文泰的《红毛番英吉利考略》（1842）和叶钟进的《英吉利国夷情纪略》（1834）等。其中，相对于其他"寮国""琉球"一类偏地、小国的贬称，"英吉利"三字的挑选，既凸显出战败国的卑微，也埋藏了应急中的偏颇。《南京条约》的汉文版将战胜方称为"大英"。可在当时，所谓"大英"，所谓"英吉利"，其自称都早已不是"英"（English）而是"不"，即"不列颠"——British，Britain 了。在条约的英文版里，"清"还是清，译成"The Qing government"，而英却不是"英"，是"British"，称为"The British government"。

由此可见，汉语的"英国"一名其实只是对"英格兰"的简称，不能代表 1707—1800 年以来的 UK。在 UK 的历史及总体结构上，"英国"仅意味着"英格兰国"，或"盎格鲁国"。因此，无论是否介入苏格兰与英格兰和威尔士的认同转向，在 1707 年后，继续把 UK 简称为"英国"已成问题。如果说以"英"译"English"在当年还算有效的话，时至今日已名实相悖。沿用旧译，可图方便，却无法体现时局变迁和历史转型。

晚清刊印的《英国论略》一书写道："英吉利国乃海中二方屿也，其南大岛曰伦敦国，北岛曰苏各兰国，两国共名英吉利。"② 其中虽已了解到英格兰与苏格兰的关联，却误把二者并称为"英吉利"而不是"不列颠"。或许历史的错误便从那时延续。若以今日注重"多元一体"的政治和文化眼光予以审视，自那时起的这个称谓错误，其最大弊端在于以狭小单一的"英吉利"或"英格兰"掩盖了已连成整体的"不列颠"，从而遮蔽了后者不仅在历史的社会实践中而且在符号和话语的政治修辞学意义上的超越和贡献。

汉语古话说"名副其实"，又说"名正言顺"。表面关注的只是语词，其实强调言和行，因为在"名不正则言不顺"之后，关联着的是"言不顺则事不成，事不成则礼乐不兴……"③

1997 年 7 月 1 日，香港回归中国之际，新华社刊发专题报道《别了，不

---

① 魏源：《海国图志》卷二《筹海篇三　议战》，岳麓书社 1998 年版，第 26 页。
② 息力：《英国论略》，《小方壶斋舆地丛钞》再补编第十一帙，杭州古籍书店 1985 年影印本。
③ 杨伯峻：《论语译注》，中华书局 2006 年版，第 150 页。

列颠尼亚》。此后，这篇以"不列颠尼亚"作为"大英帝国"象征的报道不但多次获奖并被收录人民出版社出版的高中语文课本。接下来，便有人在相关教案中将"不列颠尼亚"的意义与"中华"相比较，提示说要理解这篇课文，关键在于需要知道什么是"不列颠尼亚"，以及"不列颠尼亚这一称谓在英国人心目中的地位"。《教案》指出：

> "不列颠尼亚"这一称谓，在英国人心目中是非常庄严神圣的，就像中华这一称谓之于中国人民一样，它是现代英国的化身和象征，成为英国的别称，敬称。①

《别了，不列颠尼亚》一文的开头两处提到 UK 的象征，一是在香港飘扬 150 多年后终于降落的"英国米字旗"，二是接载查尔斯王子和离任港督彭定康回国的英国皇家游轮"不列颠尼亚"。最后，文章归结说："大英帝国从海上来，又从海上去。"② 这样的表述还是没有摆脱一个既有矛盾：一方面准确把握并刻画了"不列颠"与 UK 的关联，另一方面却仍把联合王国化简为"英"。

可见，这是如今汉语世界不得不认真对待的问题。就如"汉族"不等于"中华民族"一样。"英国"不是"不列颠"。追溯历史，错误的翻译起于晚清，但纠错的工作该由今日国人完成，而且早做早好，因为这不仅涉及对一个西方多民族国家的确切认知，也关涉对现代"中华民族"自身的反省和自觉。

2009 年，笔者到剑桥大学访学半年，议题之一便是对比作为多民族政治共同体的现代中国与 UK 之间的同和异。收集的资料中有一部当年出版的讨论性新著《成为不列颠人》（*Being British*）。以苏格兰人背景出任首相的布朗（Gordon Brown）为该书写了导论。布朗称赞"不列颠人"这一身份对整合 UK 内部不同人群和文化的巨大作用，并指出他本人几乎没有感到过在"苏格

---

① 参见木牛的新浪博客《教案：别了，不列颠尼亚》，http://blog.sina.com.cn/s/blog_62553bca0100wozw.html。
② 周树春、胥晓婷等：《别了，不列颠尼亚》，新华社香港 1997 年 7 月 1 日电，收入《中国新闻奖作品选》（1997 年·第八届），新华出版社 1999 年版。

兰"与"不列颠"间的认同冲突。他坚信很少会有人怀疑这一点,即"'不列颠'是我们的家园、遗产和希望"①。

对此,笔者想,需要至今仍沿袭以"英国"称呼"不列颠"的汉语国民做出调整,以适应彼文化的自表述转型。

---

① Matthew d'Ancona, edit., *Being British*, Mainstream Publishing Company, 2009, pp. 25 – 34.

俄罗斯变奏：多民族共同体的历史镜像

引言

2014年春，笔者到莫斯科和彼得堡短期参观，实地考察之后，对俄罗斯多民族共同体的演变作了大致梳理。现根据文献资料及实地见闻撰成此稿，期盼以文学人类学田野笔记的表述方式，为多民族大国的历史构建提供有益参照。①

从帝国解体到联邦初建

有三个俄罗斯联邦共同体：一个创建于苏联成立前，一个鼎足在苏联中，还有一个延续至苏联解体后。前一个俄联邦完成了沙俄帝国后的多民族重组，第二个完成了苏联的创建，最末一个则引导着今日的俄罗斯复兴。这些特点合在一起，致使俄罗斯联邦被解释为"苏联及其最大加盟共和国俄罗斯苏维埃联邦社会主义共和国的继承国"，简称俄联邦或俄国，俄文写作Россия，译Russia。乾隆以前的汉语曾译为"罗刹"、"罗叉"（国），认为其"素与佛不合，自立天主教"，故以名之，发音貌似接近，取意却有妖魔化之感。直到官

---

① 有关此次访问的见闻笔者撰写了几篇散文，可参阅徐新建《红场追忆》（《贵阳文史》2015年第2期）、《圣彼得堡》（《贵阳文史》2015年第4期）。

修《四库全书》后才据蒙古语读音 Oros 改称"俄罗斯"。① 俞正燮的《癸巳存稿》写道:"罗刹者,红毛诸番。其正名罗刹国者,今之俄罗斯。"②

俄罗斯联邦横跨欧亚大陆,版图为世界之最,接近当代中国的两倍,占据着超过地球八分之一的陆地。何以最大?究其原因,一在扩张,一在联合。

"扩张"关涉沙皇的出现及其血腥历史。这一点前人所述甚多,在此不赘,值得提及的是沙皇之后的联合,也就是帝国结束后使原被征服的各成员散而未分或重新凝聚的联邦政体。

何为联邦?联邦的含义即为联合,也就是经由特定方式使不同人群结成人种、地域和文化与政治上的联合体。

在人种、文化和政治上,俄罗斯联邦有三个特点:东斯拉夫主体格局、东正教信仰传承和苏维埃政党体系。在促使世界上版图最大的共同体得以产生的成因上,上述特点各有作用:"东斯拉夫主体格局"催生出以俄罗斯人为统治的帝国遗产;"东正教信仰传承"促进了跨民族的宗教凝聚;"苏维埃政党体系"引申出超民族的联邦结构。

诞生于1917年的俄罗斯联邦源自同年出现的俄罗斯共和国,后者则承继于俄罗斯帝国。按照史学界的一般说法,俄罗斯帝国始于1721年彼得大帝加冕,结束于1917年尼古拉二世退位,在长达两百年的历史中,成为了与大清和大不列颠匹敌的世界帝国。全盛时的俄罗斯帝国"北起北冰洋、南达黑海

图94　1866年俄罗斯帝国版图——深绿:正式领土;淡绿:势力范围

---

① 阿拉腾奥其尔:《从"罗刹"到"俄罗斯"——清初中俄两国的早期接触》,《中国边疆史地研究》,2014年第1期,页155-163。
② 俞正燮:《癸巳存稿》卷《罗刹》,转引同上。

南部、西起波罗的海、东达阿拉斯加（1867年前）"，不仅跨越欧亚大陆、包括了整个中亚，还占有了波兰及芬兰。

与1912年中华民国承继大清帝国遗产时面临的情景一样，1917年"二月革命"后诞生的俄罗斯共和国也接手了俄罗斯帝国的统治疆域。其中除俄罗斯本部的传统地区外，还囊括了帝国扩张后获得的乌克兰的绝大部分、白俄罗斯、亚美尼亚、阿塞拜疆、格鲁吉亚以及哈萨克斯坦、吉尔吉斯斯坦、塔吉克斯坦、土库曼斯坦和乌兹别克斯坦的中亚联盟和立陶宛、爱沙尼亚和拉脱维亚（波罗的海省区）的绝大部分等附庸国、保护国和殖民地。

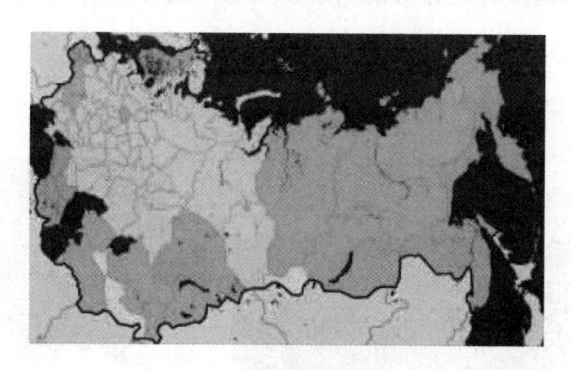

图95 俄罗斯帝国：君主制内部的"多元一体"

在俄罗斯帝国的遗产中，其内部的人口组成包括了由"东斯拉夫人"演变而来的俄罗斯人、乌克兰人、白俄罗斯人以及欧洲与中亚的诸民族等一百多个不同的人群单位，若按语言划分，包括印欧语系、阿尔泰语系、高加索语系、乌拉尔语系及汉藏语系等的若干语族，即：印欧语系的斯拉夫语族（俄语、乌克兰语、白俄罗斯语以及波兰语、保加利亚语）、拉丁语族（摩尔多瓦）和波斯语族（塔吉克语、奥塞梯语、库尔德语、塔特语、俾路支语、帕米尔语）；阿尔泰语系的突厥语族（乌兹别克语、哈萨克语、鞑靼语、阿塞拜疆语、土库曼语、吉尔吉斯语、楚瓦什语、巴什基尔语）、蒙古语族（布里亚特语、卡尔梅克语）、通古斯满语族；以及高加索语系的格鲁吉亚语、车臣语；乌拉尔语系的摩尔多瓦语、马里语、科米语、卡累利阿语；汉藏语系的东干语等等。这些操不同语言的人群及其历史文化构成了俄罗斯从帝国到联邦的超大联合体。

在帝国时代，这一超大共同体的形成依靠的主要是沙皇政权的军事扩张和暴力专政，随着19世纪世界性民族国家的解放浪潮到来，它的合法性受到根本挑战并跌入了最终的瓦解。世界性的解放潮流在俄帝国催生的全新格局首先是境内一连串民族国家的独立和创建。与被后来舆论修正过的历史记忆不同，1917年两次俄国革命催生出的共和国不仅有俄罗斯。"二月革命"废除帝制，以"共和"立国，但命数不长，不仅权力很快就被苏维埃夺取，也未能阻挡乌克兰等国的独立创建。1917年乌克兰宣布独立，建立了新型政治主体——乌克兰国民共和国。次年，格鲁吉亚也宣告独立，建立格鲁吉亚民族共和国；接着建国的还有白俄罗斯和阿塞拜疆等。波罗的海沿岸的波兰和芬兰则完全脱离了沙俄版图。

图96　乌克兰人民共和国国旗与格鲁吉亚民族共和国国徽：1917 – 1921

可见对于帝国瓦解后的俄罗斯而言，其呈现的过程是先分后合，也就是先解放后联合——分是解放，合是重组。

多民族容器的新选择

联合后的俄罗斯，面临的首要任务或最大问题是民族关系，也就是如何将瓦解后的原帝国单位再度结成新的整体。1917年，经过各派政治主张的激烈较量及列宁领导的社会民主党人自身的坚持和妥协，终于选择了解决问题的新容器："俄罗斯苏维埃联邦社会主义共和国"（РСФСР），并为之配置了相互补充制衡的三大法宝，即：统一的苏维埃意识形态、联邦制内的多元主体，以及可行使军事干预乃至重新兼并的红军武装。举例来说，第一法宝通过"苏维埃"主导的政治信仰,使执政党获取了在俄国一党专政的绝对地位;第二法宝则经由联邦制外壳,用自治主体的分享权力把原本有可能分离的民族装入新共同体之中;第三法宝则既可使原已独立的白俄罗斯共和国与立陶宛合并,也能让红军进驻巴库、埃里温,解散当地议会,成立阿塞拜疆和亚美尼亚的苏维埃社会主义共和国,继而再靠武力将由孟什维克领导的格鲁吉亚民主共和国侵吞后,组建出受控于俄罗斯的"外高加索苏维埃社会主义联邦共和国"。①

图97 俄罗斯苏维埃联邦社会主义共和国国旗、国徽

以这样的背景为线索,再来反思20世纪前期列宁的民族主张以及对中国现代民族事务影响甚大的斯大林著作——《马克思主义和民族问题》,或许就不那么扑朔迷离了。

斯大林是格鲁吉亚人,也是列宁的追随者和接班人,在对待民族问题的观念和立场上,二者有着密切关联,并由此衍生出前后承继的政治学说——列宁-斯大林主义。他们的共同特点是主张消除民族国家藩篱、坚持无产阶级专政。作为饱尝沙俄专制压迫之苦的俄国革命者,列宁把无产阶级夺权放在首要位置,强调阶级斗争高于一切,民族问题从属于阶级问题,民主化大于民族化,主张无产阶级的最终目标是实现全世界无产者的大联合,因此要"不顾资产阶级的民族隔绝的倾向而极紧密地融合为一个国际整体"②。列宁基本上不承认或不看重民族的特性以及相互间的文化与身份差别。他的基本倾向是民族淡化和消解而不是区分与凸显,进而把民族主义乃至民族运动都

---

① 郑异凡:《格鲁吉亚民主共和国及其被兼并》,《探索与争鸣》2011年第2期。
② 斯大林:《社会民主党怎样理解民族问题》,《无产阶级斗争报》,1904年9月1日,第7期。

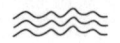

视为资产阶级产物而加以反对。

列宁对待民族问题的态度和主张与其本人及俄罗斯族的历史处境有密切关联。与孙逸仙领导同盟会对抗清廷统治时的境遇不同,列宁所属的俄罗斯族是帝国里的统治主体,不存在民族压迫问题,因此他领导的党关心的是如何发动同一民族内的阶级斗争以推翻沙皇的君主制暴政。孙逸仙的同盟会等汉人革命党要反对的是满清帝国的专制压迫,故而提出的第一口号是"驱除鞑虏,恢复中华",目的在于清算并废除满清朝廷的异族统治,谋求汉民族在东亚以及在自身文化传承基础上的独立解放。相对来说,正因这样的不同,导致列宁及其领导的俄罗斯政党——从早期的俄罗斯社会民主党到后来的俄共(布尔什维克)——不发动、不支持甚至刻意弱化俄帝国崩溃后各地风起云涌的民族运动,并把他们的表述归到了马克思主义名下。通过淡化民族问题、突出阶级斗争以及对民主化进程的强调,列宁区分了"压迫民族"和"被压迫民族"的差异,指出无产阶级联合斗争的目标就是推翻压迫民族的反动统治,争取受压迫阶级的全面解放。列宁提出俄国无产阶级负有双重任务:一方面要反对一切民族主义——首先是反对大俄罗斯民族主义,因此要做到"不仅要一般地承认各民族完全平等,而且要承认民族自决权和民族分离权";另一方面又必须坚持无产阶级斗争和无产阶级组织的统一,使它们"不顾资产阶级的民族隔绝的倾向而极紧密地融合为一个国际整体"。因此,列宁总结说:"各民族完全平等,各民族有自决权,各民族工人融合起来——这就是马克思主义教导给工人的民族问题纲领、全世界经验和俄国经验教导给工人的民族问题纲领。"①

在这点上,连托洛茨基也持有相同看法。即便彼此在许多方面存在分歧,他还是把列宁的这种观点称为"正确而深刻的思想"。托洛茨基写道:

> 在意大利和德国,争取民族解放和统一的斗争一度曾是资产阶级革命的中心问题。在俄国则不是这样,因为在俄国占统治地位的民族大俄罗斯人并未遭受过民族压迫,相反,压迫了其它民族;但是,遭受农奴

---

① 列宁:《论民族自决权》。该文原载于 1914 年 4~6 月《启蒙》杂志第 4、5、6 期。汉译本刊于 1920 年上海的《新青年》杂志,由震瀛(袁振英)翻译。后收入《列宁全集》中文版第 20 卷。

制的沉重压迫的却正是大俄罗斯广大农民群众。①

不过在列宁开创的这条"大俄罗斯"路线上，对俄国的民族问题影响最大也最值得深究的另一人物是斯大林。斯大林并非俄罗斯族，而是出生于格鲁吉亚的混血族裔：一半格鲁吉亚，一半奥塞梯。斯大林生长在第比利斯西部的哥里城，母语是格鲁吉亚语，直到10岁时才开始在学校里学习俄语，接受俄化的灌输教育。按理说这种少数民族的出身背景应使其倾向民族革命，但事实是在加入到列宁领导的政党行列之后，斯大林更多地卷入了淡化族别差异的阶级斗争洪流当中。1904年，斯大林发表《社会民主党怎样理解民族问题》一文，阐发对民族问题的看法。文章强调，一切关于民族问题的主张、学说都具有阶级性，揭露沙皇俄国的罪恶在于"间离俄国境内的各个民族，加强他们之间的民族纠纷，巩固民族壁垒。"斯大林指出，社会民主党人倡导无产阶级大联合，目标是"把俄罗斯、格鲁吉亚、亚美尼亚、波兰、犹太和其他民族的无产者紧密团结起来"，组成统一的全俄政党。由此，斯大林决然否认"民族精神"存在、否定"民族差别"的意义，继而既反对格鲁吉亚以民族自治为名的独立斗争，也反对当时"社会民主联邦主义者"和"亚美尼亚社会民主工人组织"等团体提出在沙俄帝国瓦解后的俄罗斯实行联邦制的政治纲领。②

1913年发表的《马克思主义和民族问题》是一篇旗帜鲜明的论战檄文，而非一般意义的理论专著，体现的政治性远胜于科学性。结合当时的背景来看，斯大林发表该文的意图是要回应俄国形势的重大转变，即民族运动日益高涨，民族问题大有压过阶级斗争的趋势。为此，在列宁的关照下，斯大林从布尔什维克立场出发给予了明确回应。③ 他先将这种时代转变的性质定为"俄国的反革命"，批评其后果是"带来了对运动的悲观失望、对共同力量的怀疑顾虑。"斯大林写道：

---

① 托洛茨基：《斯大林评传》（第五章），齐干译，上海三联书店，2011年，页222–226。
② 参引同上。
③ 根据托洛茨基的披露，斯大林撰写《马克思主义和民族问题》是在列宁的启发和监督下完成的，在资料方面得到布哈林的帮助，文字上则经过了列宁的逐字逐句修改。托洛茨基写道，布哈林"奉列宁的指示去帮助这位'卓越非凡的'、然而是没受过什么教育的格鲁吉亚人。"参见托洛茨基《斯大林评传》第五章，齐干译，上海三联书店，2011年，页222–226。

从前人们相信"光明的未来",所以大家不分民族地共同进行斗争:共同的问题高于一切!后来人们心中发生了疑问,于是大家开始分手四散,回到民族的院落里去:让各人只靠自己吧!"民族问题"高于一切!

接着斯大林把民族主义视为时代瘟疫,惊呼其浪潮"日益汹涌地逼来,大有席卷工人群众之势",号召社会民主党人挺身而出,"给民族主义一个反击,使群众同普遍的'时疫'隔离"。如何去做呢?斯大林提的对策是"用久经考验的国际主义武器,用统一而不可分的阶级斗争去对抗民族主义。"斯大林的文章不仅反对"民族文化自治",而且给联邦制扣上了"分离主义"帽子。由此出发,斯大林对持有民族主义立场的奥地利理论家鲍威尔等进行了严厉抨击。

自由民族的自由联盟

然而在赢得"十月革命"武装夺权果实之后,俄罗斯社会民主党最终还是选择了联邦制,并在1918年7月全俄苏维埃代表大会通过的《俄罗斯苏维埃联邦社会主义共和国宪法》中明确宣告,联邦的性质是"各自由民族之自由联盟",强调要让每个民族中的工农群众独立决定"是否愿意、并在何种基础上"参加联邦政府。据此组建的俄联邦由一列不同层级的自治共和国、自治省和自治州等众多主体单位构成。此外,联邦宪法还明确规定了"承认公民不分种族及民族享有平等权利",并宣布"在这一基础上规定或容许任何特权或特许,以及对于少数民族的任何压迫或对其平等权利的任何限制,均属违背共和国的各项根本法律。"①

不过事情背后更真实的情况是,列宁从一开始就是联邦制的排斥者和反对派。在1913年致巴库苏维埃主席斯捷潘·邵武勉②的信中,列宁明确阐述

---

① 《俄罗斯苏维埃联邦社会主义共和国宪法》第22条。
② 参见安·弗·安东洛夫·奥费申柯:《斯大林时代的谜案》,汉译本,彭卓吾译,红旗出版社,1992年。作者在该书第六章里称邵武勉为"高加索的列宁",说他是"巴库革命工人公认的领袖","在全体外高加索的社会民主党人中享有崇高的威信。"

"从原则上反对联邦制",理由是它削弱经济联系,因此"对于一个国家来说是一种不合适的型式"。为此,列宁不惜对自己的同志——有着"高加索列宁"之称的邵武勉严加斥责,因为后者拥护俄国各民族的联邦权和自治权。列宁在信里愤怒地说,如果愿意分裂,那么"你就滚吧!"①

图 98　巴库苏维埃主席邵武勉诞生一百年纪念币和邮票

　　是什么原因促使列宁改变主张,转而支持在俄罗斯实行联邦制的呢？答案是:策略和妥协。根据斯大林后来的解释,列宁的党之所以在十月革命后改变态度,同意把联邦制作为"过渡方案"提出来,根本原因在于当时俄国"许多民族实际上已经处于完全分离和彼此完全隔绝的状态",实行联邦制是使这些民族"由分散趋于接近,趋于联合的前进一步"。②不过尽管如此,由于紧紧追随了列宁路线,斯大林坚持表达的依然是对联邦制的不赞同,以至于有关同意妥协和过渡的解释也仅以文章注脚的方式低调出现,而同文的标题则毫不含糊地就叫《反对联邦制》。文章告诉读者:"力求在俄罗斯实行联邦制是不合理的,因为实际生活本身已经注定联邦制必然要消失。"③

　　可见,俄罗斯的联邦制是沙俄帝制瓦解后,原帝国版图内各族之间及各政治派别相互斗争、论战和妥协的产物。对亚美尼亚、格鲁吉亚和巴库的政

---

①　列宁:《给斯·格·邵武勉的信》,1913 年 11 月 23 日,选自《列宁全集》第 19 卷,第 500 – 503 页。

②　斯大林:《反对联邦制》,1917 年。该文在 1924 年补充注释后再版,收入《斯大林全集》第三卷,人民出版社,1955 年。

③　同上。

治领袖如邵武勉等这样的联邦制倡导者而言是斗争后的胜利——尽管都为此付出了沉重代价①;而对列宁-斯大林代表的布尔什维克来说,则是对联邦主义让步的体现。列宁和斯大林等人所表述的目标是什么呢?是布尔什维克领导下俄罗斯各民族的集中制统一,是消除差别,推翻压迫,从而最终实现无国界的全世界无产者大联合。正因如此,斯大林才会在俄联邦诞生后不久便以访谈形式宣告世人,作为从独立到单一制的过渡阶段,一旦组成统一的国家整体条件成熟,联邦制就将被废除和抛弃。②

矛盾危机与改造重建

这就是说,尽管在列宁和斯大林妥协下,1918年之后的俄罗斯被组建为共和国联邦,但其内部各主体间的平等联合及其相关自治并不牢固,因为从最早开始联邦制就并非布尔什维克所追求的理想,而只是走向统一的过渡形式,故在诞生之时便显出了自相抵触的矛盾和伤及共处的危机。然而也正是以这样的斗争及妥协为基础,俄联邦演变出了前后关联同时差异不小的多种样态。首先,列宁领导的政党以同意联邦制和区域自治换取一系列非俄罗斯群体对独立的放弃,从而使布尔什维克成功继承沙俄帝国遗产,在尽可能的程度上维系了多民族的统一。列宁创建的联邦以"苏俄"取代"沙俄",二者的特征是在地位与名称上都以俄罗斯人为核心和主体,形成包含众多非俄罗斯人群的"大俄罗斯"体系。与沙俄的世袭王朝有所区别,列宁的苏俄是靠"苏维埃社会主义"意识形态和无产阶级专政把跨族群、跨文化的人们联成整体的。而与在"沙俄"时代的境遇一样,这些被联合进来的群体在重组后的联邦名称里依然没有得到任何体现。

到了斯大林统治时期,以核心加盟国身份加入苏联的俄国继续存在,同时扮演起主宰整个"苏维埃社会主义共和国联盟"方向乃至掌控其他加盟主体命运的核心角色。按斯大林原本的意愿,乌克兰和白俄罗斯等在20世纪前

---

① 资料说,邵武勉即在"巴库人民委员"事件中被杀害。
② 斯大林:《俄罗斯联邦共和国的组织——和<真理报>记者的谈话》,1918年3月3-4日。

半叶与俄联邦平等并置的共和国都只能以"自治共和国"名分并入苏俄,成为俄罗斯联邦的组成部分,只是由于更讲策略的列宁反对,才不得不同意它们保留与俄国对等的地位,以协约方式共同结盟。若不是这样的话,非但"苏联"将化为泡影,"苏俄"的联邦也会大大扩张,成为更彪悍的"超大俄罗斯"进入并影响世界。不过,列宁的反对在使苏联得以保全的同时,也给进入斯大林时期时代后各加盟主体的命运布下了阴影。与其从早期起就赞同的单一制的"集中主义"而不是联邦主义原则相一致,斯大林统治的苏联坚持实行了政党专制下的"大俄罗斯主义"。在这样的国策主导下,即便到了与其政见不同的继承者赫鲁晓夫主政时期,联邦制的理论和实践同样受到削弱排斥,联盟内的一百多个不同民族被认为不复存在,主流宣传机器声称他们已转化成了只有意识形态特征而无民族文化差异的"苏联人民"。

而实际的情况是,苏联境内的众多非俄罗斯人群自斯大林统治后便受到不公乃至恶劣的对待。二战期间,斯大林借"国家安全"之名将居住在远东的数万户朝鲜族家庭强行迁移到中亚的贫瘠地区,又以克里米亚半岛的鞑靼人与德国合作为由,把全部克里米亚鞑靼人居民流放到中亚和西伯利亚,致使约46%被流放的人死于饥饿或疾病,其余的人直到数十年后才获准返回克里米亚半岛。① 斯大林的做法受到了后人批判,被认为其错误在于"以阶级矛盾代替民族矛盾,以对待敌我矛盾的方法解决出现的民族问题",实质上就是"以国家利益代替民族要求",从而导致"大俄罗斯主义代替了平等、相互尊重的民族关系"。②

不过值得的注意是,尽管受到从斯大林到赫鲁晓夫等俄苏领导的决策影响,可是依照苏联宪法,俄罗斯联邦及乌克兰等加盟国的主体单位和权力仍被保留下来,以至于到了1990年代戈尔巴乔夫实施民主改革后,身兼莫斯科市委书记和俄罗斯总统双重职位的叶利钦才得以会同乌克兰和白俄罗斯的领

---

① 陶慕剑:《鞑靼人与克里米亚的七百年魂牵梦萦》,凤凰网,2014年2月28日"防务短评"专栏。作者写道"克里米亚从乌克兰回归俄罗斯的呼声很高,但大部分鞑靼人却坚决表示反对,但因处于少数地位,所发出的声音难以发挥决定作用。"http://news.ifeng.com/mil/forum/duanping/detail_2014_02/28/34301785_0.shtml

② 庞宝庆、巩树磊:《苏联强制迁移远东朝鲜人问题析论》,《西伯利亚研究》,2009年第6期,页69-72。

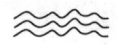

导们，合法地宣布退出苏联，随即着手对俄罗斯联邦的改造重建。

在叶利钦至普京的掌控下，退出苏联后的俄联邦更换名称，废除了原名中的"苏维埃"、"社会主义"和"共和国"，使之变为更简洁的"俄罗斯联邦"。国旗也去掉镰刀加锤子的象征，恢复为沙俄时代的"斯拉夫三色"，同时重新制定了联邦宪法。

1993年颁布的《俄罗斯联邦宪法》重申"俄罗斯联邦主权的体现者和权力的唯一源泉是其多民族的人民"，联邦结构建立在"国家完整、国家权力体系统一"及"俄罗斯联邦各民族平等与自决的基础上"。与此同时，在经历了被认为是对苏联人民进行摧残的斯大林主义灾难之后，叶利钦领导的俄联邦不但替被苏俄政权镇压的末代沙皇恢复名誉，还主动向在斯大林时期遭受迫害的少数民族致歉、平反。后一类的举措一直持续到普京作为俄联邦总统的第二任期。2014年4月，普京在俄国家委员会和实施国家优先项目和人口政策总统委员会联合会议上签署法令，为克里米亚鞑靼人、亚美尼亚人、德国人、希腊人等"所有斯大林时代遭到迫害的人"平反。不过随着局势变化，此时的政府道歉已与俄联邦的"国家利益"发生了关联：几乎就在普京签署平反法令的同时，克里米亚和塞瓦斯托波尔宣布从乌克兰脱离出来，以"联邦主体身份"加入俄罗斯联邦；而与之相邻的乌克兰立刻宣布不会承认自己的领土被（俄联邦）吞并。紧接着便爆发了俄乌间的流血冲突。事到如今，乌克兰和俄罗斯，两个前苏联最重要加盟共和国的激战后果仍未见分晓，枪炮声还在此起彼伏，苏联解体后创建的"独联"（独立国家联合体）盟约也差不多被震到了九霄云外……

图99　俄罗斯联邦国旗

回顾俄联邦共同体近百年的演变历史，如同听闻同一旋律的多重变奏。若借其恢复后使用至今的三色国旗做比喻，不妨把这些变奏音符解读为三道底色的交替：底部的红色象征最早出现的"苏俄"；中间的蓝色意味着涌进"苏联"汪洋中的俄罗斯；最上面的白色则彰显出新联邦再度以"北极熊"威严为象征的大俄罗斯特性。

俄罗斯共同体的演变启示

俄罗斯共同体变奏给人的启示何在？在我看来，就在于对多民族共存关系的选择与成败。在19至20世纪波及全球的民族变局中，如何解决传统帝国瓦解后殖民地人民与被压迫、被奴役民族的去留问题，存在着"独立"与"重组"两种根本选择。若选择"重组"，则又会面对单一制与联邦制这样两条对立的道路，也就是为了多民族共同体的重新凝聚还须在集中主义或联邦主义类型中做出抉择。迄今为止，世界上已有数十个多民族共同体先后选择了后一类型，除去被认为最早且最成功的美利坚合众国和本文讨论的俄罗斯以外，还有加拿大、澳大利亚、德国、奥地利、比利时、巴西、印度、马来西亚、墨西哥等在国际格局中具有举足轻重地位的众多国度，它们的面积总和占了地球的大半。

在这种潮流影响下，就连清帝国解体后的近代中国也出现了对于建立联邦制国体的倡导和实践。1906年《复报》载文鼓动"以十八省之机关为主，以满、蒙、青、藏之联合为客，使联邦民主立宪国，辉煌出现于亚洲大陆之上则可耳。"[1] 1911年辛亥革命爆发之际，贵州、四川等地的起义军即发表了宣告建立"大汉联邦"的檄文[2]。中国共产党于1922年第二次代表大会发表的宣言即提出要"用自由联邦制，统一中国本部、蒙古、西藏、回疆"，继而建立"中华联邦共和国"。[3] 早在同盟会纲领里便提出要仿效美国建立"合众

---

[1] 恨海：《满政府之沈宪问题》，《辛亥革命前十年间时论选集》第2卷，上册，第550页。
[2] 中国社会科学院近代史研究所编译：《云南贵州辛亥革命资料》，知识产权出版社，2013年。
[3] 《中国共产党第二次代表大会宣言》，1922年，中国共产党历次全国代表大会数据库网页：http://cpc.people.com.cn/GB/64162/64168/64554/4428164.html。

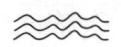

政府"的孙中山在1924年发表《中国国民党第一次全国代表大会宣言》，指出国民党之民族主义有两方面之意义，即"一则中国民族自求解放；二则中国境内各民族一律平等。"并郑重宣言："承认中国以内各民族之自决权，于反对帝国主义及军阀之革命获得胜利以后，当组织自由统一的（各民族自由联合的）中华民国。"① 到了1945年中共召开第七次全国代表大会，又以《党章》形式重申未来的目标是要"为建立独立、自由、民主、统一与富强的各革命阶级联盟与各民族自由联合的新民主主义联邦共和国而奋斗。"②

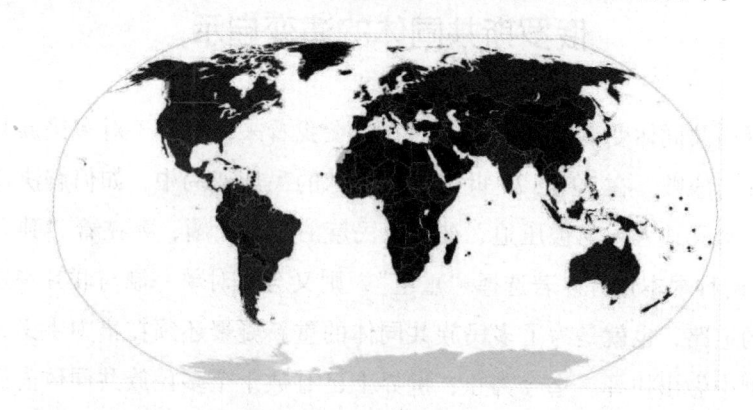

图100　全球比较：绿色为实行联邦制的国家，蓝色为实行单一制国家

相比之下，伴随苏联创建及解体而存在的三个俄联邦共同体（或俄联邦三期），体现的可谓交错于两条道上的变奏。其中，"联邦主义"的声部化解了沙俄帝国崩溃后其他非俄罗斯民族的独立分离；而"集中主义"的集权滥用则导致联邦主体间的对立冲突，致使整个共同体松动瓦解。时至今日，值得反复追问的问题是：对于独立自足的人类个体、群体而言，为什么要联合起来，理由何在？如果一定要联，以什么为基础才合理？列宁至斯大林的前两个俄联邦以"无产者联合起来"为口号，用有产和无产作划分的"阶级"取代民族，未能成功。与具有语言、习俗和信仰等稳定特征的民族不同，阶级属性原本就不确定且难以继承，彼此对立的身份很容易因财富及权力转移而变动：通过交换、挣得或暴力夺取，昨日的无产者会很快成为"新生资产

---

①　孙中山：《中国国民党第一次全国代表大会宣言》。
②　《中国共产党党章》，1945年第七次代表大会通过。中国共产党历次全国代表大会数据库网页：http://cpc.people.com.cn/GB/64162/64168/64559/4442095.html

阶级"，于是使"无产者"及其联盟变质蜕化，各成员失去了凝聚在一起的理由和目标，只能靠强权维系。叶利钦以来的新俄联邦改以文化为基础，强调俄族的历史传承——包括东正教信仰，使局面得到调整，但仍面临如何顾及其他非俄罗斯人群文化及利益的难题，也就是如何通过有效办法使多民族共同体的成员能够凝聚，愿意在一起。

这样，对于已由前苏联"红幕"走出的俄联邦而言，其未来前景将会如何就值得关注。有一种可供参考的判断如下：

> 由于俄罗斯联邦既有僵化的集权制，又有各主体强烈的无政府主义倾向，因此国家的完整性和稳定性是相互关联的。如果俄罗斯政府强制性地解决各种事件，尤其是采取强制消除各共和国的民族地位的战略，崩溃的可能性将更大。①

可见，如果不愿见到多元互补之人群分道扬镳乃至流血对抗的话，如何在集中与分权之间做到平衡，达成共同体内的不同而和，依然是当今世界多民族国家都需妥善对待的难题。

---

① ［美］Г. 黑尔、［爱沙尼亚］P. 塔阿格佩拉：《俄罗斯：统一还是解体》，段合珊摘译自俄《俄罗斯与当代世界》，2003 年第 3 期，汉译本刊于《国外社会科学》，2005 年第 1 期，页 48 – 49.

第四编　人类学批评与对话

李绍明和民族学的"苏维埃学派"

一

我跟李绍明先生的认识,是在20世纪90年代后期我从贵州社科院调入四川大学之后。此前我们不熟悉。其中原因我想除了省际和代际相隔外,还与业际也就是事业路径上的疏远有关。

我这一代的事业始于20世纪80年代的"新时期"。那时的潮流是"拨乱反正"和"改革开放"。但对这两个方面,社会各界其实是看法不一、各行其是。多数人向往的"反正"是回归符合事物规律及民心走向的正途,有的则是想返回"文化大革命"前的17年。由于现实变革的需要,那个时期的西南各省都焕发出对社会学、人类学和民族学等具有应用功能之学科的普遍热情。各省之间也相继建立了不同层次和类型的往来。对我来说,那时更了解的是四川的童恩正和云南的王筑生。童恩正以其创办的《南方民族考古》及倡导的中国"半月形文化带"研究赢得了西部年轻同道的青睐。王筑生博士则在留美回省后因筹办昆明人类学高级研讨班而为西南学界重新集聚了独立自主的学术平台。其意义不仅在敢于打破京派垄断、把国际级的高研班办于边陲,更在于为中国人类学的多元格局另辟了蹊径。正是在昆明的人类学高研班上,我见到了林耀华、李亦园、田汝康、宋蜀华、乔健、陈国强等前辈,亦结识了林超民、庄孔韶、纳日碧力戈和杨慧、杨福全、彭文斌等新友①。其中还有来自川大的石硕、徐君。通过他/她们二人,后来就认识了李绍明与冉光荣先生。

我和李绍明先生接触不多。回想起来印象最深的是他对中国民族研究的看法。1997年我到川大后,感慨于校园的沉闷及学际的阻隔,便和已在历史系张罗人类学理论与方法的石硕、徐君等筹办了一个小型的交流平台,取名叫"藏彝走廊的人类学论坛",借此举办不定期的学术讲座和讨论。为了让年轻的参与者们更深入地掌握本地既有的学术成果和发展脉络,我们请李先生专门讲了一次西南民族学研究的历史回顾。李先生的观点让我吃惊,一是他指出就中国的境况而言,没有民族学(学科),只有民族问题研究;再就是强调了"苏维埃学派"的存在和影响。

说实话,即便在进入20世纪90年代的"后新时期",猛然听学者重提"苏维埃学派"这样的用语,而且是在正式的学术演讲之际,着实令我意想不到。"苏维埃"让人想起苏联。毕竟新一轮的改革开放差不多又有了一个代际之久,在我们这代的许多人心中,或许因为深受"文化大革命"之困,所以无论是改革还是开放,目标似乎都应只有一个,那就是告别苏联。

记得那次演讲中,李先生并没对两个话题多做展开,此后我们也没就此再做交谈。但随着时间推移,我越来越感到他的观点很重要。1998年起,我到阿坝、甘孜考察,在当地史料中查询到20世纪30年代红军四方面军曾在藏区建立以少数民族为自治主体的多个苏维埃政权,如主要统辖"松理茂赤区"的"格勒得萨共和国"及位于康北的"波巴人民共和国"。当时这些藏区的苏维埃政权隶属于张国焘领导的"中华苏维埃共和国西北政府"。② 它的前身则是1931年在瑞金成立、以毛泽东为主席的中华苏维埃共和国。瑞金的共和国以苏维埃命名,由共产党领导,成立之初即"向全世界与全中国的劳动群众宣布他在中国所要实现的基本任务",即《中华苏维埃共和国的宪法大纲》。其中的第十四条明确宣布:

---

① 关于此次论坛的学术成果,可参见王筑生主编的《人类学与西南民族》,云南大学出版社1998年版。

② 参见《红军长征在四川》,四川省社会科学院出版社1986年版,第312—335页;以及《丹巴文史资料》(第四辑),政协丹巴委员会2000年编印,第1页。

中华苏维埃政权承认中国境内少数民族的民族自决权,一直承认到各弱小民族有同中国脱离,自己成立独立的国家的权利。蒙古,回,藏,苗,黎,高丽人等,凡是居住在中国的地域的,他们有完全自决权;加入或脱离中国苏维埃联邦,或建立自己的自治区域。中国苏维埃政权在现在要努力帮助这些弱小民族脱离帝国主义、国民党军阀、王公、喇嘛、土司的压迫统治而得到完全自主。苏维埃政权,更要在这些民族中发展他们自己的民族文化和民族言语。

此外,其最末一条(第十七条)强调:"中华苏维埃政权宣告世界无产阶级与被压迫民族是与他站在一条革命战线上,无产阶级专政国家——苏联,是他的巩固的联盟者。"① 时间再往前推,1922年的中共第二次全国代表大会在上海召开。参照当时的苏俄模式,会议宣言提出了有关民族自治的基本纲领,如"统一中国本部(东三省在内)为真正民主共和国",使"蒙古、西藏、回疆三部实行自治,成为民主自治邦"以及"用自由联邦制,统一中国本部、蒙古、西藏、回疆,建立中华联邦共和国"等。其中的主要设计是"民族自决权"和"联邦制"。②

如今来看,这才是中国民族学"苏维埃学派"的初始由来。也就是说此派的出现是在"新中国"成立以前,并与"共产国际"及其在中国的实践相联系。

二

"苏维埃"一词是俄语"совéт"的汉译,本义是"会议",源于1905年俄国革命时由罢工工人为委员而组织起来的代表会议。它的基本含义指由工人、士兵等基层群众通过选举等方式参与的直接民主,代表随改选而更换。

---

① 时隔多年,这些资料已向世人公布且很容易在中国的官方网站上查到,可参见新华网,http://news.xinhuanet.com/ziliao/2004-11/27/content_2266970.htm。该网特别注明其是"据中央档案原油印件刊印"。

② 参见中共中央统战部《民族问题文献汇编》,中共中央党校出版社1996年版,第18—166页。

"十月革命"以后,"苏维埃"成为俄国新型政权的标志,城市和乡村的最基本单位都建有"苏维埃",随后在各加盟共和国相互联合的基础上又成立了苏维埃社会主义共和国联盟,简称"苏联"(Soviet Union)。中国共产党的早期目标之一就是通过农村包围城市的方式在中国各地建立苏维埃政权,并将已建成的地方简称"苏区"。苏维埃思想的核心是民主和平等,体现在民族问题上便是对被压迫民族的解放。在这个意义上,所谓"苏维埃民族学派"(或"民族学的苏维埃学派"),究其根本,与其说是学术研究的理论派别,不如说是政党政治的实践主张。

就中国的国情而论,这一具有"民族解放"特点的苏维埃学派与此前历代政权的民族政策形成了区别。以康区为例,自清代赵尔丰之流向朝廷力荐"开边"以来(理由是治藏必安康),及至刘文辉等地方军阀借助中央势力在西康建省,本地藏民的权益从未受到真正关怀和主体性呈现。这种来自中原朝廷的民族压迫,直到长征路过的红军建立"格勒得萨共和国"等少数民族"苏维埃"政权后才始有改观。

如果把中国共产党的产生与共产国际的存在联系起来,同时再把民族学苏维埃学派视为马克思主义思潮的特定体现的话,即可见出:作为有关民族问题的一种政治主张,苏维埃学派的理论基础便是共产党人解释并改造世界的唯物史观。其从社会进化的角度,阐明了消除差别,消灭阶级和国家,消弭一切人对一切人的剥削、压迫的必要性及合法性。

从源头上说,这个学派的由来在西欧,诞生却在苏联。据宋蜀华、白振声编写的《民族学理论与方法》梳理,该流派出现在十月革命后的苏联,作为正式用语见于托尔斯托夫于1947年发表的《民族学的苏维埃学派》。[①] 从宋蜀华和白振声的描述来看,苏联的此学派其实有两个时期,即20世纪40年代的卫国战争之前和之后。之前主要批判和肃清西方资产阶级民族学的不良影响,强调各族的平等团结及其联盟,之后则强调国内的"民族一体化"。也

---

① 苏联学者认为"苏维埃民族学派"的元老是托卡列夫。托卡列夫曾在莫斯科大学民族学系和"以孙中山命名的中国共产主义劳动大学"任教,并担任划定意大利、南斯拉夫边界盟国委员会的专家,出版有《中国的氏族制度》(1928)和《苏联各民族民族学》(1958)等著述。前者被誉为最早用马克思主义观点分析中国古代社会的论著。参见克留科夫《谢尔盖·亚历山大罗维奇·托卡列夫(1918—1985)》,贺国安译,《世界民族》1986年第1期。

就是说，其前期属于列宁主义，后期则走向了斯大林主义。宋蜀华等人的评价是：虽然苏维埃学派因20世纪晚期苏联的解体已不复存在，也尽管其对西方民族学理论的批判有过于简单之嫌，但它的历史成就不应抹杀。① 为什么呢？他们引用杨堃的话指出：

> 苏维埃民族学派的出现，是民族学史上的一次大革命。一百多年来（的）民族学史，几乎完全是资产阶级民族学。自从有了苏维埃学派，马克思主义民族学才有了一个阵地。②

在我的回忆中，李绍明先生虽然向后辈重提苏维埃学派，但态度似乎不像杨堃和宋蜀华等这么肯定，相反倒是流露出些许的保留和困惑。我想这多少同他的华西情结及其"文化大革命"的遭遇有关。

1997年我到四川大学的时候，正值老川大与成都科技大学合并不久，不但校名叫"四川联合大学"、两校各有院墙和校门隔开，中间还夹着条可行车走人的文化路。一天傍晚我在文化路散步，无意间在旧书摊上淘到成都出版社出版的《李绍明民族学文选》，很重的大部头，884页，是我见过最厚的民族学单部论著，几乎要双手才捧得稳。我翻了翻篇目，内容多与西南的民族研究有关，但数量足有60余篇之多，且开篇叫作《论中国的马克思主义民族学体系》，心里觉得有点老套，就随手放下了。如今重读此书，发现正是在这篇大作里，李先生阐明了对苏维埃学派的态度和看法。在文章中，李先生的用语时有变化，或称其为"苏联的民族学体系"或为"苏维埃学派的民族学体系"，但性质是一个，即世界上第一个"马克思主义民族学派"，特点则在于"以其研究成果直接服务于社会主义苏维埃政权"。李绍明对其评价的肯定仅有一句话："他们对境内处于资本主义以前各民族超越社会发展阶段向社会主义过渡的研究，以及对世界各民族的研究，均有突出的成绩。"接着就直截了当地指出了该学派的"历史局限性"和"很大的缺陷"。③ 按照李绍明的看

---

① 宋蜀华、白振声：《民族学理论与方法》，中央民族大学出版社1998年版，第94—103页。
② 杨堃：《民族学概论》，中国社会科学出版社1984年版，第140页。
③ 李绍明：《论中国的马克思主义民族学体系》，《李绍明民族学文选》，成都出版社1995年版，第1—15页。

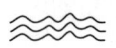

法，苏维埃学派是存在问题的，主要表现为这样几个方面：

（1）其虽然摆脱了早先西方民族学那种将民族划分为"自然民族"和"文明民族"的传统影响，而将整个民族共同体作为研究对象，但它的重点仍只限于各民族的物质生活与精神文化，而不去进行民族共同体理论和民族问题的研究；

（2）苏联的苏维埃学派将民族的理论和民族问题视为科学社会主义或社会主义政治学的一部分，使民族学处于从属的边缘，缺乏独立的理论地位；

（3）这样一些特点导致该学派除了在民族的经济文化类型与历史民族区两方面做了探讨外，在其余的理论领域几无建树。

很明显，李先生这篇发表于 1985 年的文章也属于"拨乱反正"思潮的体现之一，只不过其目标似乎已不再是回到"文化大革命"前的 17 年，而是在呼吁对民族学理论的改革和重建。因此其初衷也并非要特别地研讨和评价"苏维埃学派"，而是借对此派的扬弃和超越，为在后"文化大革命"时期开创"中国的马克思主义民族学体系"摇旗呐喊。因此，他才会在文中指出，虽然 20 世纪 60 年代后民族学的苏维埃学派"在中国的大地销声匿迹了"，但其影响深远，有的看法甚至"一直桎梏着民族学这门科学的发展"。[①]

三

李绍明呼吁创建的"中国的马克思主义民族学"，放到共产国际的演变历程里，其实就是新中国学者所表达的对苏联的超越。其中包含两个面向：回到马克思，回到中国。这一点刚好与"改革开放"时期中国主流社会的思想解放运动及民族本土主义脉络一致。那时讲的"回到马克思"，其实是对共产主义经典解释权的夺回和对人道主义的返归；民族本土主义则是在新一轮对

---

① 李绍明：《论中国的马克思主义民族学体系》，《李绍明民族学文选》，成都出版社 1995 年版，第 1—15 页。

西方开放中力求自主地重塑中国的文化表征和世界形象。在那时的一大批改革者们看来，中国的文化表征和世界形象都已被"文化大革命"乃至17年的极"左"路线严重搞砸了，能否恢复都是问题。

李绍明指出，"建立中国的马克思主义民族学体系是我们当代民族学者义不容辞的任务，是历史赋予我们的重任"。他的主张是，"在这个问题上，我们不必跟随国外的学派亦步亦趋，而应取各家之长，走出一条自己的道路来"①。这里说的"不必跟随"，不仅指苏联，也包括了西方，也就是说只要是外国的，管它哪个都不跟，要搞就搞本土、本国的。而且值得注意的是，对于这一本土体系，李绍明的说法是其亦可称为"民族学的中国学派"。它的关怀是世界性的，目的是要以中国（马克思主义者）的立场和眼光研究全世界的民族，故不等于仅关注中国之民族问题的"中国民族志"或"中国民族学"。

多年以后我一直在想，我们20世纪80年代入道的学人与李先生们的代际何在？有个问题始终绕之不去：既然已明确批评了苏维埃学派的缺憾和局限，为什么他会那样坚持自己的马克思主义者身份呢？仔细翻阅手中厚厚的《李绍明民族学文选》，发现答案似乎正在其中。尽管主要收录发表于20世纪80年代后的论文，该文选最集中突出的成果仍是对"凉山奴隶制社会"的研究。结合20世纪后半期新中国对西南少数民族地区的改造及其对当地民众的深远影响，这样的研究不仅体现了参政议政的理论功能，且已实实在在地进入了现实历史。②若以李先生对苏维埃学派的概括，其特点是"以其研究成果直接服务于社会主义苏维埃政权"的话，他们那一代在总体上也大多属于同样的一派，而且是一度引以为自豪的。因此即便到了"改革开放"的20世纪80年代，李先生等也一度因担忧当时国家开发中的"梯度理论"损害西部利

---

① 李绍明：《论中国的马克思主义民族学体系》，《李绍明民族学文选》，成都出版社1995年版，第1—15页。

② 结合时代背景而论，李绍明一代有关"凉山奴隶制社会"的学术研究，与那时的政党纲领、领导指示、党内批文等诸多文件构成一种相互呼应和印证的关系，但在实际作用和影响上则远不及前者。这也从侧面说明了民族学的"苏维埃学派"与政党政治的区分和关联。相关资料可参见秦和平编《四川民族地区民主改革资料集》，民族出版社2008年版。

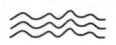

益,而撰写专题报告直接递交最高部门(国务院、政治局)。①

　　这就是一对矛盾:在学理上,既看重理论建树、学科超越,又要学以致用、经世救国;在实践上,一方面由于见到苏联的先天缺憾和新中国的极"左"灾难而要挣脱出来,另一方面又因身陷其中而难以全然脱离。从共产国际作为一种全球化运动的演变进程来看,这对矛盾也体现在共产党人的角色转变上。如果在苏联的苏维埃民族学派以"卫国战争"为界分为前后两个时期的话,其引进中国后也以后者在少数民族地区的"民主改造"为分水岭,划出了两个不同的阶段。在前一阶段中,共产党作为在野的革命党,通过民族学的苏维埃学派,积极倡导和推进少数民族区域对国民政府的抵抗甚至脱离;在后一阶段中,当其角色变为在朝的执政党之后,对民族工作的重心逐步转为朝向国家化、一体化的统一治理。因此深入考察和分析起来,在参与现实变革的层面上,"苏维埃学派"其实有革命和统治两种类型。李绍明先生介于二者之间。所以他一方面反对后一种类型对中国民族学发展的桎梏,另一方面则又谆谆教导青年一代切勿被改革开放后国外资产阶级学术思想迷惑,一定要用马克思主义民族学来武装头脑。②

　　进入新时期后,保守和革命间的矛盾进一步延伸出有关改革和开放的论争。在这方面,我觉得最富于胆略的是童恩正。他于1988年在《中国社会科学》杂志上发表的《摩尔根的模式与中国的原始社会史研究》一文,对将"摩尔根模式"等同于马克思主义原理提出批评,指出该模式绝非放之四海皆准的真理。他的结论更是语出惊人,其曰:

　　　　摩尔根和马克思主义的奠基人并没有结束对真理的认识。他们所论及的全部内容都是可以进一步讨论的。③

　　在那个激烈的年代,童恩正好比一位直奔前线的斗士。相比之下,比童恩正稍长两岁的李绍明更像一位阅历丰富同时又善于反思和勇于调整的智者。

---

① 参见李绍明讲述、彭文斌整理《现代化与西南少数民族》,《西南民族大学学报》2010年第8期,第7页。
② 同上。
③ 《童恩正文集·学术系列》之人类学与文化卷,重庆出版社1998年版,第347—386页。

2007年，李绍明发表《论中国人类学的华西学派》，通过对学术史聚焦点的转向，再次表达出他对"民族学在中国"或曰"民族问题的中国学路"的另一层看法。与前述苏维埃学派形成明显区分的是，"华西学派"重点不是苏区和共产国际，而是民国和英美学界。李先生的文章详细描述了此派的由来、人脉、成果以及具体的演变，在字里行间亦透露出自己与此派的密切关联。从李绍明本人的大学生涯即始于华西、师从的多位导师也与华西有关来看，此关联不可谓不深。但在谈论学派问题时他以前为何不提或提得不多呢？我猜个中缘由大约与他对自己马克思主义民族学者的身份定位相关。在经过了多年思想改造直至"文化大革命"批斗后，那一代学者需要在苏维埃与英美派之间进行区隔，以至于文章言谈都要考虑尽量避嫌。

这样的回避直到从川大留学美国的王笛"遗憾"发生，才促使李先生毅然出场，力图挽回正被遮蔽和扭曲的学术史局面。"王笛遗憾"指的是什么呢？用李绍明的话说，即"以王笛这种身份的人在国内、在川大竟然不知格拉汉姆（即葛维汉）是何许人，反而到美国后才发现此人竟是一个著名学者，王笛如此，其他的人更不用说了"。为此，李先生感到痛心，同时坦诚自己的责任，指出：

> 我以为这个事实不应责怪王笛本人。它只能说明我们文化的断层，我们学术传承的无继与严重性。作为一个人类学者，我本人，对此也应负有责任。①

关于"华西学派"及其与民国年间所谓"北派""南派"的区分和关联，本文不能多说。此处提及的原因，是要为言说"李绍明与苏维埃学派"这一话题提供更广的背景。我觉得，从1997年后在川大"藏彝走廊的人类学论坛"上提醒注意"民族学的苏维埃学派"，到2007年告诫学界不能忘记"中国人类学的华西学派"，李绍明先生不但完成了对自己学术生涯的心路历程之综合反省，而且为后人提供了认识20世纪中国民族学和人类学的另一种构架。

---

① 李绍明：《论中国人类学的华西学派》，《广西民族研究》2007年第3期。有关"王笛遗憾"的描述，详见王笛所著的《街头文化——成都公共空间、下层民众与地方政治，1870—1930》"序言"，李德英等译，中国人民大学出版社2006年版。

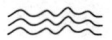

四

从"华西学派"到"苏维埃学派"再到"中国学派",李绍明先生关注的学派问题其实体现了民族学、人类学在现代中国走过的历史道路。三种学派,三个时期;三种追求,三个类型。不过若把三者做些对比,却能发现很有意思的差别。

首先,"派别"意指相对的特性,含义是"在众多中的不同"。以此而论,对中国场景而言,"苏维埃学派"在其在野的革命党时期还保有与政府主流话语不屈抗争的特质,但进入其掌管江山的后期阶段就不好说还是一个派别。在此阶段里,全民的思想、言论都被一统天下,凡事均只此一家,别无分店。因此,没了其他,就谈不上派别。相对来说,"华西"时期除了政府对共产学说的排斥、打压外,其内部倒真有众说纷纭、派系林立的景象。到了改革开放后的今日中国,虽也经过了不断的起伏跌宕,局面仍然呈现为诸语共生、多元并存,对那些习惯于一呼百应的人来说,甚至有群龙无首、杂乱无章之相、之感和之惑。

其次,从更广的视野看,要整体地论学术区分的话,还应看到当下中国更为多元的话语格局。就我和一些朋友在 20 世纪 80 年代后谈过的话来说,此格局与中国的现代化类型相关。鸦片战争及西学东渐以后,天朝中国呈现"三千年未有之变局"。在接下来的百余年时间里逐步产生了可称为"多点相分"的现代化类型,即香港、澳门曾为的殖民地、大陆的社会主义及台岛的三民主义。如果暂不算后来新加坡的所谓"儒家资本主义"的话,海峡两岸四地其实出现了四种"中国现代化"。这种局面表现在政治、经济和社会诸领域是如此,学界也不例外。于是,就民族学、人类学的内外对照而言,20 世纪 80 年代重新开放后的当代中国,在大结构上也呈现出与此关联的四个类型。这样的局面再加上西学的再次进入,便又添加了本土之外的第五种声音。

我到川大后的十余年来,仅在文学院以文学人类学名义举办的讲座、会议和访谈,相继到场的人类学者,便有上述五界的众多同道。可谓行家汇聚、各方云集。如此景象，如若接着李绍明先生的话来说，真称得上又是一个新华西。

不过问题还是存在的。

李先生不断提及学派，表明他对学术和人生抱有深沉的关怀。他自己的人生跨越上述三个时期，学涯渗入三种流派。在现在一些学子眼里，他的理想和抱负，或许会被讥讽为不切实际的"宏大叙事"。在我看来，在讥讽者那里，恰恰是缺了这样的宏大叙事而使其所谓的成果残缺不整、渺小琐碎。不仅如此，还有人不但抛弃理想、贬斥关怀，甚至夺利争权、党同伐异。这样的表现与上述任何一个学派都呈现出天壤之别。我想以后的历史，自然会将这样的对照载入其中。至于为何如此，也会有人予以评析。于笔者来说，正因出于对这样一些上下左右的对照，才起意写下这篇短文，一则重提苏维埃，二则回忆李绍明。

2009 年我到剑桥的"蒙古与'内亚'研究所"访学时，时常和宝力格（U. Bulag）谈起共产国际对中国革命的影响及乌兰夫与毛泽东的关系。如今宝力格来成都，我又提到李绍明先生对苏维埃学派的强调。宝力格研究政治人类学，对这个话题很感兴趣，非常希望能就此与李先生深入交谈。可惜，时不我待，李先生已在此前仙逝。一个时期的又一位前辈就此离去，一个领域的学术象征亦就此轮转。

何去何从？后人皆要选择。

帝国轮替中的认同演变

高岚的博士论文《从民族记忆到国家叙事》以专书形式出版，特表祝贺。近年以来，在川大"文学人类学"专业的研究生团队中，有不少选择以多民族国家的文学和文化个案为题来作为学位论文撰写。此前和其后有梁昭的"刘三姐表述"、王菊的"彝学演变"、吴雯的"庄学本与康区研究"及张中奎的清代"苗疆再造"和李菲的嘉绒"跳锅庄"变迁等①，都从各自选定的角度出发，相继讨论了作为多民族国家的中国在不同地域及历史阶段里的民族关联。

高岚著作以"明清之际江南汉族文士的文学书写"为副题，关注由明入清的历史变局，时间锁定在1644—1683年，力图辨析满族入关并掌握政权后江南汉族文士在民族身份和王朝认同上的文化纠葛。这是十分重大的历史和学术问题。

在我看来，研讨、还原或重构中国的历史，须注意几个关键，一是华夷互补和帝国轮替，二是"史前史"与"史外史"。历史有绝对和相对之分。绝对的历史一去不回；相对的历史则是被后人复述的故事。与绝对的"事本"，或"事本史"相对，后者可谓广义的"话本"，或"话本史"。对于东亚大陆的夷夏境况而言，匡进汉语"话本史"里的故事不过数千年；在其以前，"事本史"的历程则须以万年来记。其间的丰富原型，充其量也只在"考

---

① 此处提及的梁昭等论文已有部分作为专著面世，如王菊的《从"他者叙述"到"自我建构"：彝学研究的历史转型》（中国戏剧出版社2009年版）。它们与高岚的新著一道，可视为从文学人类学视角对多民族国家的族群关系及文化传统加以论说的一个系列。

古史"里得到碎片式的些许还原。因此当我们言说"中国历史",其实只是在仅就纵贯数千年的话本故事发论。这是需要提醒注意的。

至于如何经由这绵延数千年的"话本史"进入对与之联系的"事本史"的关注和研讨,有上下两个"三代"值得对照言说,即通常被视为国史开头的夏、商、周和接近收尾的元、明、清。但是,论说王朝起始的"前三代",要注意的是它们在空间上的差异并置,而非被后人夸大的代际关联——这个说法不是我的发明,而是依照前人"夷夏东西说"的揭示而做的引申和强调。① 与此不同,论说"后三代"则应关注由不同族群、地域乃至文明主体所承载的帝国轮替。照此而论,高著所论的明清"之际",便正好处在又一个重大的轮替时期。其间的时代和社会变局,自然充满了值得从多方面书写的丰富意涵。

《从民族记忆到国家叙事》把焦点对准江南文人的认同变异,讨论的其实是新帝国内"汉与非汉"的关系转型。对于这样的转型,照惯常的中原汉文化本位说法,难听一点叫"五胡乱华""蛮夷入侵",好听一点称"异族入主(中原)"。这种可视为"华夏情结"的历史心性,既呈现在身处其境的历史当事人之言行举止及与之关联的特定事件和历史过程中,也不断重现于后世回顾者予以认可的历史表述里。然而,对于新帝国内"汉与非汉"的族群互动和关联,这样的心境和表述都是单一而残缺的。高岚的论述有一个可贵之处,那就是其虽以江南汉族文士为聚焦,却能同时关注作为帝国掌控者的满人视界,从而体现出族群对等的复线叙事。比如在论述雍正时期轰动朝野的"曾静案"时,高书就在描叙吕留良等中原汉人对华夏本位之固守的同时,对照阐释了皇帝雍正以《大义觉迷录》为书对满洲族源及其与华夏关联和延伸的言及行。这样的视野和努力,或许能使我们绕过单族叙事的围墙,重现被汉学成见遮蔽了的"史外史"。高岚通过此案例力图说明的是,在明与清的帝国轮替之际,汉、满两族对各自民族身份的强调以及弥漫于彼此间十分浓厚的"他者意识"。她客观而清醒地从两面评说道:

---

① 史学家傅斯年最早在20世纪30年代提出"夷夏东西说",认为夏、商、周代表不同的地域文化体系,夷和商属东系,夏和周为西系。参见傅斯年《民族语古代中国史》,河北教育出版社2002年版。考古学家张光直在此基础上有所发挥,进一步强调古代中国的多元起源论。参见张光直《考古学专题六讲》,文物出版社1986年版。

作为与清廷不合作的代表,企图恢复民族主权的民间汉族知识分子、王朝效忠的背叛者,曾静等人在此案件中的态度颇值得注意。同样,作为官方的最高统治者和满族的精神领袖,雍正皇帝处理此案的手段也具有重大意义。他们之间所展开的,是一场文化和认同的争夺战。①

尽管其对作为帝国统领的满族主体在自身定位和文化取向等方面的分析还远远不够,但在我看来,高书对于清帝国内部的民族文化论述,能够做到上述那样的双向视野和复线叙事已属不易。结合"曾静案"所关涉的文化背景,在被江南士人攻击的满族统治者一方,其最为关注的问题有二,用雍正钦定的《大义觉迷录》所做的表述来说,即

(1) 满族入主中原君临天下,是否符合正统之道?岂可再以华夷中外而分论?

(2) 到底是"中华之外四面皆是夷狄"呢,还是"天下一家,万物一源"?

此两大问题一个涉及政治正统,另一个则关系民族分别。雍正以问句质疑,其实已表明对答案的判定。对于前者,自然是不应再以华夷和中外相分;对后者,则当以"天下一家"和"万物同源"的民族对等观取代"一点四方"②的华夏中心论。依据《大义觉迷录》的记载,面对犯案在押的曾静,雍正以逼问和自答的方式阐发道:

九州四海之广,中华处百分之一。其东西南朔,同在天覆地盖之中者,即是一理一气,岂中华与夷狄有两个天地乎?③

雍正的回答是:

---

① 参见高著第五章"曾静案与《大义觉迷录》"。
② 有关"一点四方"的论述可参见笔者的《西南研究论》,云南教育出版社1992年版。
③ 本文转述的《大义觉迷录》言论出自上海书店1999年编印本《〈大义觉迷录〉谈》。此处引自该书第180页。

生民之道，惟有德者可为天下君。此天下一家，万物一体，自古迄今万世不易之常经。①

至于以君臣关系论人道是否合理，以及在具体的历史过程中，清帝国是否得道，是否果真做到了天下一家、民族对等还可深究，然雍正此言对以往"汉族入主"之帝国模式的文化修订当值得注意。

高岚的书仅写及清初，而待历史演变到清中以后，亦即到了清帝国达到强盛时期，曾（国藩）、李（鸿章）、左（宗棠）那样的汉族权贵非但不再像吕留良和曾静那样以华夷之别为由而谋变，反倒自觉地以天朝忠臣身份报效帝国，担当起承继往圣的治国平天下重任。这样的转变，除了帝国政治惯有和沿用的集权高压与科举取士等缘由外，汉族官僚由起初"满汉相分"向后期"君臣关联"的认同转变，无疑是另一个需要认真看待的重要动因。

话说回来，对上述问题进行研讨，无论是历史、民族还是政治，进入的角度无疑很多。出于学科选择（或曰限制）的原因，高岚突出了"民族记忆"和"国家叙事"。这一点从大处说，称得上文学人类学的专业特色；从小处论则与我本人对表述问题的强调有关。作为学人，我近来即不断发表与此相关的论述来加以倡导和促成；作为导师，则希望弟子能对此予以提升和推进。像此前的学长们一样，高岚以明清之际江南文人的认同变迁为案例所做的研讨，可以说已体现出在此论域中的最新思考和前沿成绩。

于我而言，此可谓探索不断，薪火相传，怎不令人感到欣喜和慰藉？故而虽以为其作以高标准看还开掘不深，然从取材立意到篇章铺陈又都堪称流畅严谨、独具用心。由是，笔者乐意写下此篇短文，奉以为序。

---

① 本文转述的《大义觉迷录》言论出自上海书店1999年编印本《〈大义觉迷录〉谈》。此处引自该书第133页。

苗疆再造与改土归流

自20世纪90年代参与发起"西南研究书系"以来，笔者对西南话题的关注持续至今。虽然"单位"从社科院转到高校，地点由黔省变到四川，从业范围由原来的专职研究增加为教研合一，对西南的思考和调研却坚守如一，而且在论域与重心方面还有了进一步延伸。其中之一便是对帝国的反思。

高校里教研合一的好处是能促使笔者将研究与教学结合。于是便有了把西南研究的相关议题提出给诸生共同研讨的新契机。在成果上，与清帝国时期"华夷之辨"相关联的有高岚博士从"民族身份与国家认同"角度对明清之际江南汉族文士的文学书写的辨析（已出版）[①]，接下来又有张中奎出版的新论：专题阐释清帝国对苗疆的"改土归流"。

一

清朝经营云贵的历史是新帝国的确立史及其内部边疆的开辟史。在此过程里，朝廷对西南"生苗"的军事征剿和政教改造伴随始终。其中最为突出的便是以苗疆再造为目的的改土归流。需要说明的是，明清以降，"苗疆"的提法主要是中原文献对西南族群的一种泛指和他称，不但涉及的地域具有伸缩性，所指的族群也涵盖甚多，并非仅为今日的"苗族"。与此相关，在"改

[①] 参见高岚《民族身份与国家认同：明清之际江南汉族文士的文学书写》，四川文艺出版社2010年版。

土归流"的实施里，又包含帝国征服者对"苗疆"境内不同区域与人群的类别区分。以当时的官方用语来说，就是"蛮悉改流，苗亦归化"①。其中的苗和蛮代表着帝国眼中苗疆的两类族群。前者是业已被历代王朝征服且有土官、土司作为朝廷代理的"熟苗"，后者则是未经改造、不服统领的"生苗"。对此，帝国的苗疆再造便同时包含了对熟苗当中土司、土官的去除和对剩余在生苗境内所有"化外之民"的收编和驯服。

顺治十四年（1657），清廷令吴三桂、赵布泰等由中原分头西进和南下，大军攻打云贵，继而灭除南明王朝、宣告统一天下；随后又在云贵设"经略"、置"总督"，留兵镇守，恩威并用，使其与直隶、两江等各处总督、巡抚一道，内外呼应，拓建大清帝国。

可见，对云贵的攻占和剿抚，是清帝国赖以创建的转折和基础之一。基础一旦奠定，"开辟"即成为统治者花大力步步推进的艰难要务。开辟就是开疆辟土。对新帝国而言，其含义有二，一是对前明政权的推翻和替代，其中有沿有革；二是在拓占版图内对历朝影响均未抵达的"生苗"之地进行新的征服，其中剿抚并用。此二意合为一体，相应的举措便是：弃明朝，兴大清；废土司，派流官（及移民）；剿土著，兴教化。

清代有专论黔省"开辟"者，曰："黔处万山中，土不厚于西北，财不富于东南，而其地则在所必开。"② 此论首先即指出了高原山地的区位落差，然又为何强调"在所必开"呢？理由是历代的过失与本朝的扬弃，曰："历代所为，羁縻蓄之。前明百战辟之，我朝礼乐征伐，多方定之。"意思是说，由于历朝放任或有武无文，导致四处不宁，直到大清礼乐并用，才使天下安定。

另有官员在给朝廷的奏章里写道："黔省远在天末，虽有府州县卫之名，地方皆土司管辖，约束不严，致令苗蛮劫杀无忌。"③ 这则是在渲染土司、土民因缺少管教而体现的无序、荒蛮中，凸显清帝国整治苗疆的必要与合法以及道德的优越之感。

同样的论者还在见到"未辟则化外之彝，既辟而生聚吾民于其地"的同

---

① （清）魏源《圣武记》。
② （清）潘文芮修：乾隆《贵州志稿》卷一《黔省开辟考》，贵州省图书馆 1965 年 1 月复制油印本。
③ （民国）《贵州通志·前事志》第三册，贵州人民出版社 1985 年版，第 89 页。

时，认识到"辟之非难，抚之为难"。①但无论如何艰难、代价多大，为了帝国大业，开辟的举措是一定要实施的。什么样的大业呢？那就是将被视为"化外之彝"的山地苗人无论生熟，统统地、逐步地"辟为吾民"。而这正是历代帝国的要求和目标。

汉语的"开辟"之意早在先秦时代即现雏形。《诗·大雅·江汉》有"式辟四方"的词句，郑玄解其意为统治者以"王法征伐，开辟四方"，目的在于"治我疆界于天下"。这观点与同样出于《诗经》的另一表述是紧密关联的，那就是："普天之下，莫非王土，率土之滨，莫非王臣。"这样的天下观对任何地方自主性和个体民权均是不留余地的。于是，自《禹贡》等经典宣称的"一点四方"设计开始，王者对京畿以外的王土治理，虽然在历史的过程中也有过所谓的侯服、甸服、绥服、要服和荒服以及后来的羁縻和土司等制度②，然而从王权和王土的理念上看都只是过渡，一旦条件成熟所有土地和人民统统都得划归朝廷，直属中央，也就是归于帝国。这一点在历代治理苗疆的朝廷大臣的著述里都是讲得很清楚的。明代的文献记曰，洪武年间王朝在黔地辟疆建省，上谕"王者以天下为家，生教所暨无间远迩"③。到了清代，云贵总督爱必达撰写《黔南识略》，宣称：帝国对苗疆的扩张和开辟，是因为皇帝"不忍古州八万诸生苗独摈化外"，才俯循督臣鄂尔泰所请，"抚剿兼施"，目的是使苗民对皇上一视同仁之"至意"心怀感激。④而贵州巡抚罗绕典在《黔南职方纪略》里则强调：由于黔地"高寒而瘠薄，赋税所入，不足以供官廉兵饷"，故如仅从经济利益考虑的话，"不有黔可也"；然若从帝国政治着想，则"黔不可不有"，为什么呢？理由即是不可推卸的天子使命：

---

① （清）潘文芹修：乾隆《贵州志稿》卷一《黔省开辟考》，贵州省图书馆1965年1月复制油印本。

② 《禹贡》称"禹别九州，随山浚川，任土作贡"，而后规划出"五百里甸服，百里赋纳总"，直至"五百里荒服，三百里蛮，二百里流"的王土朝贡体制。相关评述可参见笔者《西南研究论》，云南教育出版社1992年版。

③ 《太祖洪武实录》卷150，第6页。转引自贵州民族研究所编《明实录·贵州资料辑录》，贵州人民出版社1983年版，第36—37页。

④ （清）爱必达：《黔南识略》，《黔南识略·黔南职方纪略》，杜文铎等点校，贵州人民出版社1992年版，第20—21页。

王者之仁，覆无外，不使一隅终处于汶暗。①

可见，由秦至清，被众多经典描述的所谓"天下"，其实就是"帝制的王土"。居于其中的人群，无论数量多少，除了在改朝换代的不同帝国中掌控绝对权力的"天子"以外，其余皆是臣和民。这样的格局从最初预设起即是无边际的，只是在具体的历史演进中被迫形成过大小不定的边界。形成边界的原因是王朝的所见和所能受到实际限制。这样的结果导致了一个矛盾，即观念上无限的天下（王土）与事实上有限的帝国（朝代）。这个矛盾对改朝换代的帝国轮替产生了重大影响，或言之成了诸帝国在前仆后继的王朝更替中万变不离其宗的逻辑和动力，那就是，用尽全力，使天下归王。亦如明世祖朱元璋在平定云贵后所言："王者天下为家，声教所及无间远迩。"为了实现这个目标，朱明帝国采用的措施也是剿抚并置：一方面举兵平定，另一方面教化蛮夷，"变其土俗同于中国"②。

二

以此观照，1657 年之后清朝在云贵逐步实施的"改土归流"，实质即新帝国承前启后的又一轮开疆辟土，夺取天下。新王者实施的所谓"改土归流"，既是在政治和军事上除掉土官、制服土民，更是在社会和文化上令朝廷命官对苗民实施教化，强行一律：破除传承久远的本土传统、荡除民族文化的自主性，中断内涵丰富的地方性知识……一句话，令苗民追随王者，化土入流。这一点与前朝王者的所作所为一脉相承，别无二致。

对此，前人的研究已有不少，只是角度不同，观点各异。张中奎的论著有所推进。他把清帝国的"苗疆再造"简化为彼此关联的双层模式，即

A："生苗"→"熟苗"→"民人"

---

① （清）罗绕典：《黔南职方纪略》卷一，《黔南识略·黔南职方纪略》，杜文铎等点校，贵州人民出版社 1992 年版，第 274 页。
② 《太祖洪武实录》卷 150，转引自《明实录》，贵州人民出版社 1983 年版，第 36 页。

  B:"新疆"→"旧疆"→"腹地"

张著总结说:

> 清帝国"开辟"苗疆,用武力把苗民征服,在苗疆设厅置县,安屯设堡,建立新的社会统治秩序。清帝国的目标是使"新疆六厅"的"生苗"化为"熟苗","熟苗"化为"民人";"新疆"变为"旧疆","旧疆"变为"腹地"。①

  结合夷夏交错的多元历史,张中奎指出清帝国在苗疆实施的这一改造模式不是孤立个案,而是普遍存在于历代帝国的拓疆史。这个看法是有道理的。清帝国对苗疆的开辟是承继而非起始。其中欲使苗疆"由生变熟"的举措应该说至少自先秦文献对"莫非王土"及"五方之民"的王制式表述起便已萌生。

  在我看来,以帝国统治为核心,把秦以来的王朝史连接对照,并由此考察包括云贵在内的区域演变,是重现本土话语和剖析王朝叙事的关键。遗憾的是这本应得到加倍重视的问题,却被不少后世史家在所谓的正史书写中不是以"地方行省"的人为区划加以遮掩,就是完全站在王者立场上"抑土扬流",对帝国征服者破坏夷夏多元领域内文化多样性及地方自主权的举措和后果熟视无睹,毫无反省与批评。

  张中奎的著作是由其博士论文改成的。作为出身黔省的本土精英,此选题的立意是在我们共同切磋的互动中双向产生。其一方面来自作者的乡土背景和认同取向,另一方面也延续了自20世纪90年代筹划"西南研究书系"以来,我本人对夷夏关联和"一点四方"格局的研讨。张中奎的论文,一是为既有的西南研究提供了"苗疆再造"的新案例,二是进一步突出在帝国格局中审视地方与族群的整体史观。作为指导教师,将"苗疆再造"和"改土归流"并置讨论是我提出的要求,然以翔实史料和田野考察为基础精细展开并总结出帝国改造的双重线索等结论却是中奎本人的新见。不足的地方在于,由于缺少本土视角,苗疆民众对帝国再造的回应、反抗及后果未能得到较好

---

① 参见张中奎《王化进程下的"苗疆再造"思考》[D].成都:四川大学博士学位论文,2009。

体现，致使本著失去了在对话式的双向叙事中再现大清帝国对西南苗夷的开土辟疆史。

在我一向的观点里，无论关注西南还是西北，抑或是研究苗民与羌民，都应当同时具有自外而内的王朝视角和由内及外的本土立场，从历史与文化表述来说，也就是要兼顾帝国叙事和族群叙事。缺少一面，就会偏颇。

回到清帝国的"苗疆再造"与"改土归流"问题。

雍正年间，经过数代帝王剿抚并重的经营，帝国在号称"千里苗疆"的深山苗寨设置了"新疆六厅"（即八寨厅、丹江厅、清江厅、古州厅、台拱厅、都江厅），宣称"黔无不辟之地，无不化之苗"①，以及"黔在宋元以前，深林密菁，久为虎豹狼之所居，苗瑶彝倮之所居，千百年来视若废壤。辟于前明，恢阔于我"②。当这样的王朝大业眼见完成之时，更有文人总结说："黔地自改土归流，皆成'腹地'。"

如此的意义与效果何在呢？论者认为：

> 经圣天子武功文教，恩威四讫……向之言类侏漓者，今则渐通音问矣；向之行类禽兽者，今则渐通礼数矣。③

通过教化，使兽变人——这就是帝国文人对再造苗疆和改土归流的结论。但这样的说法能成立吗？让我们不妨做番比较。如今在苗疆流传着若干首不同版本的《张秀眉之歌》（*Hxak Hent Xongt Mil*）。其中一首唱道：

Dail nailfal ax dol Eb Hniangb,

DailHmub tat ax dol ghab dab.

Xongt Mil yangl hfaid fangb

Seix dios sangx luf lol bib Hmub bangf lix las !

鱼儿离不开清江水

苗家离不开土地

---

① （清）潘文芮修：乾隆《贵州志稿》卷一《黔省开辟考》，贵州省图书馆 1965 年旧复制油印本。

② 同上书，卷二《黔省功德名臣考》。

③ （清）胡章主修：《清江志》胡兴邦序，贵州省图书馆藏抄本。

秀眉领导起义
是为了我们苗家土地

Dollul bangf fangb gos luf mengx yangx,
Dol dielhxot nongd seix niangb nios luf fangb Hmub
Aitves ax lol jef gid diuk bangd hnaid
Dax mengx dangx diangs dib diel mengl ①

祖先的故土已被侵占
官家现在又来染指苗疆
不得已拿起武器
杀入敌阵中去……

除了对收复失地的抗争外，另一版本的《张秀眉之歌》强调了苗疆民众对耕耘归己这一天经地义原则的坚守，歌中唱道："八月里来是金银，黄金稻谷好收成。"但只因跟随张秀眉反击清军后，才使苗民自帝国侵略以来所受的压迫得到改变："往年收粮归官家，今年收粮归自己。"②

张秀眉（1823—1872）出生在黔东南，是清咸丰同治年间率领苗族反抗清帝国压迫的领袖。他的苗名叫 Xongt bod，外号才是 Zangb xongt mil（意为"英俊男"）。张秀眉领导苗民抗击帝国的事迹在苗疆至今流传。③ 2000 年，台江县政府在县城中心的"秀眉广场"为这位民族英雄建造了高大威武的塑像。④ 而作为以口头和书面流传的纪念之作，《张秀眉之歌》是苗疆人民对抗清起义的又一种缅怀和颂赞。与官府文人对帝国功德的宣教对照，它们都可谓苗族文化的"自表述"。两相比较，区分和对立显而易见。

对于后世的书写者而言，如何对这两种表述做出判断和鉴别，是不得不

---

① 此版本的《张秀眉之歌》为张秀眉故乡台江的苗族陈学之创作。1979 年发表于《黔东南杂志》。
② 《民间文学资料》。
③ 相关评述可参阅秋阳《苗疆风云录》，贵州民族出版社 2003 年版。
④ 相关资讯可参见台江县官方旅游网，http://www.tjzmj.com/info_Show.asp?ArticleID=568。

面对的关键所在。

三

延伸来看,从帝国的整体之需对苗疆进行再造的王者"大业",始于秦汉时期。其初始工程在司马迁的诸帝本纪和蛮夷列传里便有记载。由秦姓"始皇帝"开创的帝国模式始终遵循"家天下"的独裁体制,其特点是消灭多元,独尊一体,容不得天子(即帝王)之外任何个人与族群的独立和自治空间,于是不但导致各"问鼎中原"者之间无数次的血腥争霸,还必将激起王土扩张与反扩张之间的必然冲突。

如今以后世的眼光加以反省,需要回答的问题是:"帝制王土"的根据何在?"大一统"就代表进步吗?以"天下一统"为借口清剿原本存在的族群与文化自主性和多样性的行为,也就是所谓的"改土归流"是值得赞颂的吗?

我们可以先以史料来说话。

在题为《平黔纪略》的官书里,著者记录了咸丰至同治时期清帝国对苗族起义的严酷镇压,同时也多少透露了苗民反抗的外部原因。该书沿用帝国教化的他者标准,称苗疆有生熟之分,然后指出继雍正辟生苗之地为"新疆六厅"之后,苗民仍"剽悍顽梗,叛服靡定",至乾隆元年经武力征剿,方"一律荡平",并"以叛苗绝产分授屯军"。后果如何呢?不但使苗族土地大量被流官和移民占据,而且以此助养了入侵的官兵。"苗生齿繁,仅存产不足给,屯军或复侵之。"结果是"苗尽产偿犹不足,则佣身,且质子女,而役之有甚虐"。最后"积怨思报复,非一日"①。

另据1987年出版的《清代前期苗民起义档案史料》统计,仅雍、乾年间朝廷对黔省两次苗民起义的镇压,就致使苗寨被毁1224座。

> 起义者牺牲一万七千六百余人。被俘苗民二万五千余人,其中一万

---

① (清)罗文彬、王秉恩撰:《平黔纪略》,贵州大学历史系中国近代史教研室点校,贵州人民出版社1988年版,第26—27页。

一千余人惨遭杀害。被俘者家属被"充赏为奴"者计一万三千六百余人。还有因清军围寨，被迫投崖自尽及病身故者，亦不下万人。①

最终的境况十分惨烈，在帝国内部的往来文件里也承认，战后苗民人口较之从前，"不过十存五六，或者十存二三而已"②。

乾隆六十年三月，帝国大官福康安以奏本形式向朝廷密报镇压松桃苗族造反的境况。在读到奏本渲染起义者激烈反抗的段落时，"天子"批曰："可恨之极，必当尽行诛剿方解恨！"接着在臣下描述清军如何将攻克苗寨"尽行毁烧"之处朱笔一挥，称赞说："好！"③

扩展来看，在清王朝治理中原及四方的宏大谋略中，清廷对苗疆的开辟用兵是与帝国在中原实行以满治汉及其在川、滇、藏等地的扩张经营同步并行的。在前一方面，最为突出的事例是雍正对曾静案的处理，结果是由上谕颁布的《大义觉迷录》，倡导以满人为核心的"天下一家"。④ 在后一方面，魏源的《圣武记》则有过较为全面的概述，曰："自四年至九年，蛮悉改流，苗亦归化，间有叛逆，旋即平定。其间如雍正朝古州苗疆之荡平，乾隆朝四川大小金川之诛锄，光绪朝西藏瞻对之征伐，皆事之钜者，分见于篇……"⑤也就是说，在几乎与对苗疆实施剿抚并用的"改土归流"的时候，帝国军队在川边发动了性质相同的大小金川战争。后者的结果虽然让康区在表面上归顺了帝国，同时也令征剿官兵死伤无数，并且使曾任苗疆事务大臣、屡建战功的张广泗因剿川失利而惨遭处决、国库银财耗费若干，使清王朝从上到下均付出了沉重代价。这样的因果在苗疆别无二致。《平黔纪略》记载说，在反抗官军的起义民众围困和攻打丹江之际，"城中粮绝……阵亡官兵百余，饿死

---

① 中国第一档案馆、中国人民大学清史研究所、贵州省档案馆合编：《清代前期苗民起义档案史料》（上册），光明日报出版社1987年版，第4—5页。

② 《朱折》"张广泗折"（乾隆元年九月初七日），《清代前期苗民起义档案史料》（上册），光明日报出版社1987年版，第5页。

③ 中国第一档案馆、中国人民大学清史研究所、贵州省档案馆合编：《清代前期苗民起义档案史料》（中册），光明日报出版社1987年版，第366—367页。

④ 对此，高岚博士的论文做了专门阐释。笔者以"帝国轮替中的认同演变"为题作的书序亦有评议。可参见高岚《从民族记忆到国家叙事：明清之际（1644—1683）江南汉族文士的文学书写》，四川文艺出版社2010年版，第1—4页。

⑤ 魏源：《圣武记》。

男妇数百，草根树皮剥食殆尽"；"署参将……等皆死之。民死三千，得脱走凯里者仅十余人"①。境况同样惨烈。

可见一部古今帝国的开辟史不但是化外之民的血泪史，同时也是帝国内部的灾难史。

因此若从理论上加以总结的话，帝国历史就是自命王权的教化史、王土版图的扩张史和奴役臣民的征服史，亦即各朝"天子"借助武力以天朝的"大一统"之名对四方传统的彻底打击，结果是毁多元，存一体；兴专制，灭自立。此过程剿抚兼施，文武并举，其间虽也有过改朝换代，在帝制—王土的观念和实践上，却称得上一脉相承。宣统年间，清帝国已进入末期，皇帝下令对川边实施开辟，将相关措施概括为五点，即设官、练兵、屯垦、通商和建学。川滇边务大臣赵尔丰依照上谕发挥说：

> 非殖民无以实边，非整军无以御侮，非开利源无以归远图，非改制兴学无以为教为政。②

在我看来，这就是从政治、军事到经济、文化和教育一套完整的帝国话语。其从秦汉到明清延续数千年，直至西欧"民族国家"模式影响下的辛亥变局后才受到挑战和质疑。但与西欧的因果不同，在东方，帝国赖以滋生的思想土壤及王权体制并未根除，致使中华民国号称的"民族革命"和"五族共和"格局徒存其名，帝国的遗存在国民心中仍旧根深蒂固，残留不去。

如今要提出的问题是：被帝国体制竭力以"大一统"强权排斥、摧毁的多元传统意味着什么呢？就苗疆而论，别的不说，至少包含了别具一格的"村落自治模式"和人生方式上的"和而不同"格局。能与之比照的是古代希腊的城邦制度和近代共产主义勾画的无国蓝图。

可见，研究苗疆，其意义不在一族一地和一国而已，可与人类整体的历史相联系。

---

① （清）罗文彬、王秉恩撰：《平黔纪略》，贵州大学历史系中国近代史教研室点校，贵州人民出版社1988年版，第32—33页。
② 《清德宗实录》卷562、《会筹边务大概情形请拨款折》卷15，吴康零主编《四川通史》（第六册），四川人民出版社1994年版，第332页。

传统的保存：更近还是更远？
——关于侗歌"入世"的答问

新闻背景： 联合国教科文组织 2009 年 9 月 30 日在阿布扎比审议并批准了列入《人类非物质文化遗产代表作名录》的 76 个项目，侗族大歌等 22 个中国项目成功入选，自此，侗族大歌成为贵州省首个非物质文化遗产项目进入"世遗"。

记者从贵州省文化厅获悉，受文化部民间文艺发展中心之邀，贵州省侗族大歌队、铜鼓舞队、反排情歌组合，将于 10 月 13 日、14 日亮相国家大剧院，参加由文化部、国家民委、中国文联主办的"10 部文艺集成志书表彰总结大会纪念演出"和"中国原生态民歌展演"，60 余名民间艺人将用他们优秀的文艺作品向新中国六十华诞献礼。

1. 关键词：侗族大歌及其在贵州本土的命运

记者提问：

立足于文化本身，侗族大歌是世界非物质文化遗产的一部分，其命运因时代、世界对非物质文化遗产的关注、政策不同而不同；立足于区域范围，侗族大歌是贵州民族民间文化中的辉煌一笔。请您从文化、区域、政策等视角（即世界视野中的侗族大歌，以及侗族大歌在贵州在世界），介绍侗族大歌及其在贵州本土的命运。

笔者回答：

2009 年，侗族大歌被列入《人类非物质文化遗产代表作名录》是件值得关注的大事。表面看去，此事有点像中国加入世贸组织（WTO），故可简称"侗歌入世"。但总体来说，就如其自身在侗语自称里叫"多嘎"而不是"大歌"一样,这个"被列入"现象主要是外部力量多重作用的结果。

因此说到"侗族大歌"——也就是"多嘎"的本土命运,其实应指的是它在侗乡,即侗村侗寨的兴起流传、离合悲欢。多种多样的外部力量结合起来让多嘎"入世",意味着其价值和意义由内及外地被知晓、被接受以及被开发、被利用。这样的大事,对于真正的侗乡本土来说,在文化的冲击和命运的改变上,影响之巨大和深远是不言而喻的。

在我看来,"侗歌入世"后的最大改变或许将是因随之而来的"举世瞩目"而致使"多嘎"从此难保其世代延续的自在和自由,而渐变为愉悦外来观众们,包括记者、官员、专家乃至游客和商家的文化点心。

2. 关键词:侗歌价值及其发展的内在理路

记者提问:

您的《"侗歌研究"五十年》一文的副标题是"从文学到音乐到民俗",并分别从"文学、音乐、民俗"等艺术学术的研究视角,厘清了侗歌在50年中的发展阶段与发展方向。在您看来,决定这三个发展方向的文化事件分别是什么?三个发展方向有没有一些相通之处?

笔者回答:

该文是我在贵州时为研究侗乡音乐做的学术准备,是进行必要的学术史回顾的副产品。在当时收集梳理的过程中,我发现新中国的50年里前辈专家留意侗歌的不少。有意思的是他们大多分别从不同的视角加以关注。我把这些角度从学科上概括为"文学""音乐"和"民俗"。

需要说明的是,这种区分并不代表侗歌的自在,而是外来学者认识、理解侗歌的眼光和立场。在实际的生活中,侗村侗寨的人们在鼓楼或歌塘里吟唱,本身便同时包含了文学(歌词)、音乐(曲调)和民俗(讲款、传情……)。多位一体,浑然不分。与此相关的,应该还有社会、历史和宗教,等等。知者不言,言者不知。真正的侗歌到底含有多少可被学术分解的价值,还要看这些个学术自身的本事有多广多深。

也正是为了弄清侗歌的价值,我后来把自己的学术梳理再回溯50年,然后从"行省"延至"国家",再从"民歌"扩至"国学",也就是延伸到"五四"新文化时期徘徊在学界和官方之间的"歌谣运动"。在这一延伸当中，我梳理的分类增加了社会政治以及史学和人类学。我发现，百年以来，近代中国的官方和知识界对民歌的关注有其从上到下的贯通脉络，若简要地讲，可概括为三个要点：关怀民众、深入民间、呼唤民本。其中的共同特点是对精英文化的失望，期盼着能在乡间民俗里重新找回国族复兴的动力，正如以往儒家表达过的所谓"礼失求诸野"。借用人类学分析方式，近代中国延续百年的"歌谣运动"，可视为"大传统"衰败、"小传统"兴起后的文化重整。

如今，侗族的"多嘎"、蒙古族的"呼麦"，从南到北，众多边地民歌在"申遗"和"入世"的过程中被纳入省府、引进央视乃至列入"世遗"，表明一个文化国家化和全球化时代的进一步来临，其意义已远不限于文学、音乐和民俗等学术的边界。

3. 关键词：侗族大歌的内在价值和内在理路

记者提问：

"侗族大歌"从侗寨鼓楼走向埃菲尔铁塔，走向国家首批非物质文化遗产，再走向世界级非物质文化遗产，应该说有外在的推力、侗族大歌的内在价值以及发展的内在理路。

那么，侗族大歌的内在价值以及其得以不断的发展的内在理路分别是什么？

笔者回答：

单说后一个问题。如前说过的理由，侗歌的价值可以说远远没有被揭示出来。主要原因在于揭示者大多来自外部，与真正在乡村世界演唱的侗歌隔了一层。这个问题我在《侗族大歌：文本和本文的相关与背离》里面有过专门探讨。根据在黔东南从江、榕江以及广西高安等地多个侗族村寨的考察调研，我的体会是，侗歌在功能上的最重要特征是：为自己而唱、为生活而唱、为生命而唱。唱歌的场合与目的，无论是谈情说爱、拦寨敬酒，还是聚众"讲款"乃至"沿河走寨吃相思"，都不是在虚假的表演，而本为自身生活的过程和部分。

也就是说，真正的侗歌不是为了拍摄电视、参加大赛或进城领奖而存在的。它的作用在于使拥有这一文化传统族群里的每一个普通民众，通过唱歌，成为被族群认可的合法成员，用今天的话说，即成为能有效融入本土并使传统世代延续的"文化自觉"者和"持有人"。因此相对说来，只要不是侗乡本土的歌唱当事人，无论是学者、专家还是政府官员，无论出自公心还是私利，他们对侗歌的言谈举止都是在外而非在内，用我曾经援引过的一首侗族情歌来比喻，其情形好比如下：

隔山隔水难见面

侗语： 汉字记音：

ois hoh diingh ois hoih diingh 呵嘀顶嘿嘀顶

juh lagx nyenc laih qongc jenc egs lieeh 久腊宁赖穷芩隔咧

ois hoh diingh ois hoih diingh 呵嘀顶嘿嘀顶

Qongc jenc egs gueengy weengh egs bil leeh 穷芩隔关王隔贝咧

意译：

美丽姑娘住在山那边

隔山隔水难见面

隔山隔水我难靠近你

重重大山隔断我俩的情恋

也就是说，即便你多么热爱侗歌，只要不是作为其真正的内部一员，它的内在价值和意译就始终和你"隔山隔水难见面"。于是由此生发的外在重视和保护，也就难以做到深入其中，保其精华。相反，自古以来，侗乡村寨的歌唱传统有其独有的延续机制。其中最重要的就是侗民们在村村寨寨男女歌师培育下，自幼习得的听唱本领以及以声传情的文化心性。

4. 关键词：成为世界级非物质文化遗产的意义和启示

记者提问：

侗族大歌顺利成为贵州省首个世界级非物质文化遗产，有何具体的意义和启示？

笔者回答：

侗歌"入世"的影响现在还难以断言，不过有一点可以预料，那就是它必将带动新一轮地方"申遗"的热效应。不过我以为人们或许会因此而忽视

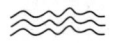

了一种乡土传统如何在国家化和全球化浪潮中"升格"为世界级遗产的丰富含义。

要注意经过这次的"升格"侗歌身份的改变是由此成了"人类遗产"。什么是"人类遗产"？其最重要的含义就在于由地方土特变为世界财富，也就是认识和看待其价值的视野和立场已上升到全人类高度。换句话说，从此以后，侗歌不仅对侗乡、对黔东南和贵州，乃至对中国和世界都具有独特意义。但这并不意味着侗歌的文化所有权变了，变成了世界上人人都可以占有和利用的对象。恰恰相反，这是表明全世界的人们都由此而有了通过侗歌认识"人类遗产"在侗乡所体现出的不同种类及特色的机会和可能，同时，世人也随之有了参与尊重侗歌、守护侗歌的责任和义务。

5. 关键词：开发、保护与传承

记者提问：

现在全国知名的"原生态歌、舞"为贵州首创。也有专家提出"原生态"是一个不得已而为之的提法，舞台上的原生态实质是一种"次生态"。您如何看待这种首创意义？

侗族大歌有特定的文化生态环境。能不能认为，如果侗族大歌是一棵树的话，其背后的文化生态环境就是土壤？侗族大歌不可或缺的文化生态环境是什么？侗族大歌在开发、保护与传承中的关键点是什么？在全球、全国视野下非物质文化遗产开发、保护与传承上，有没有可以借鉴的他山之玉？

笔者回答：

"原生态"这个词本指自然界中未经人为改造的植被和景观，近来被日益用作对所谓"前现代"或"乡土传统"的形容、比喻。这是有争议的。从强调某种文化传统保持固有特性、不受外界"污染"的一面看，这样的用法是有积极意义的。但对现今那些把乡民社会的歌唱习俗剥离出其自身固有的文化环境，拿到城市舞台表演、比赛的现象，则另当别论。好比鱼儿离开了水，那样的东西无论多么绚丽逼真，从形式到功能都已脱离了生活，不应叫作"原生态"。实在要叫的话，可以叫作"表演态""汇演态"或"电视态"。其可以给台下屏前的观众带来愉悦甚至感动，却已属于乡间歌舞的变异而不是原型。

以侗歌中的"吃相思"为例，那本是侗族村寨在世代交往所结下的亲友圈之间的实际互动。其中呈现的系列行为，无论大歌演唱还是芦笙齐鸣，都经过了精心挑选、合理搭配，有一整套内在的文化逻辑。可是一旦被县里或省城的部门按照各自喜好和标准，从中物色或歌或舞的品种——有时候还经过专业工作者的改编排练，再指派到上级机构表演和比赛，那就成了城市文化的再创作。

可见，如何才能见识和保留乡土传统的本貌是个难题。为了解决这个难题，全球工作者的办法想了不少。其中之一是到特定文化的当地建"生态博物馆"，即把认知乡土传统的场地从城市搬到乡村，力图在不改变该传统本貌及其社会机理的前提下，对之加以展示和守护。这可称为"水中看鱼"。在这方面，作为亚洲首例的贵州六枝"梭嘎生态博物馆"堪称代表之一。可惜对它的成败人们还揭示不深。

6. 关键词：各属性的分野

记者提问：

就我的感性认识，侗族大歌除了学术研究属性，还具有田间民间属性、旅游舞台属性。不知您的观点如何，如何界定侗族大歌的各种属性的分野？

7. 关键词：各属性冲突

记者提问：

侗族大歌的各种属性有时会有冲突。比如侗族大歌的田间民间属性，更倾向的是"原生态"；学术研究属性是对侗族大歌的静态保存与研究；旅游舞台属性倾向开发利用。这三者之间的各自的合理性体现在哪里？之间冲突具体体现在哪里？如何相互沟通与平衡？

笔者回答：

侗歌是有其自身的多样属性。但上述这些分类大多代表着外来的认知，特别是"旅游"和"舞台"属性。它们对已成为"人类遗产"的侗歌传统将产生何样影响，希望各界引起充分的注意。对于旅游——这一如今遍及各国的最大工业——有人做过比喻，指出其就像火一样，既可帮人做饭，也能烧人房屋。从善良的愿望出发，我们当然希望针对侗歌的旅游"开发"——如果确实可能的话，能给侗歌带来"生火做饭"这样的正面效益，而不是快速地去烧毁其好不容易才存留下来的世代屋基。

8. 关键词：项目研究的关注点、本土文化话语权

记者提问：

您主持了一项"侗族大歌的人类学研究"（国家社科基金项目）。这一项目的关注点是什么？放在人类学视角中的侗族大歌，是否是要提高在全球化视野以及欧洲中心主义下的本土文化话语权呢？

笔者回答：

我现在从事研究的四川大学设立了专项关注文化遗产的国家重点基地。目前我自己的工作内容已从早期的"西南研究"扩展到对包括"横断走廊"和"游牧文明"等在内的整个边地系统。其中的目标之一是紧扣被中原视为边地的文化传统，力图从族群互动与历史变迁的角度理解和阐释东亚大陆的朝贡体系何以由古代的"华夷之辨"演变为近代的"五族共和"，直至当今的"多元一体"。

在这样的关注中，"侗族大歌"碰巧是个很有价值的事例。这不仅因为它相对于汉人社会的单声蜕变而在歌唱领域内因多声合唱而显出的独具特色，同时也在于当中原地区因文字威权和国家化进程的汹涌澎湃而致使"口头传统"及"地方性知识"日益衰减、彼此趋同之际，侗歌演唱却仍保有显著的群体凝聚功能和身体力行之活力。

对此，我们的研究还在进行中，下一步的重点是把关注的对象和视野从侗歌延伸开去，在更广泛的视野中进行相关比较，以期加深对类似现象的深入理解。

9. 关键词：文化自觉、自信、自强

记者提问：

就您的了解，贵州省本土文化离文化自觉、自信、自强有多远？会不会有21世纪的夜郎自大呢？

笔者回答：

这不好说。

对我来讲，还有更值得关注的问题，那就是在侗歌"入世"之后，我们该时刻追问：其结果是使我们对"守护传统"这样的目标更近还是更远？

多元"夹居者"的第三条道路[①]

一

认识新勇是在首届"多民族文学论坛"上。

2004年深秋,成都和北京一些关注和研究民族文学的学者友人,商议创办了一个小型的学术交流平台。为了区别于旧式的"少数民族"称谓,平台取名为"多民族文学论坛"。论坛由中国社科院民族文学所及其所刊《民族文学研究》领头,在关纪新和汤小青等人"掌坛"下,邀约了东西南北不少地方的同人参加。[②] 不过因当时话题的由头之一——西南民院徐其超等主编出版的新著《族群记忆与多元创造》主要关涉四川[③],其中撰写者亦多为川省高校教师,对继续拓展与之关联的议题抱有较高的兴趣,故而首届地点就定在了成都,由四川大学和西南民族大学、四川师范大学等承办。

作为北京方面特约的专家,新勇如期而来,并在论坛上发表了极富激情

[①] 本文于2009年年末至2012年夏作于成都。
[②] 首届中国多民族文学论坛于2004年11月13—15日在四川大学文学院举办。与会学者讨论了相互关联的七个议题,即"当代少数民族作家文学既往批评方式的得失""中国少数民族文学概念的重新认识与把握""多民族社会及民族文化裂变形势下的民族文学命运""多民族文学会通中的民族作家身份""经济发展时代民族作家的文化使命""世界少数民族文学与后殖民批评""21世纪中国多民族文学的发展走向"。相关报道可参见四川大学文学院网页,《首届中国多民族文学论坛在我校举行》,http://www.scu.edu.cn/news/xsdt/webinfo/2004/11/1204269553558458.htm;以及刘大先《首届中国"多民族文学论坛"综述》,http://iel.cass.cn/expert.asp?newsid=7785&expertid=75。
[③] 该书的全名是《族群记忆与多元创造:新时期四川少数民族文学》,徐其超等主编,四川人民出版社2001年版。

的演说。那次论坛进行得很热闹，来宾们围绕中国"多民族文学"的现状与研究展开了论述和交锋。各地学者及不同民族的作家诗人，每每会为阐发己见或驳斥对方而争得面红耳赤。

新勇的发言给我留下深刻印象，这不仅在于他的快人快语（大嗓门、急语速、快反应），更在于他较具个性的身份、观点和立场。

刚开始见到名单，我还有些疑惑，新勇的单位是暨南大学，那里给人的印象是与少数民族生存和研究都没什么联系，他的大名以前也没怎么在我熟悉的圈子出现过，因此很好奇从哪里冒出这么一个同盟军（心想别是位来蹭会的观光客吧？）然而一旦自我介绍后，我便对他的"来头"格外重视，并暗自将其归为论坛参与者中的特殊一类。据他发言的"开场"表白和往后插话、辩论以及在本书里十分突出的再次强调，新勇自称是（生长在）"新疆的汉人"，而后离开新疆一边在汉地从业，一边又在心里几乎无时无刻地装满了边疆和非汉民族的境遇与命运。他的这种身份及状况，可视为当代多民族国家内的"文化夹居者"。照我的说法，也就是"挤夹"在现行一系列二元对应的社会分类之间，如汉与非汉、边疆和中原，以及上层的掌权的操盘手与无权的民众乃至顽固的儒家"大一统"学说和激进的西方"后殖民"话语等的夹缝之间。不过与作为作家的阿来那种"文化混血"不一样①，新勇的"文化夹居"，最突出的还是前述对立分类中的第一种："汉与非汉"的两头纠葛。

我想正是这样的特殊身份引发了新勇的苦恼和激情，于是面对急剧变化的中国社会，尤其是20世纪90年代以后的波动场景，不断发出作为"文化夹居者"的特殊呼喊。他不仅出席学术会议，也撰写专题论文，还上网写博客，跟帖发帖，以当今最为迅捷的方式表达自己对当代中国民族问题的看法。而纵观其言其论，他的观点可归结为一个富于动力的词：寻找。寻找什么呢？寻找区别于现行社会分类里只截然代表对立一方的"第三条道路"。

---

① 关于阿来所谓的"文化混血"，可参见阿来《时代的创造与赋予》，《四川文学》1991年第3期；拙文《权力、族别、时间：小说虚构中的历史与文化——阿来和他的〈尘埃落定〉》，《西南民族学院学报》1999年第4期。

二

继 2005 年、2006 年和 2007 年在南宁与青海等地举办论坛之后，2008 年的"多民族文学论坛"轮到在乌鲁木齐举办，主题转为进一步研讨如何构建华夷并重的中国"多民族文学史观"。首届主要的参与者大多去了。作为把新疆视为第二故乡的重返者，新勇的发言直面现实，激情洋溢。其力图调和"汉与非汉"间族群隔膜的不懈努力被关纪新点评为"搭桥梁、挖涵洞"。

那时，当地的族群气氛还算不错。无论在大学校园还是在街头巷尾，维汉族群间的关系至少给人的基本印象是正常的。有一天新疆大学的主办者带我们到城里一家维吾尔族餐厅品尝风味饮食，席间奏响了热情欢快的木卡姆乐曲。餐厅里的客人被感染了，纷纷起身加入舞蹈者的队列，不同民族、性别和职业的人们围成一圈，不断欢呼雀跃。那情景至今难忘。在那样的背景中，我们讨论中国多民族文学，总体上还能做到力求客观和相互坦诚，而且还能展开对等的批评和论争。在讨论维吾尔文学时，学者们的发言虽不时会让人感到有按族别分为维、汉两个阵营的倾向，偶尔还会冒出一些略带抱怨的摩擦，但彼此间因有以带诚意的理解、对话为基础，故而尚能相互倾听或有保留的接受。新勇的发言一如既往地体现了他的立场，即坚持站在"汉"与"非汉"之间，力图探寻居中调和的"第三条道路"。他呼吁相互抱怨的维汉双方（包括会上会下）放弃成见和偏激，都自省，多反思，化解误会，寻求和谐。

后来发生的一系列社会变故既出人意料又势在必然。由于历史累积的族群矛盾未得到有效化解，在进入 21 世纪后国内外局势已发生显著改变的背景下，"梯度式"[①] 开发中日益加剧的地区和阶层分化等现象引起民众越来越普遍的不满，但固守旧思维和旧模式的各层，皆缺乏解决族群和社会矛盾的新

---

① 所谓"梯度开发"是指中国自 20 世纪 80 年代"改革开放"后在经济上实行的一种由中央按地区、分阶段掌控发展的政策。梯度的划分具体为东部（沿海）、中部和西部。该政策涉及的内容和措施不少，但其核心含义归结起来就是自那以后流行的一句话："让一部分人先富起来。"相关文献可参阅《困惑中的思考——发展问题东西部中青年学术对话论文集》，《机关青年》1988 年。

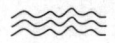

思路和新办法。于是，作为现代多民族国家的中国境内遂不断演变出族群和阶层间的纠纷乃至冲突。人们谈论民族问题时的气氛也随之紧张起来。许多原本可以正常交谈和论说的议题不是变得敏感就是成了禁区。这种变故的影响当然已超出了文学。

然而与其他诸多文学研究者不同，新勇的视野始终跨越在文学内外。他从文学看社会，又从社会看文学，把现实中日益演化的族群冲突与语言符号中的文学表述联系起来，以"文化夹居者"的敏锐与激情加快了对文学和族群关联的深入探讨。

现在，新勇把这种探讨做了提升，将长年关注思考的心得汇总成一部主旨鲜明的新著，力图借助其问世对"第三条道路"的探寻再奉献一己之力。文稿完成，嘱我写序，并说批评、否定都行。我能说什么呢？他的心思是想让自己的探寻在朋友间有所回应。出于对其所提问题之重要性的认同和对夹居者精神的敬佩，我也就不再推辞，动笔写下这篇短评。

三

新勇的新著是国家社科基金的结题成果，题目就很有意思《寻找：共同的宿命与碰撞》，副标题是"转型期中国文学多族群及边缘区域文化关系研究"。其中的关键词若分解及组合起来，差不多囊括了他要表达的全部意涵。

他关注作为整体的"中国文学"，并将其置于"转型期"来审视。什么样的"转型期"呢？在新勇笔下，这是中国自1978年以来所进入的一个"安定发展"同时又"危机将临"的历史阶段。危机的表现，用他的话说，便是中华民族的"内部撕裂性"，"第一次全方位地成为民族认同的主导性问题"。

通过主要表现为作家及评论家汇集的文学场域，并且经由对中国内部的"多族群"与"主流与非主流""中心与边缘区域"间文化关系的考察，新勇看见了转型期中国的族群之间，尤其是"汉"与"非汉"人群之间严重的文化隔膜：一方面，作为中心和主流的汉族文学对少数族裔文学严重的漠视；另一方面则是后者作为"边缘异质话语"，同样在日益壮大的进程中给"中国认同"带来不断的"侵蚀与冲击"。面对于此，新勇甚至认为，"中华民族到了最危险的时候"这一由当年《义勇军进行曲》唱响的歌词，当成为再次震醒全体国民的现实警句。

新勇论述的突出意义，在于揭示出中国日益凸显的"内部撕裂性"不仅存在于民众生活的社会处境之中，更表现在主流与边缘的表述场域里。在该书批评王晓明《现代中国的民族主义》的一节里，他提出要同时反对极端的"种族—国家民族主义"和不负责任的"民族虚无主义"与问题很大的"民族自决"。在最后完成的跋里，新勇称自己因"腹背受敌"故而要"两面出击"。怎么做呢？他呼吁即刻行动起来，"寻找"出路，并要求"汉"与"非汉"的各个族群全都参与，因为"寻找"已成为现今中国境内每一个民族成员的"共同宿命"。当然由于各自处境、归属和立场的不同，对于出路的寻找，乃至于是否有必要如此"忧患"，每一个成员的看法和抉择必然千差万别。如前所述，新勇的选择，是力图在"汉"与"非汉"中，或者说是在"主流的漠视"与"边缘的冲击"之间，寻找调和的"第三条道路"。

在笔者读来，这就是新勇新著的基本构成和意图所在。其理论与现实意义的重要毋庸置疑。不过以此为前提，值得追问的问题至少还有：

1. 为什么主流的汉族人群与边缘的少数族裔间会产生严重的"文化隔膜"？
2. 其如何冲击了"中华认同"？
3. 什么是"中华认同"？
4. 面对危机，作者为何要选择"第三条道路"，并且又为什么一定要"经由文学"？

为此，新勇的自我解说是：如果我们要取中介者的文化身份，那么相应也要同时摆脱传统"当代文学研究"和"少数民族当代文学研究"的划分，打破两者的学科分界，努力开拓中国文学的"第三空间"。又说：

> 没有这样一种共同的，哪怕是浪漫而乌托邦的梦想，那么就永远不可能建构起真正符合实际的并具有生命力的多元一体的中华民族的认同，

那么国家分裂、民族冲突的危险，就将梦魇般地压在我们心头，始终威胁着中华民族（导论）。

作为个体行为，新勇对族群问题"第三条道路"的呼吁和探寻看似孤立突兀，然而联系中外史上的实践，同类的现象可谓由来已久，此起彼伏。从早期马克思主义对民族分野的终极否定，到"无政府主义"思潮对国家必要性的消解，再到中国近代"国族主义"的涌现，直至当下出现的对民族问题"去政治化"的提倡，各种试图跳出族际对立、寻求社会融合的主张真是称得上你呼我应，竞相争艳。① 而一旦用于实际，其中的不尽如人意者亦不乏其例。

所以，作为回应，我的这篇短文如果作为问题的提出来开场的话，我最想提出的依然是："第三条道路"是否必要？是否有可能？如果是，我们当为之做出何种努力？

四

展开来看，新勇提出并面对的问题不是孤立的。其不仅仅在多元的中国出现；在西方，即便是英美这样的强国、大国，也同样面临类似的境遇。记得 1992 年我在南京大学与霍普金斯大学合办的"中美文化研究中心"进修时，讲授美国历史的学者即已介绍了自 20 世纪 60 年代后，美国学界在族群史观上呈现的多元景观。其中无论是作为"土著"的印第安人、作为"被殖民贩卖者"后裔的黑人，还是作为新移民的亚裔和西班牙裔族群等，都在近期重构的文学版图上占据了应有的地位，发出了各自的声音。2003 年到哈佛大学，不仅目睹亚裔学者针对哈佛开设"族群研究"课程不足而对其民主性程度的质疑和挑战，还在亨廷顿教授的新课"'我们'是谁：对美国'国族

---

① 国内外相关论述很多，与文学表述关联的也不少，如关纪新、朝戈金的《多重选择的世界》、徐其超等主编的《族群记忆与多元创造》及翻译引进类本尼迪克特的《想象的共同体》、霍布斯鲍姆的《民族与民族主义》及埃里凯杜里的《民族主义》等，可参阅。

认同'的诸多挑战"里听到其对美国多元文化场景的详尽勾画与描述。①2009 年到剑桥考察"不列颠"认同,则又见到由英格兰、威尔士与苏格兰及爱尔兰族群组成的"UK"——也就是今日的"大不列颠联合王国及北爱尔兰"作为现代多民族国家,在身份多样性及内部关联上的构成和演变。② 这样的观察思考使我渐渐意识到,以多元的视野看待多元的文化和文学,既是遍及全球的正常景象,亦已成为影响深远的世界潮流。对此,我们需要开阔胸怀,扩大沟通。

  2008 年,在乌鲁木齐举办的第五届多民族文学论坛小结里,我强调"族群的宽容"。也就是再度呼吁:不仅在"汉"与"非汉"之间,甚至在一个族群之内乃至我们小小的论坛内部,都需要相互宽容。宽容的前提是尊重和了解。进一步说,尊重的对象包括自我也包括他人;了解则意味着做到公正客观的知己知彼。③

  由此出发,笔者提醒各位注意在多民族国家中介于"汉"与"非汉"间的"文化夹居者",注意这一特殊身份在当今中国的重要作用;同时也愿意由此关注而参与对"第三条道路"的探讨,更期待众人续说。

---

  ① 参见笔者《"我们"反对"我们"? 评说亨廷顿的"新国族主义"》,《中国书评》总第 5 期,上海人民出版社 2006 年版。
  ② 相关论述已发表成文,可参阅拙文《英国不是"不列颠"——多民族国家的身份认同比较研究》,《世界民族》2012 年第 1 期。
  ③ 参见拙文《汇集、扩展、宽容:第五届多民族文学论坛的小结与展望》,《重庆文理学院学报》2010 年第 4 期。

附 录（受访记）

走向人类学
——学术经历访谈录

[**题记**]：我们现在走向的人类学已经是逐渐在中国语境中本土化了的人类学。它具有两个功能：一是服务于中国本土的发展；二是在学科意义上参与到世界人类学的对话之中。

受访者：徐新建，四川大学教授（文中简称"新"）
访谈者：徐杰舜，《广西民族大学学报》主编，（文中简称"杰"）
时　间：2006年3月
地　点：广西民族大学

杰：今天很高兴在相思湖畔采访徐新建教授，首先请您介绍一下您的学科背景。

新：今天接受您的采访有两个意义：一个作为多年同行和朋友间的对话，另外则是对《广西民族大学学报》系列访谈的参与。我觉得这个系列访谈已逐渐成为国内相关学界沟通、互动的品牌。我对它的组织者心怀尊重。在我看来，创意、组织和策划是学术表达的另一种方式，亦即古人所谓"知行合一"的体现。

杰：我们这个访谈已经做了30个人了。包括了海峡两岸的各个有关方面的人类学家。包括具有国际权威声誉的李亦园院士，但是我们也有刚刚毕业的硕士研究生，有男有女，有老有少，所以李先生认为我们这个访谈是中国人类学的口述史。还有人认为这是中国人类学的族谱，所以我很想把这个访谈继续做下去。今天能够在相思湖畔采访徐新建教授,而且你又是刚刚从美国哈佛大学访学回来。你是我们早就想采访的一个重要的学者,而且你是文学人类学的领军人物,所以今天就想请你把你的学术背景给我们大家介绍一下。

新:我个人"走向人类学"的经历,是偶然和必然的结合。小时候喜欢音乐,先学竹笛后学提琴——学五线谱,拉西洋曲。现在看来,似乎很早就经历了"从东方到西方"的转变。"文化大革命"期间没书读,但普及"样板戏"的需要却给一代人提供了投身艺术的机会,同时也在闭关自守的封锁中留下了"洋为中用"的空间。考上大学后,改行学中文,兴趣又转移到文学和理论,同时开始关心艺术与社会、历史的关系以及中国与西方的比较。这时,"文学"成为继"音乐"之后我的第二个梦。当时的校园文化很活跃,我们办刊物、搞沙龙,还以1977级、1978级和1979级的同学为主成立剧团。我当导演,每学期都排演话剧,其中一些很"先锋",还得了奖。最后又拍电视剧作为毕业论文,在为学科与专业的合理性而力争说服导师方面,费了不少口舌。那个时候对艺术期望很高,认为国家的兴旺在于文艺的复兴,人生的志趣在于审美。朋友们之间流行的一句话是:"一百个拿破仑抵不上一个贝多芬。"

杰:那你怎样转向人类学的呢?

新:毕业后我分配到文化部门工作,然后考进(贵州)社科院。经历从机关到基层、从书斋到田野的转向,意识到中国的问题必须在了解海外的前提下立足本土,于是研读比较文学并逐渐走近人类学。

在机关的两年,对我来说等于在"上层建筑"里获得一段亲身的观察、体验,切身感受到社会的分层、权力的作用和书生的幼稚。那时对天天都要接触的一个事物体会很深:文件。我们在大学里曾花费大量时间学文论。然而对现实生活中的文艺实践来讲,从深处影响文艺运转的其实是文件——文件传达国家的文艺政策、规定社会的精神方向。比起学者们费力撰写的大量表面文章,无论是"推动"还是"阻挡",文件都更直接地左右了中国民众的文化生活。

1985年进入贵州社科院文学所,从职业上来说,就变成了职业的文学研究者。贵州地处西南，是多民族省份。我们的研究必须面对本土，面对地域性文化和多民族传统，同时还必须关注现实。在所谓的"学科意识"方面，我们不像大学，不崇尚纯理论，反感空谈，侧重对当下"活文化"的研究，倾心于"经世致用"。这一点使我在后来很容易跟叶舒宪提倡"破"学科产生共鸣。因为我们既关注学科、学理，但更看重对其的突破和超越；以社会问题和历史进程为对象，而不是以学理为归宿，更不以学科为牢笼。在这方面，比起其他的现有学科来，人类学似乎更具有"科际整合"以及"知行合一"的特点和优势，所以就吸引了我们向它的走近。

举个例说，在贵州研究苗族文学，涉及文学、少数民族文化，涉及贵州的地方史、民族关系史，每一方面都涉及不同的学科；如果孤立地分开来做，不仅做不好，还可能使对象遭到肢解和割裂；只有把这些学科打通，你才有可能真正理解、分析和描述苗族文学。其他如研究傩戏也好、侗歌也好，甚至研究地区的经济发展，都涉及多学科的关联整合。所以在贵州，在西南，地域性的文化特点促使人们在学术研究上所形成的特点，首先就是多学科、跨学科的意识和心态。

另外一个特点就是面向田野。这个面向是必然的。在社会科学院这样的机构里，你的第一手材料，显然不是来自于文献。并且我们也不以制造理论为第一目的，而是在理论的指导下去研究现实。所以我们的工作就是常年在基层走。贵州81个县。一位老先生对我说，这81个县你至少要走完一半才有发言权。也就是说，对于一个刚从大学毕业的年轻学者而言，能背多少书都没用，"走向田野"是最基本的要求；而且走了也不觉得稀奇，不值得荣耀。在那个圈子里，你要是没走过田野，根本没有发言权。

这样，"多学科"和"走田野"就把我们的研究与人类学很自然地连接了起来。

杰：我觉得你那个时候走向田野是非常好的，我们有些学生一进入人类学这个学科，人类学为什么要搞田野，问我这个问题。我说不搞田野就退出。你最后进入人类学跟你必须走进田野有关系。

新：对。而且我们回过头来总结的话，我觉得大学的田野观跟研究机构的田野观有一个本质上的区别。大学好像是社会里的文化孤岛，在里面可以系统地学文学、学历史、做中外比较，但所依据的几乎全是文本，可以说是在图书馆里观察"文本中国"。可是真正的中国在哪里？在具体的社会生活中，在贵州、四川、云南……这样的省份里。贵州又是什么？贵州就是那些山山水水、村村寨寨，是省城贵阳、遵义地区、黔东南苗族侗族自治州和黔西南布依族苗族自治州……你只有从生活的本貌上认识这些具体事象，你才可能谈论中国，才可能谈对中国的研究。

所以我发现在两个阵营里面谈田野，彼此的田野观有很大的不同。在大学里谈田野，多半是附加的，是专业和理论的"锦上添花"，而不是务实求知的必然要求。所以一些关怀现实的老师们不得不苦口婆心地劝告学生"走向田野"，但收效甚微；如今竟还从一些学校听见"告别田野"的呼唤，真是让人不可思议。这样的话之所以由"学院派"冒出，是因为他们的中国是一个虚拟的中国、符号的中国和主观的中国，与现实隔了一层"文字的皮"。与此不同，另一种非学院派的田野观要求的是以现实为本位、学科为工具，自觉地在田野里寻找自己的学术生命、学术起点和学术皈依。

在贵州社科院的日子里，我和朋友们所关心的一个重要问题是对"贫困"与"发展"的反思。1987年，我们在贵阳组织了一次"东西部中青年理论对话"，就当时很吃香的"梯度理论"展开辩论。针对发达地区主流话语中的"单一经济学"眼光，西部学者强调了"地域""民族"与"人文""历史"的意义。那时我们经常说起的书有王小强的《富饶的贫困》和陈正祥的《中国文化地理》。后来到新疆做"对外开放"课题，又发现了民国时期出版的《中国经营西域史》，从中获益不小，对作为地理、文化和历史构成的中国"西部"，有了更为深入的体认。

当时的"梯度理论"，把中国960万平方公里分成三个梯度，东部沿海作为第一梯度，中部地区作为第二梯度，西部地区作为第三梯度。该理论主张把最好的资源、最好的机会投放到东部，使整个中国分梯度发展，西部的前途要等东部发展以后再说。我们知道中国是一个中央集权的国家。国家性的最大资源其实就是中央政策的发布与实施。政策代表权力；不同量级的权力，产生不同量级的效应。这样，当国家权力向东部倾斜，比如他给一个"特区政策"，那里马上就被激活，被权力圈化的地区就产生出资源倾斜的效益。而在权力资源分配极为不均的社会里，这样的发展却是以把其他地区定为"次要梯度"从而牺牲当地民众的平等竞争机会为代价的。这样做的后果会导致地区差距的拉大，由此可能导致一些震荡。所以20世纪80年代后期就有一批西部的学者提出"反梯度理论"，反对按不均等的方式划分和发展中国。

当时参与论争的人很多，话题也不少，既讨论经济，也讨论文化，还涉及少数民族传统怎样在现代化进程中获得保护。大家都以问题而不是理论为主，以现实参与而不是学科分类为重。在这种经验中，我觉得学院派的学术和田野观跟实践派是不太一样的。关于这一点，论争并没结束。今后还会有对话和交锋。我在这里旧话重提，是想提请一种关注，即关注人类学作为理论和实践对中国社会的两重影响。人类学的特点是什么？在我看来就是文理打通、文史哲打通，传统和现代、理论与应用以及东西方的打通。

杰：有意思，"五重打通"。

新：这是一个方面。与走近人类学有关，值得一提的还有参与一套丛书的组织和撰写，就是"西南研究书系"。云、贵、川三省的一群中青年学者跟云南教育出版社合作，发起出版关于西南研究的丛书，其中最重要的考虑就是怎么突破行省区划的限制来认识西南，按族群与文化的自身区域来做研究。比如说对待侗族，我们不想再像以往那样仅把其分割在贵州、广西、湖南、湖北、云南诸省边地做生硬拼凑，而是把它视为跨省关联的整体。对其他如"父子连名"和"舅权制"等文化事象也期望亦然。在这套丛书中，我们计划研究的问题有西南地理、西南历史、西南文化、西南民族以及西南宗教、西南与中原等。我承担的是《西南研究论》，就是总论。我认为丛书是一种大文本。一套丛书的作者是一个群体，集体书写。这种"大文本"的书写应该有相对一致的学术思想。所以编委会觉得应该有一个总序来贯穿所有的专题。大家集体讨论，最后委托我写。我写了八千字的总序，获得大家一致通过后又发展成专著。当时是咬着牙写出来的，无论是功底还是积累都不充分，但有激情，比如呼唤"西南学派"，呼唤"从西南认识中国"，呼唤"与世界对话"等。很多话言犹未尽，也还有很多需要再完善的地方。那时也常读人类学的书，但忙于现实参与，读了就用，顾不上深入和系统，不过对于有关东西方的差异以及双方理论术语的平等互动等问题，已有所质疑和反思。比如我们追问说：在对待"萨满"与"巫师""仪式"与"跳神"等的对举时，为何要用前者说明乃至取代后者？难道只有前一种说法才代表普世性的知识？总之疑问不少。

杰：后来呢？

新：后来在1992—1993年考进南京大学"中美文化研究中心"进修一年。该中心与美国霍普金斯大学合办。中外学员一同学习、生活，由美国教授给中国学员讲"国际关系""美国历史"等课。那一年我们有很多对话和研讨，提高了英语，也开阔了眼界。我还在历史教授指导下，做了一个学期以印第安文化为主题的"独立研究"。不过最主要收获是面对面地感受西方人的思想和习性，听他们发表对中美文化的看法、对世界秩序的观点，其中包括介绍亨廷顿的"文明冲突论"和福山的"历史终结"。

再后来调到了四川大学。阴差阳错，卷入了"学院派"的阵营。到川大之前，我和萧兵、叶舒宪、彭兆荣等几位朋友做了一件事，让文学与人类学相连接，在1996年中国比较文学学会的长春年会上，倡导成立了"中国文学人类学研究会"。到川大后，与川大比较文学的基础联系起来，成立了"文学与人类学研究所"。如今又有了文学人类学的博士点。

川大在成都，也在西部，是教育部在西南的重点。我在那里边研究边上课，分别教授比较文学和文化人类学，在学科上朝人类学方向又走近了一步。

杰：从你这个背景来讲，你是先搞的文艺，转到文学，再从研究机关转到学院，你是跨学派。你的经历非常丰富，跟一般的直接学院到学院、经典人类学、科班人类学有点另类。但是这种另类丰富了你的经历，你是否可以在这个基础上着重谈一下你是怎么进入人类学的？

新：这样的进入有两条线：一条是经历，另一条是学理。第一条线，从艺术走向文学，从文学走向理论，又从理论走向田野……最后就走向了人类学。从学理上分析的话，可以说是人类学的品位和特点，使我们这些从事地域和族群文化研究的学人走向了它。因此一方面是我们走向人类学，另一方面则是人类学走向我们。人类学从西方引进以后需要"落籍"，需要本土化，即要由本地的学术主体对它再认识、再接收。在这方面，工作在基层的学者们的努力特别重要。如果说早期前辈的翻译引进功不可没的话，基层人员的实践操作也不容低估——是他们使外来学科和理论在中国本土生了根、结了果。在这点上，我特别赞成讨论人类学的本土化问题。最近以来《广西民族大学学报》在这方面发了不少文章，引起同行的关注。但我觉得还有许多层面还需要深入展开。比如同为中国范围，西方人类学引进后的"本土化"路程和演变，在大陆、台湾和香港就很不一样。表面看都在"走向人类学"，但背景、目的、重点及方法却各具特色。这不值得比较分析吗？

杰：你这个观点我觉得非常有价值。我们的访谈的题目就定做"我们走向人类学"。

新：反过来看，"人类学走向我们"有一个学科发展史的问题。它起源于西方，经过殖民时代、后殖民时代，然后从西方走向非西方。这里面又有一个值得回顾的过程。在早期的时候，是西方人士，包括学者、教师、传教士、外交家，他们在"西学东渐"的潮流中把人类学带入中国。为什么呢？因为人类学对他们有用。与此同时，中国的学者也主动走向人类学，早期的前辈包括蔡元培、吴文藻等，扮演着"中国的普罗米修斯"角色，视人类学如希望的"火种"一样，孜孜不倦、前赴后继地加以介绍和引进。为什么呢？因为人类学对中国有用。

从中国近代史的过程和学术发展的脉络来看，在人类学的路上已走过了几代人。我们的"走"，标志着另外一个历史阶段。20世纪80年代"改革开放"以后，我们实际上是在延续当年的"双重走向"。在如今全球西化和反西化的过程中，人类学需要进行学理与实践两方面的对话。一方面，全球化过程需要来自人类学的声音；另一方面，人类学本身又需要来自不同文明的声音。人类学需要走出西方，在非西方世界的再传播和再改进中完善自身学理，以承担在文明碰撞的世界里重释"人为何物"的重任。

在这个意义上，对于"走向人类学"可讲的就很多了。因为我们现在走向的人类学不是纯粹的西方人类学，而是经过海峡两岸再解释，通过翻译、实践、总结的已逐渐在中国语境中本土化了的人类学。这样，我们走向的人类学，本身就有两个功能：第一是服务于中国本土的发展；第二则是在学科意义上参与到世界人类学的对话之中，为创造更为完整的人类学而发出中国的声音，也就是把对中国经验的本土总结，汇入人类学学科的总体建设中去。

杰：实际上需要全世界人类学家共同构建具有真正国际意义的人类学。

新：我们的"走"，在今天来看依然是动态的：我们正在走向，还没停，还不是一个完成式的。在我看来，尽管表面上已博大精深、无所不包，迄今为止的"人类学"还是一个"未完成"的学科，或"待完成"的学科，需要在世界各国的深入参与下，实现其自身的完成。

杰：它有这么一种状态，任何一个终点都是一个新的研究的起点。

新：也可以这样讲，我们在某个阶段性的终点画个句号，那么它成为一个阶段性的完成。但从总体上来讲，它总的句号可能不是某一个区域、某一个学派、某一个国家、某一种文明体系所能画的。这个人类学的句号，是需要多元的、多文明的、多国度的学者的参与才能画；而且最重要的是，人类学需要历史现实的检验。因为人类社会不断提出新问题。这种新问题不断挑战现有学科的阶段性"句号"。人类学能不能为文明冲突、文明共存提供自己的学科资源？这对人类学是个挑战。人类学只有在阶段性的句号与完满中走向自己的终点。当然那个终结就是学科的终结；而学科本身就是历史的产物，有始有终。

杰：所以你刚才回忆人类学的历史，任何一个新的学派的产生，好比讲古典进化论、传播学派、功能学派或者结构的，都是在对前面的批判当中站出来的。前面的句号画了，它又是重新开始。所以现在人类学的发展阶段，人类学可以说是所有学科在牵手，所以国际上最有名的医学人类学非常热门，都市人类学也是非常热门。这说明人类学学科的范围进入第二个层面，所有的学科都在牵手，实际上人类学是所有学科包括自然科学和社会科学作为支撑的一门基础学科。按这样的思路，人类学并不是一个终结的学科，它从前面阶段发展不同的学派，到现在是所有学科的牵手，这个牵手还没有完成。还在广泛的开展进行之中，还在动态之中，再往下发展，可能这个阶段完成之后，它要提升出来。人类学是"仰俯天地，融会古今，贯穿中西，以人为本"的。所以我赞成这16个字。所以请你再讲讲你进入人类学的状态。

新：有一个我认为比较重要的转变，就是田野与文本这个问题的提出。人类学从西方发源的时候，其学科品位就是不断地强调对现实形态的观察、分析和描写。它强调面对现实生活的动态过程。同时人类学提供了多学科结合的有利因素。比如现在说的音乐人类学、文学人类学、历史人类学等就都是顺延着这一有利因素扩展而来的。以音乐人类学为例,我在做"侗族大歌"的研究时,做过一个总结。我发现对少数民族的音乐、民歌,其实新中国成立以来一直在研究。我大致分析了一下,按学科分类,有人从文学的角度研究它的歌词;有人从音乐的角度去录音、记谱、分析它的歌唱;还有人从民俗学角度关注它的习俗。他们分门别类地研究少数民族民歌,我觉得这实际上是把完整形态的民间歌唱给切割了。搞文学的人听不见音乐,搞音乐的人看不见民俗,搞民俗的人则不大去理睬审美。怎么样解决这个问题?当然不可能有一个尽善尽美的办法。但相对而言人类学提供了整合的构架。它把一个社区、一个族群的文化看成整体,尽量全面完整地观察,而不是从支离破碎的角度去分解。所以在我试图研究侗歌的时候,就想到要从"音乐人类学"的角度去把握,以避免单以文学、音乐或民俗为角度所造成的局限。这是一种收获。

再如"文学人类学"。20世纪90年代后期,我们几个朋友在比较文学的领域里发起成立"中国文学人类学研究会",是想把文学与人类学的研究结合起来。大家知道,文学是一个很古老和很强大的学科。现在的人类学也是如此。怎样把文学和人类学打通,从而更好地来研究人类的文学现象,或者说从文学的角度分析人类现象,这个问题国外已经有人在做。我们现在是在尝试,是在不同学科的对话中进行交叉和互补。

我们几个同人的看法是一致的,包括叶舒宪、彭兆荣,我们绝不是为已经林林总总的学术森林再去增加一个新的品种,而是为了闯出一条路,为研究提供一个新的空间。比如说,我们有一个反思:我们今天的文学理论,其基础是什么?是"五四"新文化运动时引入中国的西方文论。正如同时期的人类学一样,这种引入当然有很大意义,但也有很多问题。当时的国人用西方文论对中国的文学进行了两种改写。第一种是以西方文艺思想指导"新文化运动"后的现实写作,发动"文学革命"直至唤起"革命文学",从而改写了中国文学的现代构成。第二种是以西方的文学观念去重塑中国文学的过去,也就是按西方的分类和标准重写中国文学史。这样,中国古代几千年的文本就被重新梳理成诗歌、小说、散文、戏剧等基本部类,并被分别贴上

"现实主义""浪漫主义"或"进步""落后"等标签。这种重新装配出来的中国文学史,实际是西方文论"影子的影子"。其中别说民间世代相承的口头传统难争名分,就连文人精英们苦心经营的诗话、文论,也因"无逻辑""无体系"而不得不屈尊地等待改造。尽管对前一类型的偏见在"歌谣运动"中有过一段时期的矫正,但总体上还是未能回到对象的原本。所以如今还是要问:文学是什么?如果不把生活中可称为"文学"的每一种具体形态不带偏见地纳入视野,我们能说对人类文学有所理解吗?什么是史诗、戏剧、神话、歌谣?古罗马的西塞罗说"戏剧是生活的摹本";古代中国的儒生说"诗言志";法国的列维-斯特劳斯认为,"一个神话可以产生另一个神话";黔东南的侗族乡村则流传着"饭养身,歌养心"的民谣……如何对照?需要从更为广泛的视野来做比较,跳出任何族群的"文化自我中心"。在这点上,文学人类学或许能够提供帮助。

杰:你们的文学人类学主要研究什么呢?

新:在我看来,文学人类学关注的问题不仅仅是"文学是什么",而是"人类何以创造和需要文学"?从人类学的眼光来看文学,文学是文化的一种存在,是人类精神现象和历史记忆的显现与承载。我们以前的文学观主要限于书面文学、精英文学、作家文学,而且是小说、戏剧这种成型的文本。但从人类学的意义上,需要将民间非文字的口头传统重新纳入。过去的文学史是口头文学依附在书面文学的体系下面,使它的地位低于和从属于作家文学。而且我们讲的是要用作家文学去指导、改造民间的口传文学,强调所谓的"普及"与"提高"的关系。民间的口头文学、草根文化变成了需要被提高的事象。为什么?因为那种文学观念把文字文本看成最为重要,是精英和先进的代表。在这样的等级式的文学分类中,老百姓低于文人,歌手次于作家,需要作家为榜样,跟在精英后面走;而反过来文人对民众却获得了指导和利用、改造的权力。他们不仅可以整理、解释民歌,还能借助权力去改造民歌。这种现象从"五四""歌谣运动"到大跃进"红旗歌谣"直到"东方红",文人精英们以民众的名义制造了大量的"新民歌",有的粉饰现实,有的虚构民意。文人写民歌——这是中国文学史上非常值得深思的现象。为什么中国的文人一方面长期鄙夷民间,另一方面又时常要装成民众呢?我想其中的一个原因是文人后面有更厉害的存在，那就是"官"。

总之，我觉得这里面潜藏着很多有意思的问题。文学人类学试图从人类学的角度建立新的文学观，由此对现有的文学及其观念进行反思，突破旧的框套，比如说"文本中心""精英中心"，跳出对文字的崇拜和对口语的轻视，反对对精英的迷信和对民众的蔑视；并且对于以多民族共存为特征的中国来说，还须特别提出的一点就是关注众多"非汉族群"的文学实践。以各族群长期交往互动的过程看，中国的文学史显然应该是包括了多民族文学内容的整体史。可是现在看到的大多数读本却是不完整的或分割的。对于少数民族也有人写"壮民族文学史""侗族文学史"等，但作为整体的中国文学史实际上是中国"汉民族的文字文学史"。

杰：文学史中的这种问题存在跟民族史的研究是一样的通病，所谓的中国文学史历来都是汉族的，或者全部是少数民族没有汉族。

新：在这个问题上，从人类学的角度来说，费孝通先生提出的"多元一体"格局值得重视。"多元一体"强调并置。其中的"元"，指的是原点和根基，而不是从属和等级。这样，如果说由多民族的文学并置、交叉、交会和总合才是中国文学史的话，现有的文学史显然要重写。

杰：但是这种文学史研究基本上还没有起步。

新：没有啊，所以我觉得这个领域大有可为。

杰：我记得我们在三四年前就建议我们学校的有些教授研究比较中国少数民族的文学，刚开了个头就停下来了，我觉得这主要是功力、学养各方面不足。

新：这里面涉及的观念问题很多，大的有"我族中心主义"，小的有"文本中心主义"。你想，为什么现代版的中国文学史会理所当然地以汉族文学取代其他民族文学呢？因为在其文学观的指导下，是以文本书写和作家文学为主线，而中国很多少数民族没有文字，即便在"新文化运动"时参与到汉语的书写之中，也不能真实地显示自身的文学存在，所以本民族的书写被遮蔽了。要改变这种状况，只有从根本上重建文学观。而这种新的文学观在中国多民族文化背景里，需要有民族学和人类学的进入才有可能，单靠文学界现有的文学批评、文学理论，很难完成——他们没有相关的积累和眼光。比如对于现当代文学，文学界的史家们心中定格的是鲁、郭、茅、巴、老、曹，哪里会有刘三姐？可我觉得刘三姐在中国现当代文学里，跟鲁、郭、茅、巴、老、曹的存在有着同等的意义。她的源头是民间传说、故事和歌谣。拍成电影后，其影响遍及中国和东南亚华人社区。这样的文本为什么不能纳入文学史？

从另一方面看，过去对文学观念，由于只局限于文字文本，限制了我们对文学的认识。刘三姐的演唱是一种活形态的文化过程。她的作者、作品跟听众和环境的互动，是"文本中心"的文学观所难以处理的。在这点上，李亦园先生已从"文学人类学"角度引述过许多重要的学说，比如"展演理论""仪式理论"等。这些都是人类学里面非常经典的理论。从这些理论重看文学，可以看文学的演唱、表演和传承。过去在"文本中心观"影响下强调普及与提高的关系，导致了民间和口传的自卑感。一个拥有母语传统的少数民族作者，如果不把作品用汉字书写的方式发表在《人民文学》那类刊物上的话，就难被承认。而身处民间的歌手们，在现代化过程里，出路已变为到歌舞厅演唱，到主题公园表演，开始还唱传统民歌，后来则唱流行歌曲。他们自己的文化根基没有了。为什么？因为现行的学理没有对他们予以承认，反告诉他们：传统代表落后，民间需要改造。

杰：新建教授你刚才讲的文学人类学，正好人类学跟所有的学科牵手的过程中，文学的研究需要文学的多样性，精英也好，草根也好，都是客观存在，有生存的理由，生存的价值，但是没有一个高、一个低。在这个层面上今天讲得非常好，这是一个背景，还有一个背景，你刚从哈佛访问回来，我想请你谈谈人类学及东西比较方面的内容。

新：去哈佛访学一年，其实是延续了在国内做的比较文学与比较文化研究。关于这方面有几个问题可以谈。一个是亨廷顿提出的"文明冲突论"。亨廷顿的意图是为"后冷战"时代提供新的认识模式。"冷战"以两种意识形态为阵营，构造了一代人的生存空间。"冷战"以后人类将会有什么样的未来？世界上的思想家、理论家议论纷纷，一直没有得出公认的意见，以至于在认识世界格局的问题上处于无序状态。这个无序的状态一方面为未来的发展提供了多样的可能，另一方面也隐藏着一种危险。因为人类共同生活在所谓的地球村里面，没有共同的理论平台，没有相互接受的交往原则。这是很麻烦的。

这时西方出现了很多理论。比较有代表性的是福山和他的"历史终结论"，认为"冷战"结束，人类的历史将终结于自由资本主义。其代表了西方的乐观派。类似的提法还有"政治的终结""国家的终结"等，被亨廷顿称之为"终结主义"（-endism）。亨廷顿认为终结主义没有看清人类的未来，人类的未来是"文明的冲突"。他的理论在世界上引出很大的论战：人类好不容易结束了两大意识形态阵营的对抗，难道又将陷入毫无前途的文明冲突中吗？世界是否真像亨廷顿预言的那样，将面临西方文明跟伊斯兰文明和儒家文明不可共存的危机？如果这样，怎么解决？怀着这些疑惑，我在哈佛专门听了亨廷顿的课。2002年秋季，他开的课叫"我们是谁？美国人的认同"（Who are we? American identity），内容当然与"文明冲突论"有关，但退了一步，力图在文明差异中从内部确立美国人的身份认同，从而使"西方文明"的族群核心得到再次整合，保持盎格鲁·撒克逊人的中心地位。与此同时，我注意到在哈佛"核心课程"的科目里，"外国文化"部分是把中国、法国、西班牙和意大利等都包括进去的。

不过同样在哈佛，"燕京学社""费正清中心"等机构的存在却体现出美国社会的多样性。哈佛燕京学社的现任社长杜维明教授是海外华人学者中的一位杰出代表。与亨廷顿相反，多年来他一直倡导"文明的对话"。这种对话，我觉得不仅对文明问题的处理有帮助，对比较文学、比较文化以至人类学的研究都有启发。这里我想简单提示三点。

第一是杜维明教授等强调的"文化中国"观。其在今天的全球格局中把广义的中国看作四个部分：中国本土（包括海峡两岸）、东南亚华人社区、欧美的华人和世界上研究、关注、同情和认同中国文化的非华人。我觉得如果说费孝通提出的"多元一体"为把握政治中国提供了有效构架的话，"文化中国"则为认识世界格局中的华人整体提供了新的参照。其中，"文化中国"的第二层面和第三层面尤其值得关注。以现在人们常用的"离散群体"（Diaspora）理论来讲，其所引出话题有"移民""疏离""流亡""变异"等；而若用王赓武从"落叶归根"到"落地生根"的观点分析，则能见出不同文明间的交往互动。海外华人中的知识分子为"华人"和"中国"的形象提供了另外一种样本。这个群体的意义和能量都是非常大的,他们用西方的语言与西方对话,在世界的前沿体现中国文化,再用中文把西方思想交融到"文化中国"里来,承担着中西之间双向对话的重任;只可惜身份过于"之间",缺少实际的落实,与海峡两岸的现实存在隔了一层。

第二是"文明对话"。针对"文明冲突论"的挑战,杜维明等提出"文明对话"我觉得至少有几个意义,一个是中国等非西方的传统资源怎么以不同于西方的文明方式,在现代化进程中重新整合并参与到全球化过程之中。所谓"对话",包括了文明作为"话语的整体"和族群作为"参与的主体"等多个层面。而在学科意义上,作为文化实践方式的文学与人类学面临同样的问题,分别担当着"文明对话"的不同维度和功能。

第三个问题是"启蒙反思"。这个话题从几年前杜维明到川大演讲就提起了。那时我们讨论"汉语经验"和"边缘批评",注重"以边缘为中心"。到哈佛后,在跟杜先生的多次交谈当中,再次对他阐述的"反思启蒙"留下深刻印象。"反思启蒙"就是反思"现代性"、反思西方文明。这是国际学界近年涌现出的一个走向。面对资源枯竭、环境恶化以及贫富悬殊、信息爆炸等全球问题,越来越多的人认为现在的世界出了问题。问题的根源不在别处,就在自"启蒙运动"以来的西方文明自身。而你要反思启蒙,资源只能在启蒙以外去找。据杜维明的介绍,目前国际社会逐渐确认了反思启蒙的四个资源:除了中国、印度等非西方人类重要文明类型和西方内部的反思传统外,其中还包括了"原住民传统"。杜维明教授引用别人的话说:"如果地球是有生命的先知的话,能听懂先知说话的人就是原住民。"为什么呢?因为原住民文化跟地球生命有一种天然的亲和力,没有受到西方文明——尤其是西方现代文明的污染。对中国而言,类似的资源就是边缘的族群文化、少数民族文化。这是人类的财富。我们的民族学、人类学研究也需要从这样的角度加以深刻反省,不是仅把少数民族文化作为多民族大家庭中的一个要素,而更应该视其为人类文明的整体部分。

在哈佛我选修了人类学课程,参加了与族群研究有关的活动,感觉到虽然被一些激进的学者视为保守,但总体说来"族群研究"(ethnic studies)在哈佛已日益重要，从校方到教授再到学生都开始投入越来越多的注意。总之，关注族群问题的学者们是把他们的研究与国内政治和国际关系以及教育民主化等重大问题联系在一起的。对此我做过一篇专题报告。这里就不多讲了。

杰：从学科建设的意义上，国内学者还在关心民族学与人类学的异同和关联，你能否结合中国人类学的发展问题，谈谈自己的看法？

新：2003年，在北京中央民族大学召开的"民族学、人类学机构联席会议"上，我曾提过，对中国学界来说，二者的区别在于：民族学关注中国，人类学面向世界。展开而论，在学术交往的意义上，民族学是西方理论在中国的本土化，人类学则意味着本土学人对世界知识的参与。民族学关注具体的族群和文化，人类学要解释人类的来源、命运与前景。在这一点上，我们看到自达尔文、摩尔根以及泰勒、鲍亚士等以来，直到如今仍有很大影响的列维－施特劳斯和格尔兹，西方的人类学家几乎无不对后一更为基本的问题发表各自的不同看法。他们要解答超越白人、黑人和黄种人界限的人类共性，从生物遗传和社会文化的双重影响方面，揭示大写的"人"是什么、为何而来、在哪里、到哪儿去的普世原理。对此，如果中国的学者还仅仅停留在一国范围，只关心本民族甚至本学科的利益，拒绝对世界知识的整体参与并放弃对人与文化、人与生物圈的关系等基本问题的反思，那样的话，作为人类社会中同样具有理性能力的成员，前景将是悲哀的。但愿不会如此。

在这个意义上，我们需要"走向人类学"。

用生命感受一切[①]

——访黔籍人类学者徐新建

人物名片

徐新建，1955 年生于贵州黔东南凯里，在贵阳长大。1983 年毕业于贵州大学中文系。现为四川大学文学人类学研究所所长、教授、博士生导师，哈佛大学访问学者，中国比较文学学会理事兼副秘书长、中国人类学学会理事、四川省比较文学学会副会长、中国文学人类学研究会副会长。

他的研究围绕文学和人类学展开，目前关注的领域包括：比较文学和文化；"横断走廊"；多民族国家的文化和传统。相继出版了《从文化到文学》《西南研究论》和《苗疆考察记》等论著，组织编撰了《贵州文学面面观》和"西南研究书系""贵州民间文化丛书"等专题论丛。获得过省政府优秀科研成果奖、"庄重文文学奖"和"全国民族文学奖"。

图 101　徐新建（左）和作家阿来合影

2003 年，报考四川大学文学人类学专业博士学位的研究生发现在导师栏里有了一个新的选择：徐新建。从美国哈佛大学访学归来的他，与中国社会科学院文学所研究员叶舒宪诸先生一起，开始正式招收文学人类学专业的博

[①] 原载于《贵阳日报》2010 年 3 月 23 日，记者郑文斗。

士生。

  "文学人类学"是一门跨越"文学"与"人类学"的新学科,"文学表现人,是使人成为人的方式和路径;人类学研究人,通过研究了解自己、发现自己,并且呈现和完成自己。人的一生可总结为成人"。作为我国"文学人类学"学科首创人之一的徐教授,他说自己便是这门新生学科的"第一届学生与准毕业生"。

图102　徐新建作品:《横断走廊》《民歌与国学》

  他曾经是一名小提琴手,感受并浸染了"中西方两个并置世界里的音乐结构与文化谱系";发现自己不过是指挥家的一件乐器,踏上了成为真正艺术家的原创之路;在贵州省社科院工作期间,认识到以往的历史是被脸谱化了的,"符号化的历史是死的故事活的纸";1991年第一次走出国门让他开始有了世界概念。"一个没有时间和空间的人是什么呢?蚂蚁。搭建起时空维度后,我才开始变成一个正常的人。而以前的我是不完整的,只是我的一种可能。当我有另外一个时空,我会有更多的可能。"

一　曾经的小提琴手

  打小在贵阳长大的徐新建在幼儿园完成音乐启蒙,六七岁时自制竹笛撞进贵阳市实验小学红领巾文工团的趣事,成为他艺术生涯中一个美丽的前奏。

要加入文工团,至少得会一样乐器。"我就想,门槛最低的乐器就是笛子,二胡、琵琶那些离我太远,看都看不懂。"家里没人懂音乐,徐新建决定自制竹笛,"按照街上卖的笛子的样子,我锯断一根细竹,用烧红的通条钻几个洞。因为不知道要笛膜,这支没笛膜的笛子竟就这样吹响了……"

但很快,徐新建从东方的笛子转向了西洋的小提琴。他所在的文工团,只有一个小提琴手,"我一听他拉琴就迷倒了,心里就想我要学。那时候觉得小提琴好听,也不知道为什么好听。可能美是一个因素,或许还有虚荣心:笛子太土太简单,会吹的人也多,引来的注意力不大。而小提琴的造型、音色、拉琴的姿态……哎呀,我心想,我要是学会了那只有少数人会的乐器,大家一定会很羡慕"。

"买了小提琴后,我的艺术生涯往前走了一大步。'文化大革命'那个特殊的时代把我从五线谱的西方音乐世界里,拉入到'洋为中用'的革命艺术氛围里来。"初中毕业后,徐新建凭借小提琴的一技之长和革命文艺的基础,在15岁那年被"时代选中",考进贵阳市文工团(现贵阳市歌舞团),开始了"既是职业又是理想的艺术职业化生涯"。

"这意味着我终身要搞艺术。这需要定一个目标:大概三年内我要达到一个什么样的水平,期间要拉多少音阶和练习曲。一生无穷尽。"他平均一天练习的时间在12个小时以上,几乎到了一种疯狂的地步。小提琴太难了,五线谱一打开,上面的提示语翻成中文是:深广的、谐谑的、明亮的、灰暗的……不懂。老师举例说,"亮是一种色彩,要用声音去表现亮",还不懂;老师说需请教油画老师。"我们跑到当时的省艺校(现贵州大学艺术学院),找到贵州的色彩大师、油画家向光老师。他现场给我们讲什么叫'亮':美术的颜色靠对比,亮是没有的,白不足以表现亮,要用黑和灰来对比。回来后自行揣摩:小提琴的四根弦,E弦是最明亮的,G弦是最浑厚的……很快就找到了感觉。"那时就觉得,要成为一个正常、完整的小提琴演奏者,除音乐之外,还须了解美术、建筑等其他艺术形式。"

顺着这条思路,徐新建又拜访了贵阳市戏剧界的很多老师,开始关心戏剧,关心文艺复兴……"我进大学以前,已将西方的艺术形式过了一遍。在市文工团,我完成了一个职业化的对艺术史、对西方文明、一个不完整的世界史的自学过程。"

对于东方的笛子和西洋的小提琴之间的差别,徐新建这样解释:乐器背后是一整套文化谱系,小提琴与笛子背后的文化谱系相去甚远。我们那时熟悉的是红色中国下的音乐世界,听的是革命音乐,用的是中国的"五四"新文化之后的音乐元素,它有一个完整的谱系在里面。而小提琴背后是西方乐理、西方音乐史和西方审美,这与"雄赳赳气昂昂"的时代气质完全不同。现在我还记得当时教材里面,霍曼的一些旋律的曲名:林间漫步,小鸟的歌唱,天使的欢语……

"小提琴改变了我的命运,因为背后的五线谱,让我逐渐感受并浸染了西方文化,带给我一些生长的可能性。也就是说,在感性的层次上我那时已承受了两个文化谱系的世界。"

二　用身心测量历史与世界

在那个主流意识形态是"革命话语"的时代,艺术职业化的徐新建发现,艺术领域里面资产阶级的土壤是相对合法的,"革命话语"下的中西文化在他身上不但不矛盾,反而开拓了他的视野。

一次,正在台上演奏的他,"觉得我们都是傀儡,所有演奏者都觉得自己了不起,但我们什么时候进、出,什么时候强、弱,全部受一个人的控制——指挥家。我们是指挥家的一件乐器,全体演奏者只有一个可能,就是跟随指挥。可后来又发现指挥者也是作曲家的傀儡……于是,我内心生发出一种叛逆,或者说是一种自觉"。

"古之学者为己,今之学者为人",不愿做"傀儡"的徐新建开始书写成为人、成为自己的"成人史",选择了成为真正艺术家的原创之路。

这时,另外一个有魅力的艺术形式把他从声音的世界里征走了——文学。随后在贵州大学求学期间,他参与编导了多部舞台剧,还与同学自行创办发行过名叫《UFO》的杂志……直到进入贵州省社会科学院文学研究所的很长

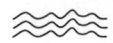

时间，他进入了职业化写作时期，经常在杂志《山花》《花溪》上发表小说，并拍摄了一部连续在中央电视台和贵州台播放的专题片。20世纪80年代末，他还和贵州省话剧团导演王呐先生合作创作了舞台剧《傩愿》……

在省社科院工作期间，徐新建发现自己是一个没有历史的人，"在成长的年代，我们看不到历史。1949年是我们的起点，从此只有现在和未来。我们的人生意义在于有一个使命：创建明天。每天唱的歌都是'向前、向前、向前'和'这是最后的斗争，团结起来到明天……'"

历史通过那些"有历史的人"突然地进入他的生命里：学者、资本家、黄埔军校的老人，以及在贵州乡村进行社会调查时那些具有历史记忆的寨老、巫师等，"他们的存在代表了我们民族的记忆，但这些人以前既不在我的生活中，也不在我们的时代中，而只是一些被丑化了、没了故事的异类符号。新时期政策调整以后，这些符号才一下激活出来，就像压缩饼干给一点水就膨化成了一种巨大样态似的，立刻成为那代人的精神食粮"。

类似的经历多了，历史的多种可能性出现在徐新建的视野里，原本是深渊、破碎不堪的历史，被历史的人像桥码一样连接起来，让他得以"补课"填充缝隙。

好不容易恢复了存在于时间维度的历史感，1991年第一次出国前往日本参加第十三届国际比较文学学会年会的他，发现自己缺乏了空间的维度：我原以为世界就是中国，全世界的人都在看新闻联播，全世界都要看五星红旗升起来……在学术交流会上，竟然不知道中国"五四"时期的文化与日本文化的关联……因为语言等各方面的问题，中国学者们挤缩在会场的一个角落里面，没有朋友，缺乏自信，很不自在，"鸡尾酒会上国外代表谈笑风生，我感觉这不是我们的世界"。

回国后，徐新建开始增强对英语的学习，自觉地去认识世界。他说改革开放使他获得历史，开放则有了世界。"我有了一种内省：在中国的这张方桌子之外，还有什么可能？我不自觉地有了一个参照系——世界。"搭建起时空的维度后，"我才开始变成一个正常的人"。

三 学术视野下的社会参与

回顾学术经历,徐新建强调自己对社会参与的关注以及理论和实际的结合。"我在20世纪80年代到省社科院工作,那时做的其实不是纯学术,而是社会改革。从新时期开始,一大批有抱负的年轻人献身于国家和民生,最重要的是现代化和西部大开发。学术研究注重对策性、实用性,也就是经世致用——以社会实践为动力,推动社会发展。那个时候的我并不想当个学者,反而觉得百无一用是书生,认为就应该做一个有用的社会实践者,在社会实践中去理解人生、参与历史。"

他说:"我在社科院的文学研究所,领域更接近民族和文化,我自己的定位是关注地方文学和民族传统,这就让我走进了本土文化。这之前我是意想不到的,那时我们大多数人生活的空间就是城市,它像一个笼子,或只是一张方桌,四周是空白,甚至是深渊。我已不满足甚至有些厌恶这种状态,希望改变。记得当时有一位管宣传的老同志对我们年轻人说,贵州省有80多个县,不一个个走完就不要开谈!这话对我影响很大。后来我在社科院参与发起了'首届东西部中青年理论对话',就是强调要深入实际的国情当中,发出西部的话语和西部的声音,后来做的'西南研究书系'是一脉相承和延伸。"

在关注社会和参与现实的驱动下,徐新建几乎走遍了黔省的县市,还参与了国家体改所等机构组织的专项课题,去云南、甘肃和新疆等地考察调研,关注的领域涉及经济、历史和民族、宗教。经过这些年的努力,徐新建相继出版了关于贵州、西南以及关于中外比较的一系列论著,如《从文化到文学》《西南研究论》和《苗疆考察记》等,还组织编撰了《贵州文学面面观》和"西南研究书系""贵州民间文化丛书"等专题论丛。他为此获得了贵州省政府优秀科研成果奖、"庄重文文学奖"和"全国民族文学奖"。其中,他提出的从"'一点四方'格局认识中国传统"和"以跨省区视野反思西南"的观点受到广泛的重视。

四　整合知识碎片的新学科

通过长年不懈的田野调查实践与研究，徐新建完成了从艺术探索者到人类学学者的身份转变。1997 年，他离开贵州，调入四川大学，成为一名"本不情愿的学院派"人士。2000 年，他和同道一起组建了"文学与人类学研究所"，这是目前国内第一所将"文学"与"人类学"关联在一起的跨学科研究机构，徐新建由此也成为我国"文学人类学"的学科首创人之一。

"文学人类学"是一门跨越"文学"与"人类学"的新学科。徐教授说，文学人类学建立的意义有三层：其一，形成解释世界某一领域的话语体系；其二，推动社会成员的相互理解与交流；其三是完善个体自身的认知能力。"以此来看，文学人类学的意义简单地说，就是把文学的'玄'与人类学的'实'连为一体，参与实现上述目标。其一方面可以通过艺术化的文本与想象，追问人存在的价值和终极问题；另一方面又可以面向实际，考察不同的族群社会中，从生产到仪式、从信仰到民俗等生活世相的多重意义。由此了解他者，关照自我，从而更好地完善社会，使人'成人'（becoming human）。"

自 2002 年起，他先后去过美国哈佛、英国剑桥和澳大利亚的悉尼大学等地访学，"如果当下的世界体系是一棵大树，它的根干就在欧洲。通过媒体宣传的世界并不完整，我们需要在自己场域里看世界，并通过了解世界，更好地反观中国"。总之，访学的经历与国内的乡土化研究形成对应，使他完成时空的一个整合，从研究视野上有所扩展，使本土研究开始有国际视野，从开始被动地用西方学说研究中国，到主动地去研究世界，从而获得自己、自主的一个结构性的补充整合。

目前，有关人类的知识已呈现得支离破碎，如何在"古今中西"以及中华本土的"多元一体"格局里使之重归圆融，需要人们共同努力。在我看来，文学人类学或许是其中一条有效的路径。

这些年来，徐新建一直遵从自己的内心而活，"不变的是人人都在各自经历中学会自我成人。变的只是不同阶段的道路和成败"。不难发现，他对新学科的理解，与个人的体悟全部契合起来。

他尽可能地用自己的身心测量出尽可能完整的历史与世界，并将之开创为面向全人类的新学科。"我总是想象太平洋的对岸有另外一个我，那个我和这个我是联系在一起的。我在澳洲看见各种各样的值得我探讨一辈子的文化景观时，我得到了警醒：以前和现在时空中的我是不完整的，只是我的一种可能。当我有另外一个时空，我会有另外一种可能。所以对我个人而言，我现在有很强的冲动去更多的地方，只要我还走得动，我就以生命感受生活的可能性。"

五　对话

记者：你接受的是音乐的熏陶，为何选择用文字来表达？

徐新建：声音的存在是抽象的，它不能满足我对生活、知识具象性的需求。比如说贝多芬的音乐是崇高，但不具体。那时候看西方美学史、哲学史对崇高的阐释，辨析得那么的具体清晰，非常的过瘾。文字所存在的具象性充分表达了人思想和话语的特质，把我征服了。

记者：但文字也不全是具象性，也具有抽象性。

徐新建：我并没有放弃音乐，没有音乐的世界和人生是不完整的。文字本身也有抽象性，但如果文字只是自己成为自己的参照系，这是不完整的，得有非文字的抽象性的东西出现，才能知道文字的抽象性是什么。就像学小提琴不知道"亮"，需要用油画的色彩理论来帮助理解。

记者：让小提琴这技术成为艺术，艺术成为道，你是怎样转变的？

徐新建：技术性是所有称为大道大艺的起点，在西方艺术就是技术，是手艺，所有的艺术家一定都是一个手艺人，我一直认为自己就是个手艺人。一个人无论有多么优秀，内在首先都是一个手艺人；不能是说艺的，而应该就是那个从艺者，艺内化为一种行为才可能真正拥有"艺"。

拉小提琴的原初动力是我以后其他工作的一个动力原型：乐器发出的声音和演奏者之间的关系是自悦的，这个声音是不需要观众的。写作也是如此，事实上我有很多东西是没有发表的。有时候写作的时间一旦结束，那个时候的生命就跟着结束了，它已经成为历史了。所以每一个瞬间到来的时候，我就知道我正在很小心地把它变成历史。把它变成历史、使我成为我自己的过程。这个过程是开放的状态，它不是既成之物，而是一个形成之物。

小提琴影响了我对以后所从事的文学、学术的看法。孔子说："兴于诗、立于礼、成于乐。"艺术能使人成为艺术人的可能，它能帮助人成为完满的人的可能。所以我觉得过程才是我的目的，我在每一次的思考、创作中逐渐成为人，成为我自己。

后　记

一如多年前的一篇访谈里说过的那样，我与人类学的结缘由来已久。彼此的关联是人类学在前，我在后面，缓慢并持续地朝它走去。① 岁月流逝，随着个己的努力前行，路的痕迹依稀可见，人类学的学科身影却依然遥遥在前。

这些年来，我尝试着在教研和实际运用中，对人类学的论述对象及理论视野进行统筹，力求获得较为完整的学科结构，以突破严复以来因"救亡保种"之迫而偏于国学实用的局限，先后强调过微观（个体）、中观（族群）与宏观（人类）的整体观照，以及生物、社会与哲学的三维互补，直至近期倡导关注的数智人文。

本书的汇集，从一侧面体现了上述努力的行走痕迹。其中存载了自己沿人类学道路继续"走向"的专题思辨，同时也陈述了问题聚焦的个案报告，内容既有关于多民族中国的总体论述及夷夏关联的田野调研，也包括了到北美、不列颠及俄罗斯等地访学考察所做的跨文明比较。

不过，书名《多民族国家的人类学》看上去似乎矛盾。人类学以天下为己任，在这里却以国家作了修饰语。如此选择的原因出于两层考虑。

首先，人类作为整体，虽具有根基上的统一性，实际是存在却由大大小小的群体构成；近代以后，国家即已作为最为突出的"群"之典型。因此，只要以全球为背景，聚焦国家便是审视人类。反过来说，就演变至今的世界格局而言，脱离国家便也远离了人类。为此，整体人类学的任务是，同时观照人类的国家性与国家的人类性。

---

① 徐新建、徐杰舜：《走向人类学》，《广西民族学院学报》，2004年第4期。

其次，国家的类别林林总总，比例最大的却是多民族共同体。于是一国之内的多元共存便成为理解人类之国家性与国家之人类性的重要议题。作为由宪法保障的多民族统一国家，人类学如何在中国落地生根且开花结果，既是本土学人的数代愿望，亦是本书所要展示的话语场景。

感谢四方友人的支持提携，感谢相关期刊的先后刊载，更感谢四川大学的资金资助及中国社会科学出版社的筹划出品。在朝向多民族国家人类学之道一路走来的艰辛途中，需要感谢的人士还很多，值得缅怀的友情也不少。大家在前，我在路上。

谨以此书的出版，奉献各位。

徐新建

（2020年11月14日，记于川大）